À LA LIBRAIRIE THÉÂTRALE,
12, boulevard Saint-Martin
(ANCIENNE MAISON MARCHANT).

L'HOMME AUX TROIS CULOTTES.

BELIN, del.
L. DEGHOUY, sculp.

I. — PARIS EN L'AN II DE LA RÉPUBLIQUE.

On était au mois de ventôse, c'était la seconde année de la république française, ce qui pour beaucoup de personnes se comprenait mieux par le mois de mars de l'an mil sept cent quatre-vingt-quatorze.

Le temps était sombre, pluvieux et triste; il venait de sonner quatre heures à une horloge de bois placée dans une petite chambre d'un rez-de-chaussée donnant sur la cour d'une maison de la rue Poissonnière, et à peine si l'on voyait encore assez clair dans cette pièce pour distinguer les objets à quelques pas de soi.

Près d'une cheminée, dans laquelle brûlait un feu modeste, une femme d'une cinquantaine d'années était assise et s'occupait à raccommoder une veste d'homme. Le costume de cette femme était simple et presque pauvre, mais son extrême propreté le relevait un peu. C'était un déshabillé d'indienne de couleur sombre, un

La gouvernante prit Prosper d'un côté et Camille se décida à le prendre de l'autre.

tablier à raies rouges et noires, puis, pour coiffure, le grand bonnet à barbes tombantes que portaient presque toutes les femmes à l'époque de la république.

La figure pâle et amaigrie de cette femme semblait annoncer qu'elle venait de faire une forte maladie, la tristesse de son regard dénotait aussi que, chez elle, les peines du cœur s'étaient réunies à celles du corps. Cependant, de temps à autre, elle s'efforçait de sourire, et sa figure reprenait quelque sérénité lorsque ses regards s'attachaient sur un jeune homme assis de l'autre côté de la cheminée.

C'était un garçon de vingt et un ans, grand, maigre, mais bien bâti, et dont toute la personne annonçait plus que son âge; son teint assez brun, ses cheveux et ses yeux très noirs donnaient au premier abord quelque chose de sévère, de dur même à sa physionomie; mais, en considérant son profil dessiné à l'antique et tous ses traits dont l'expression mâle n'excluait pas l'élégance, on ne pouvait nier que ce jeune homme n'eût en lui quelque ressemblance avec les portraits que l'on nous fait des héros de Rome et d'Athènes.

Le beau garçon venait un livre et lisait : il avait pour vêtement un large pantalon de drap gris, puis un gilet à grands revers, il portait des bas bleus et de gros souliers; enfin pour qu'il fût complétement habillé il ne lui manquait que la veste, ou plutôt la carmagnole, que près de lui en était en train de rapiécer.

Le jeune homme venait de poser son livre sur le chambranle de la cheminée, il regarda la bonne dame assise auprès de lui et lui dit :

— Vous n'y voyez plus, ma mère, vous vous abîmez les yeux !

— Oh ! j'y vois encore assez, mon cher Maxime; je voudrais achever sur-le-champ de raccommoder ta veste, car tu n'en as pas d'autre, et tu ne dois pas avoir chaud en manches de chemise.

— Donnez-vous le temps, je n'ai pas froid ici... ; il est vrai que je voudrais sortir ce soir..., mais j'ai encore une autre carmagnole... ; du reste, je crois qu'elle est plus mauvaise que celle-ci.

— Comment, Maxime, tu veux sortir ce soir?... j'espérais que tu resterais à me tenir compagnie.

— Cela ne se peut pas, ma mère, j'ai affaire à l'imprimerie, et le citoyen Hébert me gronderait demain si je n'y allais pas... ; il ne se repose que sur moi pour la correction des épreuves de son journal !

— Ah! oui, son journal, *Le Père Duchesne* ! répond la mère du jeune homme en haussant les épaules; voilà encore un beau journal qui ne prêche que le meurtre, le sang et le carnage !...

— De grâce, taisez-vous ! si l'on vous entendait..., vous seriez perdue !...

En disant ces mots, le jeune homme s'était levé, puis après avoir regardé autour de lui, il entr'ouvert une des fenêtres qui donnaient sur la cour, afin de s'assurer si personne ne s'y promenait, car de la cour il eût été facile d'entendre ce qui se disait dans l'appartement du rez-de-chaussée.

Mais il tombait trop d'eau, il faisait trop mauvais temps pour que personne fût tenté de se tenir dehors. Maxime rassuré referme la fenêtre, et revient s'asseoir près de sa mère à laquelle il dit d'un ton plus doux :

— D'ailleurs, ma mère, vous savez bien que vous n'entendez rien à la politique..., et vous m'aviez promis de ne plus vous occuper de tout cela...

— Non sans doute, mon ami, je n'ai pas la prétention de m'entendre à ce qui concerne les grands intérêts de l'État..., mais il y a de ces choses où il ne faut, pour bien juger, que consulter son cœur et sa conscience !... Dans le temps où nous vivons, comment veux-tu qu'on ne s'occupe pas de politique..., quand tout le monde en parle..., quand chacun autour de nous fait, arrange à sa guise un gouvernement, quand chaque minute apporte la nouvelle d'une arrestation, ou d'une condamnation à mort, quand on tremble pour soi et pour tous ceux que l'on aime, quand on n'ose pas sortir de sa demeure de crainte de rencontrer quelque charrette sanglante, quelques hommes sanguinaires portant sur des piques les têtes de leurs victimes...

— Ma mère..., ma mère..., vous exagérez !...

— Hélas non, mon ami ! je ne dis que ce qui est..., ce que nous avons tous vu... Oh ! je sais bien que tu es républicain, toi, Maxime, je sais bien que tu donnerais ton sang pour ta patrie, pour voir la France libre, fière, indépendante ;... je sais bien que tu as pleuré de joie en quatre-vingt-neuf..., et pourtant tu n'avais que seize ans alors ; mais c'est égal, tu as pleuré de joie en apprenant la belle réponse de Mirabeau lorsqu'on voulut dissoudre l'Assemblée des états généraux. Ah ! si tous les républicains te ressemblaient !... personne ne tremblerait que les coupables, et la terreur ne régnerait pas dans Paris et dans la France entière !... Oh ! tu le sais bien aussi, car depuis quelque temps tu es triste, mécontent, parce que tu vois que cela ne marche pas comme toi et tant d'autres l'aviez espéré.

— Sans doute, ma mère, j'ai vu avec peine les excès auxquels on s'est livré..., des idées de vengeance, des calculs sordides, remplacer le cours de la justice..., des hommes féroces, ou des têtes folles s'emparer du pouvoir ; mais que voulez-vous ! une révolution ne s'accomplit pas sans qu'il se commette du mal : cela fut ainsi de tout temps !...

— L'exemple des autres devrait vous servir et vous corriger... Les Anglais ont rougi d'avoir fait périr leur roi..., et vous avez fait mourir le vôtre, comme si vous aviez à cœur de prendre la moitié de leur honte !

— Chut ! chut !... si l'on vous entendait... Tenez..., et donnez-moi ma carmagnole..., que j'aille corriger les épreuves du *Père Duchesne* ! Ah ! ma mère..., si ce n'est pas été pour rester près de vous, je sens que j'aurais eu plus de plaisir à aller combattre les étrangers qui menacent nos frontières, que d'être prote dans une imprimerie !... Tous les hommes de mon âge sont partis pour la réquisition..., je suis resté... par la protection du citoyen Hébert... Ah ! j'en suis honteux quelquefois !...

— Qu'est-ce que tu dis là !... ne sais-tu pas que tu m'es resté près de ta mère pour la soutenir par ton travail..., car sans toi je ne mangerais que du pain..., et encore puis-tu dire tous les jours. Ton père, ce bon Bertholin, était employé dans le ministère de la marine, cela suffisait pour nous faire vivre et t'élever..., car, grâce au ciel, tu as reçu une bonne éducation !... Mais ton père est mort il y a six ans, et la pension que l'on me payait comme à sa veuve a été supprimée depuis la révolution... Mais tu es savant ! tu sais le grec, le latin, l'histoire, et tu as trouvé facilement une place dans l'imprimerie..., où tu es utile, considéré même..., car on connaît la pureté de tes principes... On sait que tu es un républicain, toi, mais non pas un terroriste. Il quant à cela, il n'y a pas à mordre sur ta conduite ! Et tu voudrais me quitter..., abandonner ta mère, pour aller à la guerre de faire tuer... Ah ! Maxime !... c'est bien mal..., et je ne comprends pas que l'on puisse être honteux de servir d'appui, de protecteur à sa mère.

En achevant ces mots, madame Bertholin avait détourné la tête pour cacher quelques larmes qui tombaient de ses yeux ; mais déjà Maxime s'est levé et il a couru embrasser sa mère en lui disant :

— Allons..., j'ai eu tort... ; pardon..., pardon..., oubliez cela...

— Tu ne me parleras plus de me quitter..., de te faire soldat...

— Non..., non..., je resterai près de vous... ; mais donnez-moi ma carmagnole, que j'aille à l'imprimerie.

Maxime vient d'endosser la veste et il se dispose à sortir, lorsqu'on frappe plusieurs coups à la porte, et au même instant une voix de femme fait entendre ces mots :

— Citoyenne Bertholin..., c'est moi, Euphrasie Picotin-Horatius.

— La citoyenne Picotin ne sort donc plus d'ici ! dit Maxime en hochant légèrement la tête. Il me semble qu'elle vient tous les jours.

— Elle aime à causer... ; il paraît qu'elle n'a rien à faire chez elle..., et puis elle...

La maman Bertholin n'achève pas sa phrase, mais elle regarde son fils en souriant. Celui-ci est allé ouvrir la porte du carré, et une femme de dix-neuf-ans, gentille, grasse, rose, l'œil très vif, la mine fort éveillée, entre aussitôt dans la chambre. Sa toilette était aussi élégante que la mode le comportait alors : mais elle était de mauvais goût, c'était un exagération de tout ce que les femmes mettaient pour être à la fois en patriotes et en muscadines. Ainsi avec un bonnet à barbe cette femme avait de gros nœuds de dentelles, puis une énorme cocarde placée assez coquettement sur le côté ; la jupe était fort courte et laissait voir une jambe bien faite et un pied très cambré, enfin sa robe fort décolletée par devant et par derrière permettait d'admirer un dos et des épaules rondelettes, et de plonger les yeux entre deux globes d'albâtre qui ne craignaient pas de se montrer au grand jour.

La jeune femme est entrée lestement dans la chambre, en s'écriant :

— Bonjour, citoyen Maxime, tu te portes mieux. Bonjour, citoyen Maxime; il y a bien longtemps que je n'ai eu le plaisir de te rencontrer.

Ces mots sont accompagnés d'un sourire très gracieux adressé au jeune homme : celui-ci ne semble pas y faire attention et se contente de répondre :

— Mais il me semble que tu m'as vu ici avant-hier, citoyenne.

— Avant-hier..., tu crois?... c'était nonidi ou octidi..., non, je crois que c'était décadi... ; est-ce décadi que je suis venue, citoyenne?

— Je ne m'en soucions plus... D'ailleurs je m'embrouille avec tous ces noms-là..., je ne m'y retrouve jamais.

— Eh bien ! citoyenne, tu es comme mon mari, ce pauvre Picotin-Horatius, il s'embrouille dans tout ! Heureusement je suis là pour le remettre au courant..., j'ai de la tête pour nous deux ; c'est heureux ! Ah ! il n'était pas né pour le commerce, Picotin... ; je suis encore à chercher pourquoi il était né...

— Tu lui diras bien des choses de ma part, citoyenne, dit Maxime en se disposant à partir.

— Comment, citoyen Maxime, tu t'en vas ! dit la jeune femme d'un ton où perçait un peu de dépit : mais est-ce moi qui te fais fuir si vite?...

— Non certes..., mais le travail de l'imprimerie...

— C'est que mon mari voudrait te voir... ; il avait quelque chose à te demander relativement à son enseigne qu'il veut changer, il désirerait ton avis... Il sait que tu ne peux donner que de bons conseils... Et puis j'ai rencontré ton ami Roger ; il part demain pour l'armée, et avant de s'éloigner il doit venir te dire adieu.

— Je vais me hâter alors, afin de revenir de bonne heure... Ma mère si Roger vient, dites-lui d'attendre ; je serais bien fâché s'il partait sans que je l'eusse embrassé. Au revoir, citoyenne.

En disant ces mots, Maxime prend un chapeau rond sur lequel est attaché la cocarde nationale et s'éloigne en faisant encore un sourire d'adieu à sa mère.

Pendant que la bonne dame Bertholin ouvre la fenêtre d'une pièce voisine qui a vue sur la rue, afin de regarder son fils s'éloigner, madame Picotin est allée se mirer devant une petite glace placée sur la cheminée, et tout en chiffonnant son bonnet, elle dit :

— Sais-tu, citoyenne Bertholin, que ton fils est fort beau garçon..., bel homme, bien fait ! C'est dommage qu'il ait toujours un air si grave, si sévère... Il ne rit jamais... Pour un jeune homme, c'est étonnant.

— Nous ne vivons pas dans un temps qui prête à rire, répond la mère de Maxime, en retournant s'asseoir à sa place.

— Ah bien !... s'il fallait toujours s'affliger on maigrirait, on perdrait sa fraîcheur... Je tiens beaucoup à mes couleurs, moi, d'autant plus que j'espère faire la déesse de la Liberté à la première fête nationale qui aura lieu en l'honneur de l'Être-Suprême. Picotin-Horatius doit en faire la demande pour moi à notre section.

— Comment..., tu veux faire la Liberté ! dit madame Bertholin, en regardant la jeune femme d'un air surpris.

— Pourquoi pas?... Je suis assez bien faite pour cela... ce ne sera déjà pas une Liberté si déchirée !

— Et le costume qu'il faut mettre ne t'effarouche pas?

— Le costume ? au contraire, c'est ce qui me tente... C'est un costume grec, une légère tunique, puis un manteau jeté dessus... Ah ! je sais bien qu'on fait voir ses formes ; mais fallût-il se mettre nue, du moment que c'est pour la nation, je m'y mettrais... Oh ! je suis une vraie sans-culotte, moi !

— Je m'en aperçois ! et ton mari !... il trouve bon que tu veuilles représenter la Liberté !

— Je voudrais bien voir qu'il ne le trouvât pas bon !... N'est-ce pas un honneur ? Oh ! d'ailleurs, ce pauvre Picotin, il a d'autres volontés que les miennes ! il sera enchanté de voir sa femme coiffée du bonnet phrygien et traînée dans un char ! Oh ! je voudrais déjà y être.

Et la jeune femme se mit à sautiller dans la chambre en chantant :

« Ah ! ça ira, ça ira, ça ira !
» On m'applaudira, on me claquera !... »

Pendant que madame Picotin dansait, une voix se faisait entendre dans la rue: c'était celle du crieur public qui annonçait les nouvelles condamnations à mort prononcées la veille par le tribunal révolutionnaire, et dont l'exécution avait lieu dans la journée.

La mère de Maxime est retournée dans la chambre dont la fenêtre donne sur la rue, elle écoute avec anxiété, puis bientôt, en entendant prononcer le nom de François Brémont, elle se laisse tomber sur une chaise, en murmurant :

— François Brémont! pauvre homme! et lui aussi... Eh! mon Dieu, à soixante-seize ans, de quoi donc a-t-on pu le trouver coupable?

Euphrasie Picotin est restée sur une jambe, elle regarde la mère de Maxime, et, s'apercevant qu'elle pleure, court à elle, en lui disant d'un air assez ému :

— Est-ce qu'il y a quelqu'un de votre connaissance?

— Oui, un vieillard, un si brave homme; il avait été l'ami, le protecteur de mon mari, et on l'a condamné...

— Oh! certainement, on fait des choses..., des... Mais que voulez-vous..., il ne faut pas même avoir l'air de plaindre ceux qui sont condamnés, car alors on passerait soi-même pour suspect! et de suspect à guillotiné il n'y a pas bien loin... Aussi, c'est pour cela que Picotin affecte tant de zèle pour la république, qu'il met un bonnet rouge, qu'il porte une carmagnole, qu'il a ajouté à son nom celui d'Horatius, qu'il crie contre les aristocrates... Il a si peur, le pauvre homme!

— Ah! à la bonne heure! dit la mère de Bertholin, en pressant la main de la jeune femme dans la sienne, avouez-moi que vous faites tout cela par peur, et au moins je ne vous détesterai pas.

En ce moment, un murmure confus se fait entendre dans la rue; ce sont des cris, des chants, des vociférations; bientôt les voix se rapprochent, et une centaine de personnes arrivent en hurlant, en poussant des exclamations de joie qui ressemblent à des cris de fureur. Ceux qui font ce tumulte sont, pour la plupart, des hommes débraillés, déguenillés, coiffés de bonnets rouges, et armés les uns de sabres, les autres de piques, de fusils ou de pistolets; mais parmi tout ce monde on voit des femmes, à l'œil hagard, au teint livide ou aviné; ces femmes, dont les cheveux flottent au hasard sur leurs épaules, et qui achève de leur donner l'aspect de furies, brandissent aussi des sabres nus, et crient plus fort encore que les hommes :

— A la lanterne l'aristocrate! à la lanterne!...

Puis au milieu de ce groupe effrayant on voit un petit vieillard en habit bleu, les cheveux poudrés, attachés avec un cadogan, qui est tout tremblant et s'efforce de faire entendre à ceux qui l'ont arrêté qu'il n'est pas un aristocrate, quoiqu'il porte de la poudre et qu'il ait un collet de velours à son habit, et qu'on ne doit pas prendre un homme parce qu'il est suspecté d'être suspect.

Sur le passage de ces furieux, les gens de boutique se sont hâtés de rentrer chez eux, la plupart des fenêtres qui étaient ouvertes se sont fermées; mais Euphrasie Picotin est restée à la croisée, et, tandis que la mère de Maxime fuit dans la première pièce, pour ne pas entendre des cris qui lui font mal, la jeune femme se penche en dehors de la fenêtre et applaudit avec ses mains, en criant :

— Oui, à bas les aristocrates, à la lanterne tout le monde!

Cette exclamation, qui aurait pu être prise en mauvaise part, enchante au contraire un de ces messieurs portant des piques, et, comme le rez-chaussée où se trouvait Euphrasie n'était qu'à un pied au-dessus du niveau de la rue, le sans-culotte s'approche de la croisée et dit à la jeune femme :

— Tu es une bonne b....., toi ! A bonne heure ! tu comprends la chose publique... Veux-tu m'embrasser?

— Avec plaisir, citoyen répond Euphrasie en se penchant en dehors de la fenêtre, tandis que de son côté le sans-culotte monte sur ses pointes, afin d'atteindre aux joues fraîches et roses qui lui sont présentées. Alors un baiser bien retentissant est pris sur le visage de la jeune femme, ensuite son embrasseur lui donne une poignée de main et court rejoindre ses compagnons. Lorsqu'il est loin la citoyenne Picotin referme la fenêtre et va, en essuyant ses joues, se rasseoir près de la mère de Maxime, d'un air qui n'annonçait pas qu'elle fut bien satisfaite de l'accolade qu'elle venait de recevoir.

<hr>

II. — UNE FAMILLE HOLLANDAISE.

Une demi-heure s'était écoulée depuis l'événement de la croisée; madame Bertholin s'était remise à travailler; Euphrasie ne dansait plus, mais de temps à autre elle essuyait encore ses joues, puis elle murmurait :

Picotin ne revient pas à la section... Je lui avais donné rendez-vous ici... Ton fils ne rentre guère vite... Et ce Roger qui devait venir lui dire adieu..., Pauvre Roger !... il dit qu'il est content de partir... dame ! il était très amoureux de moi... et, il y a deux ans, lorsque j'ai épousé Picotin, il a eu bien du chagrin, quoiqu'il ait feint de prendre son parti. Moi, j'aimais assez Roger; certainement il me plaisait plus qu'Anacharsis Picotin.... D'abord, il est mieux de figure; non pas que mon mari soit laid, mais il a l'air bête !... et ces airs-là ne font qu'augmenter avec les années ! Ma tante a voulu que je devinsse l'épouse de Picotin; elle m'a dit : Il a quelque chose, c'est un homme établi, tandis que ton petit Roger n'a rien. J'ai obéi à ma tante. D'ailleurs je me disais : Quand je serai mariée, Roger viendra nous voir..., je l'engagerai très souvent à venir dîner avec nous. Mais ce monsieur m'a gardé rancune; il m'a boudée pendant dix-huit mois, en voilà seulement six qu'il revient chez nous; et à présent il part pour l'armée! C'est fort contrariant; ça me fera un vide à mon mari aussi, qui aimait beaucoup Roger et qui faisait tous les soirs avec lui sa partie de dominos !

La mère de Maxime prêtait fort peu d'attention aux discours que lui tenait la jeune femme; elle semblait livrée tout entière à ses réflexions; mais, de temps à autre, elle poussait un gros soupir, murmurait le nom de François Brémont, puis essuyait les larmes qui tombaient de ses yeux.

Tout à coup le bruit d'une voiture se fit entendre; bientôt il cessa devant la maison, et on entendit la voix du cocher demander que l'on ouvrit les deux battants de la porte cochère.

— C'est la voiture de monsieur du citoyen Derbrouck, dit madame Bertholin; il revient sans doute de Passy avec sa femme.

— Qu'est-ce que c'est que le citoyen Derbrouck, demanda Euphrasie, après avoir été regarder la jolie voiture bourgeoise arrêtée devant la porte.

— C'est un banquier hollandais établi en France depuis quelques années; ah! c'est un bien brave homme, et aussi bon, aussi obligeant qu'il est honnête.

— Comment ose-t-il encore avoir équipage dans un temps où tout le monde craint de paraître riche, de peur de passer pour aristocrate?

— Il paraît que monsieur..., que le citoyen Derbrouck n'a pas peur. C'est un homme qui est pour les idées libérales, qui aime le peuple, qui déteste l'oppression. Il est lié avec plusieurs membres du Comité de salut public; il reçoit chez lui Hébert, le général Ronsin, et beaucoup d'autres personnages marquants de l'époque. J'avoue que cela me surprend ! M. Derbrouck a l'air si doux, si aimable... Comment peut-il faire sa société d'hommes dont les opinions sont si exaltées !... mais comme dit mon fils, je n'entends rien à la politique.

— Quel âge a ce banquier?

— Trente et quelques années; c'est un homme superbe, et une figure si remarquablement belle, que, dans le quartier, presque toutes les femmes et beaucoup d'hommes l'ont surnommé le bel Hollandais.

— Ah! je suis curieuse de le voir... Est-il marié?

— Oui; sa femme est jeune, jolie et très bienfaisante, jamais elle n'a repoussé la prière d'un malheureux; et maintenant que le pain est si cher et si rare! sans elle, j'en connais plus d'un qui aurait manqué. Ce qu'il y a d'affreux, d'indigne ! c'est que ce sont ceux qu'ils obligent qui sont les premiers à dire du mal de ce brave M. Derbrouck !... Ah! cependant, il faut excepter Prosper. Oh! pour celui-là, c'est un bon garçon, et malgré sa légèreté, son étourderie habituelle, je suis bien sûre qu'il irait..., je ne sais où, pour être utile à la famille Derbrouck.

— Qu'est-ce que c'est que ça, Prosper?

— Un tout jeune homme..., un garçon de dix-huit ans à peu près... Prosper Bressange est fils d'un marchand de soierie; malheureusement, il est resté orphelin de bonne heure : son père avait amassé quelque argent, le jeune Prosper a eu bientôt dissipé tout cela ! A seize ans, ce monsieur donnait des dîners, traitait ses amis chez les meilleurs restaurateurs, puis faisait le diable, cassait les carreaux des maisons, insultait les passants, et quelquefois ne craignait pas d'aller au comité de la section pour rire et se moquer tout haut des orateurs lorsqu'il échappait quelque balourdise à ceux-ci, ce qui leur arrive assez souvent.

— Ah! oui... oui..., Prosper Bressange..., je m'en souviens..., je l'ai vu ici... C'est un ami de ton fils; il a même de fort beaux yeux..., l'air un peu mauvais sujet...; mais j'aime ça dans un homme; au moins on s'attend à quelque chose. Comment, il n'a que dix-huit ans, ce garçon-là... il en paraît vingt-quatre! et le fait-il à présent !

— Après avoir mangé ce que lui avait laissé son père, il a été bien heureux d'obtenir de l'ouvrage dans l'imprimerie où travaille Maxime; mais encore ne travaille-t-il pas souvent!... Dès qu'il a un assignat, il court le dépenser..., et puis, toujours des aventures, des disputes, des querelles..., des gens battus, des carreaux cassés, et sans M. Derbrouck, qui paye bien souvent l'a tiré de là, en payant pour lui, il y a longtemps que Prosper aurait été arrêté!...

— Comment le banquier hollandais peut-il connaître ce garçon?

— Prosper demeure dans la maison..., tout là-haut..., une petite chambre dans les mansardes, et lorsque madame Derbrouck est accouchée, il y a dix mois, Prosper ne s'est-il pas avisé de vouloir tirer un feu d'artifice dans la cour? C'est ce jour-là qu'il s'est battu avec Goulard le portier, celui-ci a prétendu qu'il avait reçu une fusée dans l'œil; je ne sais pas si c'est vrai, mais pendant que je vous parle, je l'avoue bien par ici, son regard déjà faux et louche est encore plus hideux.

— Madame Derbrouck a plusieurs enfants?

— Non, elle n'a que sa petite fille qui a dix mois et qu'elle nourrit. Oh ! elle est belle comme un ange... Mais pendant que nous jasons, il me semble que le portier n'ouvre guère sa porte cochère.

— Non, car la voiture est toujours dans la rue...

— Je vais l'ouvrir alors, Goulard est peut-être absent. Il ne se gêne ! au lieu de garder sa porte, il va pérorer à la section... Il doit dire de jolies choses ! un homme si méchant !

En achevant ces mots, la bonne dame s'est levée, et, ouvrant la porte de son appartement qui donne sur un petit palier, puis sur la cour, elle se hâte d'aller lever la barre de fer qui ferme les deux battants de la porte cochère, et la voiture du banquier hollandais entre dans la maison.

— Un homme de trente et quelques années en descend; la mère de Maxime n'avait point flatté le portrait qu'elle avait fait à Euphrasie; il était difficile de rencontrer une plus belle figure unie à une taille plus élégante et aussi bien proportionnée; un air à la fois noble, doux et affable ajoutait encore au charme répandu sur toute la personne du banquier hollandais.

M. Derbrouck était habillé de noir et coiffé avec de la poudre; cette toilette, bien que simple, était de trop bon goût pour l'époque, et formait un contraste remarquable avec toutes les carmagnoles que l'on rencontrait.

Le Hollandais s'est empressé de donner la main à une femme de vingt-six à vingt-sept ans qui descend de la voiture, suivie d'une femme de de chambre, qui porte sur ses bras un enfant en bas âge. Madame Derbrouck est mise avec goût, mais fort simplement. On voit qu'elle ne désire pas être remarquée par sa toilette. C'est une femme plus jolie que belle, plus agréable que régulière; elle est petite, blanche et mignonne : on s'étonne qu'elle ait la force de nourrir. Cependant à peine a-t-elle mis pied à terre qu'elle se hâte de reprendre dans ses bras l'enfant que portait la femme de chambre.

Euphrasie s'était placée contre la fenêtre donnant sur la cour, et, quoiqu'il fît sombre, cherchait à voir les personnes qui venaient de descendre de voiture; mais bientôt sa curiosité fut pleinement satisfaite, car, au lieu de monter sur-le-champ à leur appartement au premier, M. et madame Derbrouck se dirigèrent vers le rez-de-chaussée habité par la veuve Bertholin, et y entrèrent au moment où celle-ci posait sur la cheminée une chandelle qu'elle venait d'allumer.

— Reçois mes remerciements, citoyenne Bertholin, dit le banquier en entrant dans la chambre. C'est toi qui as eu la complaisance de nous ouvrir la porte cochère, car il me paraît que le portier est absent.

— Oui, citoyen; mais, mon Dieu, cela ne valait pas la peine de t'arrêter pour me remercier et de faire entrer ici Mada... la citoyenne qui va peut-être prendre du froid..., et c'est dangereux quand on nourrit.

— Oh! il n'y a pas de danger! répond en souriant l'épouse du Hollandais. Je suis trop couverte pour craindre le froid... Je suis très aise de profiter de cette occasion, citoyenne, pour te faire voir ma fille, ma petite Pauline... Tiens, comment la trouves-tu?

— Charmante! oh! quel petit cœur! dit la veuve en considérant l'enfant qu'on lui présentait. Euphrasie s'est approchée alors et poussant un cri d'admiration, elle embrasse la petite fille en disant :

Oh! oui. C'est un ange. Tu permets, citoyenne... J'aime beaucoup les enfants! voilà comme j'en voudrais un! Je ne cesse de dire cela à mon mari, depuis deux ans que je suis sa conjointe... mais bah! Picotin est si bête! c'est comme si je chantais! Enfin, ça viendra peut-être... avec le temps! Ce n'est pas moi qui y mets opposition toujours!

Madame Derbrouck souriait du bavardage d'Euphrasie, qui, tout en s'extasiant sur l'enfant, reportait à chaque minute ses yeux sur le père.

— Et ton fils, citoyenne, travaille-t-il toujours à son imprimerie? dit le Hollandais, lorsque madame Picotin eut cessé de parler.

— Oui, citoyen, toujours. Oh! Maxime n'est point un paresseux; il est même allé ce soir à son ouvrage.

— C'est un brave et digne garçon que ton fils, citoyenne, il est rempli d'instruction, de moyens, de capacité! s'il voulait se pousser, je suis certain qu'il ne tarderait pas à avoir un emploi honorable, et cela serait à désirer pour la république; ce sont des hommes comme ton fils qu'il faudrait voir à la tribune, à la Convention... Ah! tout n'en irait que mieux!

— Citoyen, je te remercie pour Maxime : mais mon fils n'est point ambitieux..., pas assez peut-être... Depuis quelque temps, comme il trouve que cela ne va pas comme il l'espérait, il est triste, il fuit le monde, et, son travail achevé, revient près de moi, me lit l'histoire romaine, l'histoire grecque, et s'enflamme, s'anime, en s'identifiant avec les grands hommes de l'antiquité.

— Eh bien! c'est comme mon mari, s'écrie Euphrasie : il a une fureur pour me lire ou pour me parler des Romains. Moi, ça ne m'amuse pas beaucoup, je l'avoue; j'aimerais mieux des historiettes drôlettes... les contes de La Fontaine, par exemple; et je dis à Picotin : Lis-moi le *Villageois qui cherche son veau*, ça te sera bien plus avantageux, mais il me répond : Il faut connaître l'histoire romaine, puisque nous portons à présent des surnoms romains; je dois connaître les aventures de mon patron *Horatius* coque,... coque... Ah! mon Dieu, comment donc l'a-t-il appelé l'autre jour : *Horatius Coculès!* je lui ai même dit : Mon ami, tu as pris là un singulier parrain; mais il ne faut pas disputer des goûts.

— C'est très juste, répond M. Derbrouck en souriant. Puis tirant une bourse de sa poche, il y prend plusieurs écus de six livres et les présente à la mère de Maxime, en lui disant :

— Citoyenne Bertholin, tu as déjà eu la bonté de me faire connaître les pauvres honteux les plus nécessiteux de ce quartier; mais depuis quelques jours je suis resté à Passy, et il doit y avoir de nouvelles infortunes par ici..., le mal arrive si vite dans ces temps de troubles... La république veut le bonheur du peuple, mais il y a mille souffrances particulières qu'elle ne peut connaître, ou dont elle n'a pas la faculté de s'occuper. Tiens, veux-tu bien, citoyenne, te charger encore de distribuer cela de ma part à ceux dont les besoins sont les plus pressants.

— Ah! citoyen Derbrouck, que tu es bon! répond la pauvre veuve, en prenant l'argent qu'on lui présente. Oui, sans doute, je me charge avec orgueil de ta commission, je serai heureuse de la remplir avec zèle et fidélité. Ah! tout le monde devrait te bénir, et pourtant...

La bonne femme a dit bien bas ces derniers mots, mais d'ailleurs Euphrasie se charge de couvrir sa voix en s'écriant :

— Du numéraire! Peste! ça devient rare. Picotin prétend que les assignats valent mieux, autre boulette de mon mari! il voulait convertir en assignats tout ce que nous avions : bijoux, argenterie, meubles. Je crois, si je l'avais laissé faire, qu'il m'aurait fait coucher sur des assignats. Je m'y suis opposée; je lui ai dit : *Horatius Cocu... Coquès*..., enfin, n'importe, le nom n'y fait rien; je lui ai dit : Cher époux, de bons matelas me semblent de première nécessité dans un ménage bien uni! tes assignats, c'est superbe, mais on en dépense trop à la fois. Quand je vais acheter pour mon dîner un pot-au-feu de soixante francs, ou un poulet de quatre-vingts, je m'aperçois que l'on aimerait beaucoup mieux recevoir une pièce de vingt-quatre sous.

M. Derbrouck et sa femme disaient adieu à la veuve Bertholin et se disposaient à monter à leur appartement, lorsque tout à coup la porte du carré est ouverte brusquement et un nouveau personnage entre dans la chambre.

C'est un homme de trente et quelques années, petit, trapu, dont les jambes arquées et cagneuses supportent un corps presque aussi large que haut. La figure de ce personnage est d'une laideur repoussante, car, outre un nez plat et rentré, des cheveux roux et une bouche énorme, dans les deux petits yeux verts pâles, qu'il roule constamment autour de lui, se peint une expression de férocité qui se cache parfois sous un sourire faux et satanique.

Cet homme a le costume des gens qui poursuivaient le petit vieillard *suspecté* d'être *suspect*; un pantalon court et large, une carmagnole déboutonnée, une grosse chemise tout ouverte par devant et laissant voir à nu une poitrine surchargée de longs poils roux; enfin, pour coiffure, un immense bonnet en loutre avec une longue queue de renard retombant par derrière et flottant sur ses épaules. Une grosse cocarde au bonnet, une pipe à la bouche, et les manches de la veste retroussées jusqu'au coude : tel était en ce moment Goulard *Léonidas*, le portier de la maison.

— Qui est-ce qui s'est permis d'ouvrir ma porte cochère? s'écrie le portier d'une voix de stentor, en entrant chez la veuve Bertholin sans saluer personne, et sans même porter la main à son bonnet.

A l'aspect de Goulard, madame Derbrouck ne peut maîtriser un mouvement d'effroi et de dégoût, puis ses yeux se portent sur son mari, comme pour le supplier de se modérer et de ne point traiter cet homme comme il le mérite. Un regard du banquier rassure sa femme, tandis que la veuve Bertholin répond d'un air fort calme :

— C'est moi qui lui ai ouvert la porte; il le fallait bien, puisque tu n'y étais pas.

— Non, il ne le fallait pas!... Ma porte est mon département, je ne veux pas qu'on y touche!... Je suis t'à cheval sur mes droits, comme sur les droits de l'homme.

— Diable! citoyen Goulard, mais tu es bien despote pour un républicain! dit M. Derbrouck en tâchant de prendre un air riant.

— D'abord, je ne suis plus Goulard! je ne m'appelle plus Goulard; mon nom est *Léonidas!* On m'appellera comme ça quand on voudra que je réponde.

— Léonidas, soit!... Eh bien! si tu avais été à ton poste, un autre n'aurait pas été obligé de se déranger pour venir m'ouvrir ta porte cochère..... Tu ne voulais pas sans doute que je restasse dans la rue avec ma voiture?

— Est-ce qu'on a besoin des voitures, des carrosses? est-ce que sous la république une et indivisible, les bons patriotes n'ont pas des jambes pour marcher?

— Je crois que sous toutes les époques les hommes ont eu des jambes pour marcher; mais lorsqu'on a un long chemin à faire, lorsqu'on ne veut pas se fatiguer, je ne vois pas pourquoi on ne se servirait pas d'une voiture quand on en a une... Il n'y a pas de loi qui défende cela. Au surplus, je suis trop bon de te donner toutes ces raisons; car je n'ai aucun compte à te rendre. C'est toi qui devrais t'excuser de n'avoir pas été à ta porte.

On entendait au son de la voix de M. Derbrouck que la patience commençait à lui échapper et que ce n'était plus qu'avec peine qu'il retenait sa colère. Mais sa femme le regardait toujours d'un air suppliant; et tandis que la veuve Bertholin jetait sur le portier un regard de mépris, Euphrasie, pâle et tremblante, avait entièrement perdu l'usage de la parole.

— M'excuser de n'avoir pas *t'été* à ma porte! répond le portier en faisant un mouvement d'épaules. Ah ben!... le plus souvent que je vas m'excuser! Est-ce que je ne dois pas *t'être* au comité de ma section quand j'ai des rapports à faire... ou des motions à proposer pour la fraternité et l'égalité, de l'indivisibilité! Et d'ailleurs, je n'aime pas les voitures, moi, je ne veux pas me gêner pour les aristocrates.

— Qui vous a autorisé à m'appeler ainsi? s'écrie M. Derbrouck.

Le portier allait répondre, lorsque la veuve Bertholin se place entre lui et le Hollandais, et dit à Goulard :

— En vérité, citoyen Léo..... Léonidas, je ne comprends rien à ta conduite..... Comment, tu sembles vouloir provoquer le citoyen Derbrouck... Mais tu oublies donc que ce brave homme a été aussi ton bienfaiteur à toi et aux tiens?... Quand tu étais malade, il y a trois mois, qui t'envoyait des bouillons, de la viande?... c'était cette bonne dame... Puis, quand tu te plaignais de n'avoir pas de vêtements assez chauds à mettre, qui te donna de l'argent pour en acheter... et pour avoir du bois, du vin? C'est le citoyen Derbrouck.. C'est toujours lui qui est venu à ton aide.

— Eh ben! qué que ça prouve?... S'il m'en a donné, c'est qu'il en a de trop, v'là tout!... Et s'il en a de trop, faut lui en ôter.

Le portier a dit ces mots entre ses dents, tandis que la mère de Maxime lève les yeux au ciel, en murmurant :

— Faites donc du bien pour être récompensés ainsi!

— Il n'est pas question de ce que j'ai fait! reprend le banquier, et je ne demande aucun remerciement; obliger ceux qui ont besoin est un devoir dont on ne doit pas tirer vanité. Mais aujourd'hui, lorsque je te fais remarquer que c'est toi qui avais tort de ne pas être là pour ouvrir la porte, il me semble, Goulard, que tu dois répondre honnêtement.

— Et moi, je n'entends pas qu'on me donne des leçons, ni qu'on rabaisse ma qualité sociale et mes droits d'homme égal devant un chacun! Entends-tu, toi-même, citoyen Derbrouck, et ne parle pas si haut, et ne fais pas tant d'embarras, parce qu'on pourrait rabattre ton caquet... et fièrement!

— Qu'est-ce à dire, misérable? tu oses me menacer, je crois?...

— Suffit..., suffit!..., on sait ce qu'on sait..., on connaît les intelligences des aristocrates avec les étrangers. On ouvrira les yeux à la nation sur les individus qui ont voiture...

— Ah! c'en est trop; il faut que je châtie ce drôle!

En disant ces mots, le banquier a levé le bras sur le portier; mais aussitôt madame Derbrouck jette un cri, et se précipite pour retenir son époux; la mère Bertholin en fait autant; Euphrasie elle-même oublie sa terreur, et de ses deux bras court enlacer et retenir le beau Hollandais. Pendant ce temps, Goulard, reculant une jambe en arrière, écartant ses deux bras et ouvrant ses mains, se met dans la position d'un homme qui va le tirer la savate.

Mais quelqu'un qui se précipite alors dans la chambre donne une autre tournure à cette scène.

Le nouveau venu est un jeune homme grand, svelte, élancé; il a un mauvais pantalon avec une veste de chasse élégante, et porte sur la tête une espèce de bonnet fait en papier, qui est posé assez coquettement sur l'oreille; ses traits sont fins et spirituels, ses grands yeux bleus ont une expression hardie; quelquefois railleuse, mais toujours gaie, et son front large et haut annonce une tête capable de concevoir et d'exécuter de grandes pensées.

En apercevant le mouvement de Goulard qui semble vouloir défier M. Derbrouck, Prosper Bressange, car c'est lui qui vient d'entrer, se place devant le portier, et, lui empoignant avec vigueur les deux bras, lui fait faire plusieurs pirouettes dans la chambre, en disant :

— Qu'est-ce que c'est?... Léonidas veut faire de la gymnastique : il veut qu'on admire avec une veste de chien basset. Eh bien! voyons... : tournons, dansons, dessinons-nous devant la société..., montrons comme nous sommes gentils!

Et le jeune homme continue de faire tourner le portier qui se débat et cherche à se dégager, en s'écriant avec colère :

— Veux-tu me lâcher... petit garnement! il n'est pas question de danser ni de plaisanter..., s'entends-tu? et un morveux ne doit pas venir se mêler dans les affaires qui regardent le salut de la république!

— Un morveux! répond Prosper, en continuant de serrer les poignets au portier, de manière à l'empêcher de remuer. Oh! tu dois sentir en ce moment que ce morveux-là serait ton maître, et qu'il te peloterait d'importance, si tu t'avisais devant lui de te permettre la moindre impertinence avec des personnes que tu dois honorer, respecter et bénir!... Me traiter d'enfant! mais tu oublies, Léonidas, qu'il n'y a plus d'enfants dans les temps-ci..., et puis, si tu avais été au théâtre de la Nation, tu aurais retenu ces vers :

« ..... Dans les âmes bien nées,
» La valeur n'attend pas le nombre des années. »

C'est Voltaire qui a dit ça, et il n'était pas manchot, Voltaire... Ah! cré coquin! mon pauvre Léonidas, s'il t'avait vu tout à l'heure dans ta belle position, je suis sûr qu'il t'aurait engagé à te faire acteur... tu aurais été superbe avec un casque et une tunique; n'est-il pas vrai, citoyen Derbrouck?

Pendant cette conversation entre le portier et le jeune homme, le banquier avait eu le temps de se calmer et d'entendre les prières de son épouse; reprenant l'air affable qui lui était naturel, il frappe sur l'épaule de Prosper, en lui disant :

— Bonsoir, Prosper; bonsoir, mon garçon; tu as bien fait d'arriver..., tu m'as rendu à moi-même..., et je sens maintenant combien j'étais déraisonnable de m'être laissé emporter. Mais il est temps de monter chez nous, ma chère amie, tu dois être fatiguée... Je te salue, citoyenne, bonsoir.

M. Derbrouck a pris le bras de sa femme, en faisant un salut amical à la dame Bertholin. L'épouse du Hollandais, enchantée de voir se terminer ainsi une scène dont elle avait redouté les suites, se hâte de sortir avec son mari; mais, en s'éloignant, elle serre la main de la bonne veuve, et jette un regard de reconnaissance à Prosper, en lui disant à demi-voix :

— Merci..., pauvre ami..., merci!

Euphrasie fait une gracieuse révérence au beau Hollandais, en le suivant des yeux jusqu'à la porte, tandis que le portier fronce les sourcils et détourne la tête, en murmurant :

— Va! aristocrate, tu me le payeras.

— Et maintenant, dit Prosper, en allant s'asseoir devant le feu, lorsque la famille hollandaise est partie, maintenant, petit Goulard, dis-moi donc ce que tu avais tout à l'heure contre ce bon citoyen Derbrouck... Est-ce qu'il t'avait entendu pérorer à la tribune, et te faisait compliment des idées nouvelles que tu avais émises?... Ah! ah! maman Bertholin, et vous, jolie citoyenne! quel dommage que vous ne vous soyez pas trouvées là quand Léonidas a parlé..., vous auriez entendu de belles choses!.

— Vous venez donc du comité, dit Euphrasie en s'asseyant près de Prosper?

— Oui, j'en viens..; j'aime assez à aller flâner par là : on entend quelquefois de drôles de motions..., comme aujourd'hui, par exemple...

— Il aime mieux cela que de travailler, dit la maman Bertholin, d'un air mécontent.

— Il faut bien se tenir au courant des orateurs de son quartier. Figurez-vous, citoyenne, que Léonidas... ou Goulard Léonidas qui se promène là devant vous en faisant des yeux de chat-tigre, a d'abord proposé de faire transférer le port du Havre au Gros-Caillou, afin que l'on sût plus facilement les huîtres plus facilement à Paris. Ensuite, voulant probablement rendre sa position plus lucrative, il a proposé de forcer tous les locataires d'une maison à donner le quart de leur revenu à leur portier, et la moitié, dans le cas où la maison n'aurait pas plus de deux locataires; vous voyez que ce gaillard-là ne s'oublie pas, et que, dans son amour pour la patrie et son zèle pour l'égalité, il veut d'abord faire les portiers plus riches que tout le monde. Enfin il est proposé une dernière motion, et a prétendu que le changement de femme n'étant pas encore rendu assez facile par le divorce, il fallait faire une loi qui permît aux hommes de se marier pour un mois, quinze jours ou huit jours, à volonté !... J'ai le regret de vous annoncer que les trois propositions du citoyen Léonidas n'ont pas eu de succès.

— Se marier pour huit jours! dit Euphrasie en souriant, ce serait un peu turc..., mais ce ne serait peut-être pas trop désagréable!

— Moi, dit Prosper, il me semble qu'il vaut autant ne pas se marier du tout.

— Tu te moques de mes motions! dit Goulard, en continuant de se promener au fond de la chambre; mais je le dis encore une fois que tu n'entends rien aux choses de la politique... Vois-tu, on ne nous mènera plus comme des bêtes d'assomme à présent, nous autres:.. A l'heure d'aujourd'hui, tout le monde est instruit!

— Écris moi donc ce que tu viens de me dire, là...

— Gnia pas besoin de savoir écrire pour avoir des idées !...

— C'est juste; mais il faut en avoir de bonnes, ou ne pas se mêler de choses auxquelles on ne comprend rien... Toi et tes pareils, vous nuisez plus à la république que vous ne la servez...; en parlant en public à tort et à travers, en faisant des propositions absurdes, vous nous déconsidérez près de l'étranger!..

— Voyez donc ce blanc-bec qui vient faire son savant!

— Prends-garde, Goulard, le blanc-bec a fait voir qu'il avait la poigne forte!

— Quant à ce Hollandais..., qu'il prenne garde...; c'est un aristocrate. D'ailleurs, il était l'ami de Dumouriez, ami intime même!... puisqu'il a voyagé avec le général en Belgique..., qu'il s'est trouvé à la prise de Gertrudenberg; Dumouriez avait élevé ce Hollandais au rang de colonel de dragons dans son armée... A propos de quoi faire colonel un banquier?...

— Parce que probablement le banquier prêtait de l'argent au général, dit la mère de Maxime. D'ailleurs, qu'est-ce que tout cela prouve? Dumouriez a, dit-on, passé du côté des ennemis. D'abord, ça n'est pas prouvé ça; d'autres disant qu'il s'est tout bonnement retiré en Angleterre, parce qu'il n'approuvait plus la tournure que prenait la révolution, et ne voulait pas servir le parti de la Montagne. Au reste, le citoyen Derbrouck ne l'a pas suivi; au contraire, il est revenu à Paris... S'il s'était senti coupable, serait-il rentré en France, dans un temps où la faute la plus légère suffit pour être puni de mort!

— Ta, ta, ta !... on sait ce qu'on sait, reprend Goulard en secouant la tête. Et les soupers que le banquier donne dans sa maison, à Passy, la république sait que ce sont des réunions de factieux..., des soupers liberticides !

— Liberticide! s'écrie Prosper; oh! fichetre, Léonidas, voilà un mot que tu dois être bien content d'avoir retenu! Je suis sûr que tu le placeras souvent dans tes discours!

— Mais il faut être aussi méchant que tu l'es, Goulard, reprend la veuve, pour oser suspecter des réunions dans lesquelles se trouvent les plus chauds patriotes, les plus zélés républicains.

— Oh! c'est qu'il y en a qui font semblant...; mais on ne s'en laisse pas l'imposer.

— Bravo! Léonidas : tu parles comme à la tribune! s'écria Prosper en riant.

— Mon Dieu! dit tout bas Euphrasie, est-ce que ce vilain portier ne s'en ira pas!... Depuis qu'il est entré, je n'ai pas pu placer quatre mots!.. il est insupportable..., et il sale... Il devrait bien fermer sa chemise au moins, nous n'avons pas besoin de savoir qu'il est velu comme un ours!

— Ce n'est pas moi qui le retiendrai, répond Prosper; et si vous voulez même, je vais le mettre à la porte...

— Oh! non, non! murmure la vieille dame; il est si méchant!... il faut prendre garde.

Goulard continuait de se promener en long et en large, regardant de côté et tâchant d'entendre quand on parlait bas. Au bout d'un moment, comme chacun gardait le silence, il reprend :

— Il y a encore dans le quartier une jeune aristocrate sur laquelle que j'ai l'œil ouvert... Son père a émigré, donc la fille devrait être incarcérée; si elle ne l'est pas encore, c'est qu'on l'a oubliée... j'y ferai penser.

— Et de qui donc parles-tu! s'écrie Prosper, qui, depuis quelques instants, est devenu sérieux et attentif, en écoutant le portier.

— De qui que je parle?... parbleu !... de la fille du comte de Trévilliers..., de la petite Camille.

— De cette jeune fille qui n'a pas encore seize ans... et qui est si jolie..., si bien faite..., qui a de si beaux yeux noirs..., avec de longs cils et des sourcils formant l'arc..., et des dents si blanches..., et une bouche si gracieuse?...

— Peste! mon gaillard! il paraît que tu l'as bien regardée la jeune Camille! mais tout cela n'empêche pas que ce ne soit la fille d'un émigré, et par conséquent une petite aristocrate que l'on doit arrêter...

— Tu veux faire arrêter la fille du comte de Trévilliers!... s'écrie Prosper, en se levant; mais, avant cela, je t'aurai brisé..., mis en morceaux!..

Et sautant aussitôt sur le portier, le jeune homme le saisit à la gorge, le renverse, et a déjà posé un genou sur sa poitrine avant que celui-ci ait eu le temps de se reconnaître. Cependant les deux femmes suppliaient Prosper de lâcher Goulard qui commençait à jeter de grands cris, lorsque plusieurs coups sont frappés à la porte : des voix bien connues se font entendre. Le jeune homme se décide alors à quitter le portier, qui, se relevant précipitamment, se sauve en se jetant le nez contre les personnes qui viennent d'entrer.

III. — LES ÉPOUX POUPARDOT. — UN JEUNE SOLDAT. — PICOTIN ET SON ENSEIGNE.

C'était d'abord un homme de vingt-quatre ans au plus, mais qui semblait par sa mise, sa coiffure et ses manières, vouloir se donner l'air posé d'un homme mûr. Sa figure presque toujours riante, son nez au vent, annonçaient plus de bonhomie et de curiosité que d'esprit et de moyens. Sa tenue rigoureusement républicaine, mais propre et soignée, dénotait un homme à son aise qui prenait par goût le costume populaire;

enfin son geste habituel, en parlant, était un mouvement de tête qui avait la prétention de vouloir dire bien des choses; ensuite il se frottait les deux mains, comme quelqu'un qui est content de lui.

Ce personnage s'appelait Poupardot: fils de marchands riches, il avait trouvé sa fortune suffisante, et, ne jugeant pas nécessaire de chercher à l'augmenter, s'était marié fort jeune, pour jouir tranquillement de son revenu, sans avoir d'autre tracas que de soigner ses terres et ses maisons.

Car Poupardot possédait, outre ses rentes, une maison à Paris, une ferme aux environs de Montereau, une maison de campagne à Clichy, et une maisonnette à la barrière d'Enfer.

Madame Poupardot était une petite femme gentille, douce, bonne ménagère, qui avait beaucoup plus d'esprit que son mari, dont, à cause de cela, elle faisait presque toujours les volontés; car les gens d'esprit aiment mieux céder que se disputer. Cependant elle envisageait rarement les événements comme son mari; mais elle ne voulait pas tourmenter Poupardot qui était doué d'un caractère heureux, voyait tout en beau, approuvait tout ce qu'on faisait, et ne prévoyait jamais le mal.

Avec ces deux époux était arrivée une troisième personne: c'était un jeune homme d'une figure douce; ses traits sans être réguliers, avaient une expression agréable, et ses yeux, quoique bruns, devenaient fort tendres quand il les fixait sur une jeune et jolie femme. C'était Roger, celui que la réquisition venait d'atteindre; et qui, à en croire la sémillante Euphrasie, avait eu un vif chagrin lorsqu'elle avait épousé Anacharsis Picotin.

Maxime, Roger et Poupardot avaient été camarades de pension, et jusqu'alors leur amitié ne s'était pas refroidie, quoiqu'ils fussent chacun dans une position différente, et que leurs opinions en politique différassent aussi. Il est vrai que jamais ils ne s'étaient rien demandé l'un à l'autre, et vous savez que le meilleur moyen de conserver vos amis est de ne rien leur devoir et de ne jamais leur prêter.

— Qu'est-ce qu'il a donc celui-là? dit Poupardot, contre lequel Goulard s'était jeté en sortant. Il est diablement pressé..; il a manqué de me casser une dent... C'est égal, cela ne m'empêchera pas de souhaiter le bonsoir à la compagnie... Comment va cette santé, citoyenne Bertholin?

— Très bien, citoyen Poupardot..; je te remercie.

— Moi, je me porte comme un charme... à part un gros rhume qui me contrarie pour respirer... Et voilà ma femme qui devient grasse comme une caille... C'est gentil la graisse..., à part que ça gêne pour marcher!

— Dieu merci! je n'en suis pas encore là, répond la jeune femme, en allant embrasser la maman Bertholin.

— C'est bien aimable à vous d'être venus me voir, dit la mère de Maxime.

— Oui, reprend Poupardot, c'était depuis longtemps notre intention... à part que je n'y songeais pas du tout ce soir... Je comptais même mener ma femme au spectacle..., au théâtre Feydeau, voir l'*Enlèvement des Sabines*, du citoyen Picard... On dit que c'est bien..; il a de l'esprit, le citoyen Picard..; c'est un auteur qui se poussera... Mais, comme nous étions en route pour le spectacle, nous avons rencontré Roger. Il nous a dit: Je vais chez Maxime lui faire mes adieux, ainsi qu'à sa respectable mère. Alors, ma femme m'a dit: Au lieu d'aller à Feydeau, nous devrions accompagner Roger chez ton ami. Moi, je suis toujours de l'avis de ma femme..., parce qu'elle ne me contrarie jamais..., et nous sommes venus avec Roger... Où donc est Maxime?

— A son imprimerie; mais il ne va pas tarder à rentrer, car il sait par la citoyenne Picotin que Roger devait venir, et il m'a chargée de le de l'attendre.

En entendant nommer Euphrasie qu'il ne connaissait pas, Poupardot lui fait un profond salut, et son épouse l'examine avec cette curiosité minutieuse que les femmes apportent à se regarder entre elles, et qui leur fait d'un premier coup d'œil apercevoir la partie faible de la figure, de la toilette et de la tournure.

Quant à Euphrasie, depuis que Roger est arrivé, elle lui lance de fréquentes œillades, que de mauvaises langues pourraient interpréter d'une façon peu rassurante pour le repos d'*Horatius-Coclès* Picotin.

Prosper s'est allé s'asseoir dans un coin; depuis sa dispute avec Goulard, il est devenu rêveur et semble ne plus porter attention à ce qu'on dit autour de lui.

— Eh bien! mon pauvre Roger, tu vas donc aller à l'armée? dit madame Bertholin en regardant le jeune soldat avec intérêt.

— Oui, ma bonne mère, je vais aller combattre les ennemis de la France, et, ma foi, j'en suis bien content!

— C'est aimable, ce que tu dis là, citoyen! murmura Euphrasie, d'un air piqué. Il paraît que tu ne regrettes personne à Paris!

— Si fait, citoyenne, j'y laisse des amis..., des personnes que j'aime; mais, d'un autre côté, je suis las de voir des exécutions, des échafauds. A l'armée, du moins, je n'aurai pas ces affreux spectacles à supporter: si l'on y reçoit la mort, c'est en se défendant, c'est en la donnant à l'ennemi; il y a de la gloire à acquérir, et, sacrebleu! voilà ce qui convient à un Français.

— Oh! je parierais que tu reviendras général, citoyen, répond Euphrasie, en attachant des regards sur Roger.

— Je ne sais pas ce que je reviendrai et si je reviendrai; mais, à coup sûr, je ne ferai tuer ou je ne resterai pas soldat... Eh bien! Prosper, n'es-tu pas de mon avis?... A quoi rêves-tu donc là-bas, tout seul? N'as-tu pas envie de servir aussi?

Prosper lève les yeux sur Roger, passe la main sur son front, comme pour rappeler ses idées, puis répond:

— Oui..., j'irai à l'armée...; mais pas encore...: on peut avoir besoin de moi ici..., et si je n'étais là..., qui veillerait sur...

— Sur qui? demande Roger en souriant; mais Prosper détourne la tête en murmurant: C'est mon affaire.

— Oh! on devine bien, dit Euphrasie, et tout à l'heure tu t'es trahi en voulant rosser le portier.

— Citoyens, dit Poupardot, en tirant de sa poche une tabatière et offrant à priser à la compagnie, citoyens, je m'étonne de vous entendre murmurer contre la marche du gouvernement. Il me semble que cela va bien, à moi..., très bien, même... Je suis pour les idées nouvelles! à part que je voudrais que tout cela pût s'accomplir sans qu'on tuât personne!

— Moi, je n'aime pas les révolutions, murmura sa femme, en hochant la tête.

— Oh! toi, Elisa, tu es une trembleuse...; la république ne veut que notre bien!

— C'est possible! mais nous avions une si jolie maison rue des Petites-Ecuries, reprend la femme de Poupardot en soupirant: ne se sont-ils pas avisés de venir la visiter, de gratter les murs, de les goûter, pour savoir s'ils contenaient du salpêtre? et le résultat est qu'on va démolir notre maison.

— Oui, dit Poupardot, parce que je la leur ai vendue, mais on me la paye trois fois sa valeur !...

— Ah! c'est vrai, on te la paye... en assignats.

— Eh bien, qu'est-ce que cela fait?... Les assignats sont un peu tombés en discrédit, mais ils reprendront...; oh! ils remonteront, et ce sera pour moi une très bonne opération.

— J'aimais bien mieux notre maison !...

— Je suis de l'avis de la citoyenne, dit Euphrasie, le numéraire me paraît, à moi, plus solide que vos chiffons de papier..., et comme je suis la maîtresse au logis, j'ai empêché Picotin de fondre notre mobilier en assignats... Mais à propos de mon mari... que peut-il être devenu? je commence à en être inquiète, quoique je sache que c'est un gaillard incapable de se compromettre et de se mêler dans une dispute...

— J'entends chanter dans la cour, dit Roger, je reconnais la voix de Picotin.

— Il chante! dit Euphrasie, c'est qu'il a peur alors..., il lui sera arrivé quelque chose.

Euphrasie achevait à peine sa phrase que son mari ouvrait la porte et entrait dans la chambre. Anacharsis Picotin était un jeune homme, grand, mais mal bâti et dont la démarche avait quelque chose de déhanché; soit qu'il affectât de se dandiner pour se donner de l'assurance, soit que ce fût chez lui une suite de sa conformation; à chaque pas qu'il faisait, Picotin se jetait de côté comme quelqu'un qui craint de mettre son pied dans un ruisseau. Sa figure était longue, maigre et formait parfaitement le coin de rue. Ces cheveux, qui étaient fort épais, prenaient naissance immédiatement après ses sourcils; enfin avec sa carmagnole, et surtout avec le bonnet rouge enfoncé sur sa tête, il cherchait à se donner un air rébarbatif qui n'allait nullement à sa physionomie.

— Me voilà! dit Picotin en entrant; citoyens et citoyennes, bonsoir, salut et fraternité, ou la mort. Ma femme, tu ne savais pas ce que j'étais devenu?..., tu te tourmentais horriblement, j'en suis sûr; tu disais: est-ce que mon Horatius est allé combattre les ennemis de la patrie sans m'en prévenir...

— Oh! non certes, je ne pensais pas ça! s'écrie Euphrasie.

— Eh bien! ma digne épouse, je n'en ai pas moins couru un grand danger..., un immense danger...

— Ce n'est pas possible!

— Foi de sans-culotte que je suis..., et je vais expliquer à la société le cas dans lequel je m'étais mis...; il était grave!... Voilà ce que c'est: je dois dire d'abord. pour ceux qui ne me connaissent pas, que je suis fourreur; je vends de la pelleterie, des peaux de tigre, ours, renards, et autres animaux; enfin je puis dire que je fourre parfaitement tout ce que j'entreprends..., mon épouse est là pour l'affirmer.

— Au fait, Anacharsis, dit Euphrasie avec impatience; quand tu narres, cela n'en finit jamais.

— J'y arrive, mon épouse. Je voulais une enseigne... Je n'en avais pas..., et une boutique sans enseigne, ça me semble fort bête... Je sais bien qu'on a dit souvent: A bon vin point d'enseigne! Mais on n'a jamais dit: A bonne fourrure point d'enseigne. A force d'y penser, j'avais trouvé quelque chose qui me semblait fort joli et surtout analogue à mon état. Je n'en avais rien dit à ma moitié parce que je voulais lui faire une surprise... Et quand j'ai commandé à un peintre célèbre pour les enseignes!... Il me l'avait donnée ce matin, et j'étais allé la soumettre à l'approbation de ma section... Tu ne te doutais pas de ça, Euphrasie.

— Mais enfin, qu'est-ce qu'il y avait sur cette enseigne?

— Il y avait un fort beau chat! un magnifique angora dont la fourrure était admirable; il était assis devant une assiette sur laquelle ne restait plus que les débris d'un énorme pâté: le chat venait de terminer son repas, cela se voyait à son ventre, et d'ailleurs j'avais fait écrire au-dessous, en grosses lettres d'or: *Au beau Chat plein!* c'était là mon enseigne; il me semble que l'idée était assez ingénieuse.

La compagnie sourit au lieu de frémir; Picotin continue:

— Je vais donc au comité de ma section avec mon enseigne sous le bras; mais je ne l'ai pas plutôt exposée à la vue du président qu'un des membres s'écrie: Tu es un aristocrate..., tu veux nous ramener la prêtraille! nous ne voulons plus de chapelain. Toi enseigne est une insulte à la nation! Moi, j'étais resté tout saisi; je m'attendais si peu à cette accusation que je ne savais que répondre. Voilà que plusieurs voix s'écrient: il faut arrêter cet homme..., il conspire contre la république! Oh! là-dessus la parole me revient et je m'écrie: Mais, citoyens, c'est un chat qui est sur mon enseigne... Je n'ai jamais cru outrager la république en faisant peindre un gros chat, dont je voulais seulement qu'on admirât la fourrure! Tu as mis au Chapelain! tu as pris pour enseigne: Au beau Chapelain! s'écrient un tas de gens, et notamment une vieille femme, une marchande de marée, la mère Gueuleton, qui est presque toujours soûle et passe maintenant ses journées aux sections ou dans les clubs, où elle se fait appeler la mère des *Cracques* et son fils Grattecus, parce qu'on a parlé une fois devant elle de *Cornélie*, mère des *Gracques*, dont un des fils, *Gracchus*, a péri pour la défense de la patrie.

J'étais donc dans une position embarrassante, je dirai même dangereuse, lorsque heureusement pour moi, le président qui me connaît, qui apprécie mon civisme et mes principes, a pris la parole a dit : Citoyens, je connais Horatius-Coclès Picotin, je le crois incapable d'avoir voulu manquer de respect à la république et de chercher à nous ramener les capucins ; il s'est trompé en faisant écrire sur son enseigne des mots qui en rappellent un que nous avons proscrit ; il les effacera et mettra autre chose. — Avec grand plaisir, me suis-je alors écrié, le président a parfaitement compris ma pensée ; du moment qu'on ne veut pas du beau Chat plein, je propose de mettre : *Au beau Chat sans-culotte !* — Oh ! à peine eus-je dit ces mots, que des applaudissements partirent de tous les points de la salle ; on me serra la main, on me félicita ; la mère Gueuleton voulut absolument m'embrasser, quoiqu'elle eût le hoquet, et je sortis de l'assemblée avec mon enseigne, mais non pas sans avoir commencé par effacer les mots qui étaient écrits dessus.

— Voilà une histoire qui ne fait pas honneur à l'instruction des membres du comité ! dit Roger en riant : s'ils avaient su l'orthographe, ils auraient bien vu qu'il n'était pas question de prêtre sur ton enseigne.

— Une autre fois, dit Euphrasie, tu ne feras plus rien sans me consulter, cela vaudra beaucoup mieux ; nous nous étions bien passés d'enseigne jusqu'à présent, il était fort inutile d'en faire une... *Au Chat sans-culotte !* comme ce sera joli ça au-dessus de ma porte !... Tu ne fais que des bêtises, Picotin ! Et ma demande pour faire la déesse de la Liberté, suis-je acceptée ?

— Ah ! ma foi..., ce n'était pas le moment de faire une demande quand tout le monde voulait me rosser ! répond le pauvre Picotin en allant s'asseoir dans un coin d'un air confus.

— Comment, tu veux faire la Liberté, citoyenne ? dit Roger en regardant Euphrasie d'un air un peu moqueur.

— Pourquoi pas ? il me semble que j'ai tout ce qu'il faut pour cela.

— Moi, dit Poupardot, j'aurais aussi aimé que ma femme eût cet honneur..., à part que j'aurais craint qu'elle ne s'enrhumât, vêtue si légèrement... ; mais la citoyenne mon épouse ne veut pas se mettre en avant ; elle dit qu'elle aime mieux soigner son ménage.

— Ta femme a raison, dit Roger, la politique ne doit pas être l'occupation de son sexe. Les femmes qui veulent empiéter sur le domaine des hommes risquent de perdre beaucoup de leurs moyens de séduction.

— Est-ce que c'est un homme qui doit représenter la Liberté ? dit Euphrasie d'un air d'humeur.

— Non, dit le jeune soldat, mais je ne croyais pas que ce serait toi, citoyenne.

Euphrasie semble piquée, elle regarde d'un autre côté et ne parle plus ; Roger est devenu triste, Prosper garde toujours le silence ; Picotin n'ose plus élever la voix depuis que sa femme l'a grondé ; madame Bertholin semblait plongée dans ses réflexions, la femme de Poupardot parlait peu causeuse, il ne restait donc plus que celui-ci pour soutenir la conversation, et malgré tous ses efforts et les *à part* dont il entremêlait ses discours, depuis quelques instants il parlait tout seul, lorsque la porte s'ouvrit.

C'était Maxime qui rentrait.

———

IV. — LE TESTAMENT D'UN COMÉDIEN. — UNE ARRESTATION.

Maxime était plus pâle, sa physionomie était encore plus sombre, plus triste que lorsqu'il était sorti. En entrant dans la chambre, son premier regard chercha sa mère : elle le comprit, il savait l'exécution de François Brémont, de ce vieillard qui avait été l'ami, le protecteur de son père.

Aussi Maxime ne répondit-il que froidement aux bonsoirs de la plupart des personnes qui étaient chez lui.

Et Poupardot dit tout bas à Picotin :

— Diable !... je crains quelque chose !... Est-ce que cela irait mal ?... C'est que je ne suis pas tranquille, quand Maxime n'est pas content ; car Maxime est un homme qui lit dans l'avenir, et c'est un républicain celui-là.

Picotin ouvre ses deux gros yeux à fleur de tête, renfonce son bonnet rouge sur ses oreilles et murmure : Je puis encore mettre : *Au chat sans-culotte ou la mort.*

Le jeune Bertholin s'est approché de Roger, il lui serre la main avec affection, et le dialogue suivant s'établit entre eux :

— Tu pars, Roger..., tu vas combattre pour la patrie..., tu es bien heureux.

— C'est ce que je pense, mon cher Maxime ; aussi je pars avec joie ! pourquoi n'en fais-tu pas autant ?

— Tu le sais bien !... et ma mère !...

— Ah ! oui. Tu as raison. Reste ici. D'ailleurs tu es républicain, toi, tu approuves tout ce qu'on fait, tout ce qui se passe ; tu ne peux manquer de parvenir !

— Roger, tu me juges mal : c'est justement parce que je suis républicain, parce que je voudrais un gouvernement libre, la répression des abus sous lesquels nous vivions, que je vois avec plus de peine qu'un autre les excès déplorables auxquels on se livre ; les injustices, les crimes que l'on commet et qui amèneront infailliblement la chute de cette république que j'espérais voir grande et durable. Aujourd'hui encore ils ont immolé un vieillard..., ancien ami de mon père !... Quel pouvait être son crime ?... aucun. Il a, m'a-t-on dit, été dénoncé parce qu'il portait sur son habit de gros boutons dans lesquels il y avait un bouquet de fleurs, et parmi ces

fleurs on a vu quelques lis ! Ah ! mon ami, tant que les hommes seront assez fous ou assez méchant pour faire dépendre la vie d'un de leurs semblables d'aussi misérables fadaises, il ne seront pas en état de se gouverner eux-mêmes.

— Les citoyens parlent bas entre eux, dit Euphrasie en regardant Maxime et Roger. C'est amusant ! En général les hommes sont plus aimables en tête-à-tête qu'en société, n'est-ce pas, citoyenne ?

Cette question était adressée à la femme de Poupardot, qui répondit tranquillement : — Mon mari me semble toujours bien tel qu'il est !

— Quelle pâte de femme ! murmure Euphrasie en se tournant vers madame Bertholin. Si la disette continue, on pourra en faire de la brioche.

— Je suppose, dit Poupardot en s'adressant encore à Picotin près duquel il était ; je suppose que Maxime sait quelque chose..., quelque nouvelle intéressante... que nous lirons demain dans le *Père Duchesne.* Mais alors, au lieu de parler bas à Roger, il pourrait nous le dire..., à part que ce ne soit de nature à effrayer les femmes... Qu'en penses-tu, citoyen ?

— Je pense, dit Picotin au bout d'un moment, que si au lieu d'un chat j'avais fait peindre un ours, je n'aurais pas fait écrire dessous : Au chat plein, et ce matin je n'aurais pas eu une si belle peur à ma section.

Maxime ayant terminé sa conversation avec Roger, s'est retourné et aperçoit pour la première fois Prosper assis dans un coin obscur de la chambre où il ne disait mot, ce qui était cause que Bertholin ne s'était pas aperçu de sa présence.

— Comment ! tu es là, Prosper ! dit Maxime en s'approchant du jeune homme. Je ne t'avais pas vu en arrivant. Mais puisque te voilà, je vais te remettre une lettre que j'ai là pour toi... C'est un bon paysan qui l'avait apportée à l'imprimerie, croyant t'y trouver... Ce paysan arrivait de Melun.

— De Melun ! s'écrie Prosper, il venait sans doute me donner des nouvelles de mon parrain.

— En effet..! mais ton parrain est mort depuis huit jours.

— Il est mort ! C'est le pauvre papa Brillancourt, c'était un bon homme..., quoiqu'il se moquât souvent de moi..., car il était moqueur et même caustique, mon cher parrain ; mais il avait près de quatre-vingts ans ; à cet âge-là on peut plier bagage. Est-ce que la lettre est de lui ?... cela m'étonnerait ; depuis quelques années il ne voulait plus écrire ni lire, de crainte de fatiguer ses yeux.

— La lettre, à ce que m'a dit le paysan, est d'un notaire de Melun, nommé exécuteur testamentaire du défunt.

— Lis donc vite, citoyen, s'écrie Picotin en s'approchant d'un air curieux. Ton parrain t'a peut-être nommé son légataire universel.

— Légataire universel !... D'abord mon parrain Brillancourt ne doit pas laisser de fortune. C'était un ancien comédien. Il avait vécu gaiement, s'était amusé le plus qu'il avait pu, lui-même se plaisait à le dire. Il vivait d'une petite pension que lui faisait le théâtre et de quelques économies qu'il avait placées en viager. Ensuite, il avait avec lui une gouvernante qu'il appelait sa Dulcinée, et à laquelle depuis longtemps il avait promis son mobilier et le peu d'argent qu'il laisserait ; et en vérité Dulcinée a bien gagné cela, car elle était remplie de soins pour le vieux comédien, qui lui faisait répéter presque tous les soirs avec lui des scènes du *Tartuffe* ou des *Femmes savantes.*

— Enfin, ce notaire ne t'a pas écrit pour rien, citoyen, dit poupardot, et à part que je ne suppose que ce soit un mystère...

— Un mystère ! dit Prosper. Oh ! je ne fais mystère de rien, moi, et pour preuve je vais lire la lettre tout haut, si cela peut vous amuser.

— En disant cela, il décachète la lettre du notaire, et chacun prête attention à ce qu'il va lire, curieux de connaître les dernières intentions du vieux comédien en faveur de son filleul. Prosper lit à haute voix :

« Citoyen, salut et fraternité !

» Un vieillard, nommé Brillancourt, ancien comédien ordinaire du *Tyran,* » vient de décéder dans notre ville. Il m'a nommé exécuteur de ses dernières volontés : ce qui me donnera peu d'ouvrage, le citoyen Brillancourt n'ayant laissé aucune fortune : son revenu s'éteignait avec lui, et, quant à son mobilier, il en a fait don à la gouvernante qui le servait... »

— Que t'avais-je dit ? s'écrie Prosper en s'interrompant pour se tourner vers Picotin. Mon parrain ne me laisse probablement que sa bénédiction et ses bons conseils... Quant à cela ! il n'est pas avare !...

— Est-ce que la lettre du notaire est finie ? demande Euphrasie.

— Non pas encore.

— Eh ! bien ! achevez donc ; le plus important est sans doute pour la fin.

— Je continue... « fait don à la gouvernante qui le servait... Cependant » (ah ! il y a un cependant) dans l'écrit où il me charge de ses dernières » volontés, il y a un paragraphe qui vous concerne, le voici ; je le » transcris mot pour mot : « Je n'ai jamais eu d'enfant, ou du moins je ne » le crois pas ; mais j'ai de par le monde un filleul qui a maintenant dix- » huit ans et quelques mois, et qui se nomme Prosper Bressange ; c'est un » assez mauvais sujet... Il a mangé en fort peu de temps tout ce que lui » avait laissé son père, et, si j'avais de la fortune, je ne la lui laisserais » pas, car il la mangerait aussi... »

Les personnes qui écoutaient cette lecture ne peuvent en ce moment retenir quelques éclats de rire qu'augmente encore la mine singulière que fait Prosper ; il s'est arrêté et a levé les yeux au ciel d'une façon fort comique, en s'écriant :

— Ayez donc des parrains !... comptez sur leur protection... Enfin il faut avaler le calice jusqu'au bout. Je poursuis : « Car il la mangerait » aussi... mais Prosper a de l'esprit, des moyens ; c'est un garçon qui fera » quelque chose s'il le veut, et, comme il est du devoir d'un bon parrain » d'aider son filleul à faire son chemin, je lègue au mien, en toute pro- » priété, ce que tu trouveras, citoyen notaire, dans le dernier tiroir du bas » de ma commode ; ce sont... trois culottes... »

Ici, quelques éclats de rire interrompent encore Prosper; mais il continue :

« ... Trois culottes; avec l'une, j'ai créé le *Mascarille de l'Étourdi* : c'est » celle qui est d'une écarlate magnifique; avec la seconde (la bleue), j'ai » représenté un vétéran dans une pièce militaire; enfin, avec la troisième, » qui est de satin blanc et brodée sur toutes les coutures, j'ai joué un mar- » quis, un roué de la régence. C'est avec ces trois culottes que j'ai obtenu » mes plus beaux succès. J'ai dans l'idée qu'elles contribueront puissam- » ment à la fortune de mon filleul, s'il sait les mettre en temps opportun. » Charge-toi donc, citoyen notaire, de les remettre en mains propres à mon » filleul Prosper Bressange, qui travaille, je crois, à Paris, dans une impri- » merie. Ma gouvernante le donnera son adresse.

» Voilà, citoyen, le paragraphe que ton parrain a écrit en ta faveur. J'ai » trouvé effectivement dans le tiroir de la commode du citoyen Brillan- » court les objets ci-des- » sus mentionnés ; et » quand tu voudras ve- » nir à Melun, les trois » culottes sont à ta dis- » position. Je te les re- » mettrai en main pro- » pre, puisque c'est en- » core le désir de ton » parrain. Salut et fra- » ternité.

» DUMONT, *notaire.* »

— Ah! par exemple! en voilà un drôle de tes- tament, dit Picotin lors- que Prosper a terminé sa lecture, le parrain était un farceur... car cela me fait l'effet d'une farce ceci..., hein?...

— C'est aussi mon avis, dit Poupardot, c'est une plaisanterie... à part que ce ne soit une de ces idées bizarres de vieux comédien... Dans cette profession, on a, m'a-t- on dit, des manies... des préférences... On se pas- sionne pour un costume... pour une perruque même, et alors... on se figure... vous comprenez?... n'est- ce pas, Elisa, tu com- prends?...

La citoyenne Poupar- dot a la bonté de faire un signe de tête, comme si elle avait deviné ce que son mari avait l'inten- tion de dire ; mais Pico- tin s'écrie :

— Non, je ne com- prends pas du tout !

— Ce qu'il y a de cer- tain, dit Roger en sou- riant, c'est que le parrain du citoyen Prosper n'est pas pour les idées nou- velles, car il ne veut pas que son neveu soit sans culotte !...

— C'est évident, mur- mure Picotin, et, s'il n'é- tait pas mort, il eût fallu le dénoncer pour ce fait.

— Enfin, citoyen, dit Euphrasie en s'adres- sant à Prosper, que comptes-tu faire? répondras-tu à ce notaire?

— Je ferai mieux, citoyenne, je partirai demain matin pour Melun, et j'irai réclamer mon héritage.

— Ah! bah! vraiment? dit Picotin ; quoi! faire le voyage de Melun pour y chercher trois culottes..., et trois vieilles culottes probablement, car il paraît qu'elles ont beaucoup servi au vieux comédien !

— Oui, citoyen, j'irai à Melun pour avoir ce legs de mon parrain... Eh ! que salut-on..., il me portera peut-être bonheur ! Je suis un peu fataliste, moi, j'ai surtout foi dans l'opinion des gens d'esprit, et le papa Brillan- court en avait. Il m'a laissé ces trois culottes dans la pensée qu'elles me feraient mon chemin dans le monde, comme il fit le sien au théâtre !... C'est qu'il savait bien, lui, que le monde n'est aussi qu'un théâtre plus vaste, dans lequel nous sommes tous destinés à jouer un rôle avec plus ou moins de succès. D'ailleurs, en ce moment, ma garde-robe n'est pas assez bien montée pour que je dédaigne le don de mon parrain. Je partirai demain pour Melun... J'irai prendre possession de mon héritage.

— Tu pourras même le rapporter sur toi, dit Picotin ; en hiver, trois cu- lottes ça se porte très bien !

— Je gage, dit Roger, que l'héritage sera mangé avant que Prosper soit de retour à Paris.

— Tu te trompes, citoyen! répond le jeune homme en plaçant sa toque de papier sur le côté. Si le vieux comédien m'avait laissé de l'argent, tu pourrais dire vrai, car l'argent est fait pour être dépensé...; en avoir et ne pas s'en servir, c'est absolument comme si l'on n'en avait pas, telle est du moins ma manière de penser; mais des culottes avec lesquelles mon parrain a obtenu de grands succès..., oh! c'est bien différent, je les res- pecte. J'ai confiance en leur vertu, et je ne les vendrais pas quand on m'en offrirait... cent écus!

— A la vache? demande Picotin.

— Oui, à la vache..., en argent enfin..., et pourtant cent écus sonnants, c'est une fortune dans ce moment-ci.

Après avoir encore causé quelque temps de l'héritage qui arrivait à Pros- per et de l'idée singulière qu'avait eue le vieux co- médien , la compagnie songea à se retirer; d'ail- leurs Maxime était triste, il parlait peu, et ne fit aucun effort pour retenir plus longtemps sa société, lorsqu'elle annonça l'in- tention de partir.

— Viens, ma femme, dit Poupardot en prenant le bras de sa moitié; il ne faut pas rentrer trop tard... Ce n'est pas que je craigne rien..., à part les voleurs..., mais de- main il faut que je me lève de bonne heure, pour aller assister au premier coup de pioche que l'on donnera sur ma maison de la rue des Petites Écu- ries.

— Tu fais faire des ré- parations à ta maison? demande Maxime à son ami.

— Non, c'est la répu- blique qui la fait jeter à bas, parce qu'elle s'est assurée qu'il y avait beau- coup de salpêtre dans mes murs... Comme c'est heu- reux pour moi! elle me la paie trois cent mille francs en assignats. C'est une bonne affaire que je fais !...

Maxime ne répond rien, et la femme de Poupardot dit d'un air triste :

— Ah !... les révolu- tions... Allons nous cou- cher, mon ami.

— Citoyenne Euphra- sie, ton époux *Horatius- Coclès* est à tes ordres, dit Picotin s'approchant de sa femme et lui pré- sentant son bras; celle-ci s'empara de celui de Roger et se contente de répondre d'un ton im- périeux à son mari :

— C'est bien ! marche devant, tu nous avertiras quand il y aura des ruis-

Madame Picotin.

seaux. Picotin ne se fait pas répéter cet ordre; il se hâte de gagner la porte en disant :

— Bien le bonsoir, la compagnie..., salut et fraternité, bonne nuit, ou la mort.

Poupardot et sa femme étaient déjà partis; Roger avait embrassé ten- drement la bonne maman Bertholin, dont les yeux s'étaient remplis de larmes en disant adieu au jeune conscrit. Maxime presse encore la main de son ami, qui lui dit :

— Je ne sais quand je te reverrai, Maxime, mais je crois qu'alors il y aura bien du changement.

Il ne restait plus chez Bertholin que Prosper Bressange; mais celui-ci étant de la maison, il demeurait dans les mansardes. Cependant il souhaita aussi le bonsoir à la veuve et à son fils, en leur disant :

— Je vais me coucher, car je veux partir pour Melun demain de bon matin, et je ne ferai pas mal de dormir un peu. Au revoir, maman Ber- tholin..., bonsoir, Maxime..., Je suis bien sûr que je vais rêver aux trois culottes de mon parrain.

—Quel heureux caractère! dit Maxime, en regardant le jeune Prosper s'éloigner. Il rit de tout..., il prend le temps comme il vient.

—Oh! il ne rit pas de tout, reprend la maman Bertholin en approchant sa chaise du feu, et ce soir j'ai bien vu que ce jeune homme si fou, si étourdi en apparence, éprouve déjà dans le fond de son cœur un sentiment profond pour quelqu'un... Tu ne te doutes pas, toi, Maxime, que Prosper est amoureux...

—Amoureux!... comme on l'est à son âge..., où l'on se croit amoureux de toutes les femmes..., où l'on se figure que cela durera toujours..., tandis que le premier minois nouveau fait tourner le cœur comme une girouette.

—Non..., je crois que Prosper éprouve un véritable attachement cette fois... Mais, comme tu dis, mon fils, un autre fera oublier celui-là...

—Et quelle est donc la personne dont vous le croyez épris?

—C'est mademoiselle Camille de Trévilliers..., la fille du comte de Trévilliers, qui demeure dans cette rue, presque en face.

—La fille d'un émigré!... Une jeune personne qui n'a pas seize ans encore, mais qui est déjà aussi fière, aussi hautaine que l'était son père!... Pauvre Prosper! Je crois qu'il a mal placé ses affections, et je ne pense pas qu'on le paie jamais de retour. Mais, qui a pu vous faire deviner les sentiments de Prosper, ma mère?

—C'est qu'en ton absence Goulard, le portier, est entré ici...

—Pourquoi faire? Je déteste, je méprise ce méchant homme, je ne veux pas qu'il vienne chez moi... Il fallait le mettre à la porte.

—Ah! mon ami, dans ce temps-ci, les méchants sont si à craindre!...

—Je n'ai rien à craindre, moi, ma mère, et rien ne peut me forcer à recevoir chez moi un homme que je méprise.

—Hélas! mon ami, combien de gens, ainsi que toi, pensaient qu'ils n'avaient rien à craindre, parce qu'ils se sentaient la conscience pure, et qui ont péri cependant!... et Brémont?... ce pauvre Brémont!...

Maxime passe sa main sur ses yeux, puis s'écrie:

—Ah! ne parlons pas de cela, ma mère, ça fait trop de mal... Eh bien!... Prosper..., vous alliez me dire...

—Goulard a parlé devant lui de la fille du comte de Trévilliers; il a laissé voir que son intention serait de la dénoncer. Oh! alors, Prosper a sauté sur lui, l'a saisi à la gorge, et, s'il n'était pas venu du monde, je crois qu'il l'étranglait, malgré mes prières et celles d'Euphasie.

—Il aurait bien fait! Misérable Goulard! c'est lui, ce sont ses pareils qui feront haïr notre révolution... Demandez à cet homme ce que c'est que la patrie et la liberté, il vous répondra qu'il veut de l'argent et ne rien faire. Ah! que je ne le voie plus ici, car je sens bien que je ne serais pas maître de ma colère... Dénoncer une jeune fille de seize ans... parce qu'elle est la fille d'un noble! Comme c'est bien raisonné! comme c'est équitable! Et si son père est coupable, est-ce donc sous un gouvernement qui veut être juste et libre que les fautes des pères doivent retomber sur les enfants.

La mère de Maxime ne répond rien; elle se contente de lever les épaules en soupirant. Un long silence règne entre elle et son fils; tous deux avaient trop de tristesse dans l'âme pour se sentir même le désir de causer.

La pluie avait recommencé à tomber avec violence; le vent soufflait aussi avec force; la nuit était sombre et triste comme les pensées de ceux qui habitaient le petit logement du rez-de-chaussée.

Minuit avait sonné depuis longtemps, et ni Maxime ni sa mère n'étaient encore couchés. Cependant le jeune homme, sortant de ses réflexions, s'écrie:

—Allez donc prendre du repos, ma mère; il est bien tard, vous devez être fatiguée.

—Du repos! je n'espère pas en goûter cette nuit... J'ai éprouvé trop de chagrin aujourd'hui...; mais toi, mon ami, tu ne vas-tu pas aller te coucher aussi?

—Oui, ma mère, oui..., dans un moment... Je ne sais pas ce que j'ai ce soir..., j'ai le cœur serré..., j'éprouve comme la crainte d'un nouveau malheur... Ce que vous m'avez dit de Goulard me revient sans cesse à la pensée...

—Je ne t'ai pas tout dit cependant, car ayant rencontré ici ce bon Hollandais et sa femme, auxquels j'avais ouvert la porte cochère pour leur voiture, parce que Goulard n'ouvrait pas lui; il a osé menacer, insulter cet homme généreux, qui cent fois lui a fait du bien. Ah! si sa femme n'avait pas été là, le citoyen Derbrouck aurait, je crois, châtié l'insolence de Goulard... Heureusement Prosper est arrivé en ce moment: c'est un brave garçon que Prosper... Et..., mais, n'entends-tu pas du bruit dans la rue?

—Non.... je n'entends que le bruit du vent et de la pluie.

—C'est singulier..., il m'avait semblé entendre comme plusieurs voix...; cependant il n'est pas l'heure de s'arrêter.., de causer dans la rue... Bientôt une heure du matin...; je me serai trompée... Cependant écoute.., c'est comme le bruit d'une voiture..., elle s'approche.

Le bruit de la voiture approchait en effet, et bientôt il cessa devant la maison. Maxime, qui écoutait, regarda sa mère en disant:

—C'est pour ici.

Et une expression de sombre terreur se peignit sur les traits du jeune homme et de sa mère, car tous deux savaient bien qu'alors les arrestations se faisaient souvent au milieu de la nuit.

Un coup violent est frappé à la porte cochère.

—C'est bien ici qu'ils viennent, murmure madame Bertholin; mais à qui en veulent-ils?... ô mon Dieu!...

Et déjà la pauvre mère entourait son fils de ses bras, comme pour empêcher qu'on ne le lui enlevât. Tandis que le jeune républicain, cherchant à rassurer sa mère, reprend son air calme, en lui répondant:

—Ne craignez donc rien... D'ailleurs, nous nous trompons peut-être; ce n'est sans doute pas pour cela qu'on a frappé. »

Mais déjà la porte cochère est ouverte, car cette fois le portier n'a pas fait attendre. On aurait dit qu'il étoit prévenu qu'on allait venir, et qu'il avait l'oreille au guet.

Maxime et sa mère se sont approchés de la fenêtre qui donne sur la cour; ils entendent les pas de plusieurs hommes, puis le nom de Derbrouck est prononcé d'une voix forte, et Goulard répond d'un ton patelin:

—C'est ici, citoyens..., c'est au premier..., l'escalier à droite, au fond.

Les hommes ont traversé la cour et sont montés; il y a des gendarmes avec eux: il n'y a plus à douter du motif qui les amène.

—Ils viennent arrêter le banquier hollandais! s'écrie madame Bertholin, en cachant sa figure dans ses mains! Oh! monstre de Goulard!... il a effectué ses menaces; il a dénoncé son bienfaiteur!... Et sa femme..., sa pauvre femme, qui nourrit son enfant! quel réveil, grand Dieu! et quel va être son désespoir!... Un si bon ménage..., des époux si unis!

—Non..., non..., ce n'est pas possible! s'écrie Maxime. Puis il s'élance à la porte, traverse la cour et monte aussi l'escalier, tandis que

Le jeune homme le saisit à la gorge, le renverse et a déjà posé un genou sur sa poitrine. — Page 5.

sa mère lui crie de rester, et de ne pas se compromettre inutilement.

Mais déjà le jeune homme est arrivé au premier étage, devant la porte de l'appartement occupé par le banquier et sa famille. Cette porte est gardée par trois gendarmes, mais on laisse entrer Maxime, qui traverse une antichambre et entre dans un petit salon au moment où celui que l'on venait arrêter au milieu de la nuit, troublé et surpris dans son sommeil, se présentait devant les agents de l'autorité, après avoir passé à la hâte quelques vêtements.

La figure de Derbrouck n'exprimait que la surprise, elle était toujours confiante et noble, et c'est presque une souriant qu'il dit à ceux qu'il trouve dans son salon :

— Qu'y a-t-il, citoyens, et quel motif vous amène chez moi au milieu de la nuit ?

— Nous avons l'ordre de t'arrêter, répond d'une voix brusque un homme revêtu d'une ceinture tricolore et qui semble commander aux autres.

— M'arrêter !... moi... Et pour quelle raison..., qu'ai-je fait ?

— Oh ! ce n'est pas ici qu'on te le dira... tu t'expliqueras devant le tribunal révolutionnaire... quand on te jugera...

— Mais, citoyens, ce ne peut être qu'une erreur... Je n'ai rien à me reprocher...

— Oh ! non, s'écrie Maxime, en courant prendre la main de Derbrouck qu'il presse avec force dans les siennes ; non, le citoyen Derbrouck n'a rien fait pour être arrêté... Sa conduite est pure comme ses principes, j'en réponds, moi et l'on sait bien que je ne presserais pas la main d'un traître. Il faut qu'il y ait là-dessous quelque méchanceté, quelque secrète dénonciation...

— Tout cela ne nous regarde pas ! répond l'envoyé du comité ; nous avons l'ordre d'arrêter le citoyen Derbrouck, banquier hollandais, revenu en France depuis quelques mois seulement... C'est toi ?

— Oui, citoyen.

— Alors, il faut nous suivre... après toutefois qu'on aura mis en ta présence les scellés chez toi...

— Faites, citoyens ; mais ma femme repose..., et si du moins on pouvait respecter son sommeil !...

En cet instant, un cri parti d'une pièce voisine annonce que la femme du banquier ne dort plus, et qu'elle sait pourquoi on est venu troubler son sommeil ; elle accourt pâle, éplorée, tremblante, et à peine couverte d'une robe, d'un châle dont elle s'est enveloppée à la hâte ; elle se précipite dans les bras de son mari, en s'écriant :

— Est-il vrai !... Ils viennent pour t'arrêter !... O mon ami !... mais je ne te quitte pas alors... Je veux qu'on m'emmène avec toi... Oh ! je veux partager ton sort.

— Calme-toi, ma chère amie, reprend le Hollandais en pressant tendrement sa femme sur son cœur. On vient m'arrêter parce que quelque méchant, quelque lâche m'aura dénoncé ! Mais tu sais bien que je n'ai rien à me reprocher..., que ma conscience est pure... Je ne dois donc rien craindre... Mes juges, je n'en doute pas, reconnaîtront facilement qu'on les a trompés, que je suis innocent, et bientôt je te serai rendu.

Madame Derbrouck pleurait amèrement : l'air calme de son mari ne la rassurait pas ; Maxime s'efforce de ramener aussi l'espoir dans son âme, en disant :

— Ce ne peut être qu'une erreur, citoyenne, ou la suite d'une vengeance particulière ; mais j'irai au tribunal, et si, comme je l'espère, mon témoignage est de quelque poids, le citoyen Derbrouck recouvrera bien vite sa liberté.

Ces paroles n'ont pas le pouvoir d'arrêter les larmes qui coulent des yeux de la pauvre femme, et sa bouche ne cesse de murmurer : « L'arrêter !... oh ! mon Dieu !... voilà ce que je craignais ! »

Cependant les agents du tribunal ont achevé de mettre les scellés, et celui qui commande dit tout en écrivant :

« Nous nommons gardien des scellés le citoyen Goulard Léonidas, portier de ladite maison et membre de la section de Bonne-Nouvelle. »

Au nom de Goulard, la jeune femme a frissonné, et le front du Hollandais se couvre d'un sombre nuage ; il se penche alors vers sa femme, et lui dit à l'oreille :

— Retourne à Passy...; ne reste pas ici..., tu y aurais trop à souffrir.

— Sommes-nous prêts ? dit l'envoyé, en faisant signe au banquier de suivre les gendarmes.

— Oui, citoyens, me voilà... je vous suis... Cependant avant de partir..., permettez-moi d'embrasser mon enfant.

Madame Derbrouck n'a pas laissé achever ces paroles à son mari. Déjà elle a couru dans la pièce voisine, d'où elle revient bientôt, tenant dans ses bras la petite fille qu'elle nourrit, et qui est alors plongée dans un profond sommeil.

Le Hollandais contemple quelques instants son enfant, en murmurant de manière à ce que Maxime seul l'entende :

— Pauvre enfant !... qui n'a que quelques mois d'existence !... qui ne peut encore connaître son père !... Peut-être est-elle destinée à ne le voir..., à ne le connaître jamais !... Mais je lui laisse un nom sans tache..., et ce nom..., un jour..., quelque chose me dit qu'on le sera fier de le porter !

Malgré sa fermeté, Derbrouck sentait des larmes venir mouiller sa paupière ; mais surmontant bientôt sa faiblesse, il dépose un baiser sur le front de sa petite Pauline, embrasse tendrement sa femme, puis s'arrache de ses bras et sort de l'appartement en s'écriant : Partons, citoyens.

La femme du Hollandais serait tombée évanouie, si Maxime ne l'avait soutenue dans ses bras. Déjà Derbrouck traverse la cour au milieu des gendarmes. Alors Goulard se place contre la porte cochère, et sourit d'une manière infernale, en voyant passer celui que l'on vient d'arrêter.

V. — LA FILLE D'UN ÉMIGRÉ.

Prosper, livré à un profond sommeil, n'avait rien entendu pendant la nuit, et le lendemain matin, en sortant dès le point du jour, il n'était pas entré chez Prosper auquel il avait dit, adieu la veille. Il n'avait vu alors que le portier qui était déjà levé et se tenait comme un espion dans un coin de la cour, d'où il inspectait les fenêtres de chaque locataire, cherchant à surprendre quelques signes, à entendre quelques mots.

En voyant sortir celui qui, la veille, avait failli l'étrangler, Goulard s'était contenté de sourire ; mais il y avait dans ses traits repoussants une expression de triomphe, de joie, que ce jeune homme avait remarquée, et dont il avait un moment été effrayé. Une réflexion subite lui rendit bientôt sa tranquillité : il se rappela que la veille on lui avait dit que mademoiselle de Trévilliers était partie pour la campagne ; et cette maison de campagne où se rendait quelquefois la fille de l'émigré était justement, tout auprès de Melun.

Et maintenant disons comment était venue cette passion romanesque, que ce jeune homme jusqu'alors si fou, si étourdi, avait conçue pour une personne que sa naissance et sa fortune auraient tenue à une grande distance de lui, si alors la naissance n'avait pas été comptée pour rien et la fortune sujette à des mutations très fréquentes.

Camille de Trévilliers n'avait pas encore seize ans, mais déjà elle était belle, grande, bien formée ; elle était élégante et gracieuse, quoiqu'il y eût dans sa démarche fière, dans son regard, dans la manière dont elle portait sa tête, quelque chose qui annonçait le sentiment orgueilleuse de sa naissance, de sa fortune, la femme qui sait qu'elle est belle, et qui pense que chacun doit être trop heureux de lui offrir son hommage. Ses grands yeux noirs que surmontaient deux sourcils, un peu épais pour orner le front d'une jeune fille, étaient souvent dédaigneux et railleurs ; mais lorsqu'une expression bienveillante ou tendre venait les adoucir, il était difficile de résister à leur empire.

Le comte de Trévilliers, père de Camille, avait été un de ces roués de cour qui sacrifiaient tout au plaisir et à la faveur. Veuf de bonne heure, le comte s'était fort peu occupé de sa fille, dont il avait confié l'éducation aux soins d'une gouvernante, en ordonnant que l'on ne contrariât jamais les volontés de Camille, à laquelle il avait fait donner tous les maîtres, mais qui, malgré cela, avait la permission de ne s'appliquer que ce qu'elle voudrait.

Camille avait profité de la permission : capricieuse, fantasque, elle étudiait pendant quelques semaines avec assiduité, puis en passait d'autres à ne rien faire ; passionnée pendant un moment pour la musique, elle l'avait ensuite abandonnée pour se livrer à la peinture qu'elle avait ensuite délaissée. Il en était résulté une de ces éducations comme on en faisait beaucoup alors ; on effleurait tout, on ne savait rien.

Cependant la révolution arriva. Le comte de Trévilliers, qui possédait en France de superbes propriétés, s'empressa d'émigrer, laissant sa fille avec sa gouvernante dans une fort belle terre située aux environs de Melun.

Mais au bout de quelque temps, tous les biens du comte furent mis en séquestre, et la jeune Camille, forcée de quitter le château de son père fut obligée de se réfugier dans une modeste maison de campagne que sa gouvernante avait achetée dans les environs avec ses économies.

Et comme cette maison de campagne n'était qu'à une demi-lieue de la belle propriété dans laquelle la fille du comte avait reçu le jour, Camille aimait à venir se promener autour de ce château qui avait appartenu à son père, et dont la vue lui rappelait les premiers jours de son enfance. C'était toujours de ce côté qu'elle dirigeait ses pas lorsqu'elle allait dans la campagne, et elle s'arrêtait tristement devant la grille du parc, elle contemplait de loin ces longues et belles allées touffues où elle avait couru et joué si souvent. Alors sa poitrine se serrait, son cœur se serrait... mais elle ne pleurait pas, car elle avait du courage, de la fierté, et elle n'aurait pas voulu que les paysans vissent couler ses larmes.

D'ailleurs, sa vieille gouvernante lui répétait sans cesse :

« Soyez tranquille, mademoiselle, tout ceci n'aura qu'un temps..., c'est un orage qui passe ; mais votre père reviendra ; il rentrera dans ses biens : ce beau domaine sera encore à vous, ainsi que beaucoup d'autres, et vous pourrez, là votre aise, vous promener dans ces belles allées et y courir comme autrefois. »

Camille soupirait sans répondre ; quoique bien jeune encore, elle ne se laissait point aller à de folles espérances, et sa raison ; mûrie avant l'âge, voyait plus juste que les soixante ans de sa gouvernante.

C'était pendant une de ses promenades autour des murs du château de son père que Camille avait, pour la première fois, été aperçue par Prosper qui allait souvent à Melun voir son parrain le vieux comédien, et qui parfois se promenait avec lui dans la campagne.

Camille n'avait alors que quinze ans, mais elle était déjà remarquable par sa beauté, sa taille élégante et sa tournure noble.

— Voilà une bien jolie personne, dit Prosper à son parrain, la connaissez-vous ?

— Oui, c'est la fille d'un ci-devant, ou si tu aimes mieux, du comte de Trévilliers.

— Les beaux yeux ! les beaux sourcils !

— Ce serait admirable au théâtre, pour faire les princesses, les premiers rôles.

— Mon parrain, vous ne voyez que le théâtre partout !

— Qu'est-ce qu'il y a là d'étonnant ? j'y ai passé ma vie, et depuis que je l'ai quitté, mon plus grand bonheur est d'y penser encore. D'ailleurs, mon petit Prosper, tout est comédie ici-bas..., à moins que ce ne soit tragédie... comme dans ce temps-ci, par exemple.

— Cette jeune personne est bien jolie..., mais elle a l'air triste.

— Elle en a sujet : elle vient de se promener autour du parc de ce château qui appartient à son père, il n'y a pas encore longtemps, mais que l'on a mis en séquestre depuis qu'il a émigré.

— Pauvre jeune fille... ; quelle taille charmante !

— Ah ! mon drôle, tu jouerais volontiers les amoureux avec elle !

En ce moment Camille et sa gouvernante revenaient sur leurs pas : le vieux comédien, qui connaissait un peu la gouvernante, salua les dames, qui répondirent gracieusement à son salut ; Prosper s'inclina et voulut essayer d'entrer en conversation, on continua de marcher sans faire attention à lui et sans lui répondre.

— Tu n'as pas débuté heureusement, dit le vieux Brillancourt d'un air sardonique, tu auras aussi tu es encore trop jeune pour l'emploi que tu veux prendre.

— Eh bien, mon parrain, vous allez voir qu'on me parlera, dit Prosper, et que j'aurai du succès.

Le jeune homme se mit alors à courir de manière à dépasser les dames ; arrivé devant un arbre assez élevé, il y grimpa avec dextérité, se posa sur une branche faible, se balança un moment et roula bientôt à terre, parce que la branche venait de casser.

Les dames poussèrent un cri d'effroi ; le vieux comédien fit un haussement d'épaules, en murmurant : « Si c'est cela qu'il appelle du succès ! » puis on courut près du jeune homme qui était resté sur le gazon et roulait ses yeux en faisant de grimaces.

Camille était la plus jeune, la plus leste, elle arriva la première près de Prosper, et lui présentant un flacon qu'elle portait toujours sur elle, le lui fit respirer, en lui disant :

— Êtes-vous blessé, monsieur ? (Camille ne voulait pas dire citoyen) où avez-vous mal ?

Prosper se tâta un peu partout, puis répondit :

— Je crois que je n'ai mal qu'au pied... ! ce ne sera rien qu'une entorse, peut-être.

— Mais une entorse, c'est déjà beaucoup ! Aussi pourquoi allez-vous monter sur un arbre et vous balancer sur une branche si faible ?

— Pour vous entendre..., pour vous parler..., pour avoir le bonheur que je goûte en ce moment... Oh ! cela n'est pas le payer trop cher que de se donner une entorse.

La belle Camille était restée toute saisie ; elle s'attendait si peu à cette déclaration de la part d'un tout jeune homme qu'elle voyait pour la première fois ! Elle rougit, reprit un air sévère et ne répondit pas à Prosper, mais dans le fond de son cœur elle était flattée qu'il eût ainsi essayé sa vie pour lui parler ; il y avait dans cette action une extravagance qui prouvait à la fois de l'amour, de l'imagination et du courage, trois choses pour lesquelles les dames ont un grand faible.

La gouvernante et le vieux Brillancourt arrivaient ; Prosper s'empressa de les rassurer : il se releva, voulut marcher, mais en posant son pied gauche à terre il faisait des grimaces de possédé. On n'était pas loin de Melun, mais aussi fallait-il y arriver. Il y aurait eu de l'inhumanité à ne pas offrir son bras à quelqu'un qui marchait si difficilement. Le papa Brillancourt voulait soutenir son filleul, mais c'est un faible appui que le bras d'un octogénaire ; la gouvernante prit Prosper d'un côté et Camille se décida à le prendre de l'autre ; elle était la plus jeune, la plus forte, et elle lui dit, toujours sévèrement :

— Appuyez-vous sur mon bras, monsieur, ne craignez pas de me fatiguer, je suis forte, moi !

Le jeune homme profita de cette permission ; il s'appuya du côté gauche, tandis qu'à droite du sentier à peine, il serrait très fort son bras, puisqu'elle lui servait d'appui ; mais lorsque Prosper essayait de lancer un regard et de rencontrer les yeux de Camille, celle-ci détournait bien vite la tête, en disant d'un ton sec :

— Prenez-garde où vous posez votre pied, monsieur.

On arriva à Melun, devant la demeure de ces dames ; là, les dames s'éloignèrent, après avoir reçu les remerciements du jeune homme et de son parrain.

Et le vieux Brillancourt dit alors :

— Sais-tu que pour la fille d'un ci-devant cette jeune personne a été très obligeante ! C'est bien beau de sa part, car elle est naturellement fière et ne parle à personne.

— C'est d'autant plus beau que je n'ai jamais eu la moindre entorse ! répondit le jeune homme en faisant une pirouette devant son parrain.

Le vieillard resta un moment ébahi, mais bientôt il se mit à rire aux larmes, en s'écriant :

— Délicieux !... parfait !... supérieurement joué !... Oh ! mon ami, comme tu feras bien les amoureux, les roués, les marquis ! Allons, je t'avais mal jugé d'abord, mais je vois maintenant que tu as beaucoup de dispositions pour la comédie.

Et voilà comment Prosper avait fait la connaissance de mademoiselle de Tréviliers ; et toutes les fois qu'il se rendait chez son parrain, il tâchait de rencontrer la charmante Camille à la promenade : mais ce n'était pas facile ; depuis l'aventure de l'entorse la jeune fille sortait moins, on aurait dit qu'elle devinait déjà les désirs, les tourments qu'elle faisait naître, et que loin de vouloir encourager l'amour qu'elle avait inspiré, elle cherchait au contraire à se faire oublier.

Mais à dix-sept ans on n'oublie pas la femme qui a fait naître notre premier amour. Alors ce sentiment est un culte, une idolâtrie, ou plutôt une folie dont on ne guérit que par l'excès du plaisir. Prosper rêvait sans cesse à Camille : il cherchait bien à se distraire en courant après quelques jolies ouvrières lorsqu'il en trouvait sur son chemin, mais la distraction n'était que passagère, et l'amour véritable ne s'éteignait pas.

Que l'on juge de la joie du jeune amoureux lorsqu'un jour, au moment de rentrer chez lui à Paris, il aperçut Camille et sa gouvernante qui entraient dans une maison à quelques pas de celle dans laquelle il demeurait. A peine ces dames sont-elles rentrées, qu'il court et se faufile

après elles dans une grande cour ; il s'informe à la portière, et il apprend que la fille du comte de Tréviliers habite effectivement dans la maison, et depuis longtemps, un appartement très richement meublé, où logeait autrefois son père, et dans lequel on n'a pas songé à venir mettre les scellés, parce que dans ce temps-là, il y avait tant d'accusés, de suspects, de détenus et d'émigrés, qu'on ne pouvait pas songer à tout.

Alors Prosper n'a plus besoin de faire le voyage de Melun. Il se promène dans sa rue, devant la maison habitée par Camille, et là, ne quittant pas des yeux les fenêtres du second étage, tâche d'apercevoir à travers les carreaux celle pour qui il a déjà manqué de se rompre le cou.

Mais Camille ne se mettait jamais aux fenêtres de la rue. Ne voyant autour d'elle que des visages farouches, ne rencontrant que des regards sinistres qui semblaient vouloir la trouver coupable parce qu'elle était la fille d'un émigré, elle se tenait renfermée près de sa gouvernante, et se montrait le moins possible à ses voisins.

Prosper voulait cependant que la belle Camille sût qu'il était son voisin, qu'il passait son temps à soupirer en regardant ses fenêtres ; car, lorsqu'on passe des heures entières à lorgner les croisées d'une femme qui ne s'y montre pas, encore est-on bien aise de pouvoir se dire : Au moins, elle sait que je suis là, et peut-être me regarde-t-elle sans se montrer.

Le jeune homme tenait surtout à pouvoir dire à la fille de l'émigré : Si vous couriez quelque danger, si l'on vous insultait, si l'on voulait vous arrêter, je suis là, en face, dans les mansardes ; faites-moi un signe, envoyez-moi seulement, et j'accourrai et je vous défendrai. Je suis bien jeune, mais j'ai de la force, du courage ; je ne crains personne, je n'ai rien à perdre, et je me moque de tout le monde ; dans cette situation, un homme en vaut quatre et quelquefois plus.

Pour dire cela à Camille, il fallait l'approcher, lui parler. Prosper se rongeait en vain les ongles, en regardant de sa petite lucarne du sixième les fenêtres de l'appartement qui renfermait celle dont il était amoureux. Quand par hasard la fille du comte se montrait à sa fenêtre pendant qu'il était penché à sa lucarne, il toussait, chantait, criait. Vains efforts : la voix se perdait en l'air et n'arrivait pas jusqu'à la jeune fille, ou du moins celle-ci n'y faisait pas attention, et ne levait pas les yeux sur les toits voisins. Une fois Prosper eut envie de se laisser glisser de la lucarne dans la rue : c'était un moyen assez sûr pour que l'on fît attention à lui. Mais il réfléchit qu'en se relève pas d'une chute d'un sixième étage comme celle d'une branche d'arbre, et se tuer n'aurait pas été un bon moyen pour protéger Camille.

Un jour que Prosper était depuis longtemps à sa fenêtre, cherchant toujours un expédient pour parler à la jeune fille qui n'allait plus à Melun, parce qu'on était au milieu de l'hiver, il aperçut en face de lui, dans la maison qui touchait à celle où habitait Camille, un jeune ouvrier imprimeur, de ses amis, à la fenêtre d'une petite chambre qui était aussi dans les mansardes.

Soudain mille pensées se heurtent, se croisent dans la tête de Prosper. Il examine quelque temps le toit de la maison de Camille : de chez son ami, et en imitant les chats, il doit être facile d'y arriver. Prosper cherche ensuite à deviner quel tuyau de cheminée doit correspondre à l'appartement dans lequel il veut pénétrer ; le résultat de ses calculs est qu'un gros tuyau qui se trouve au milieu de la toiture doit infailliblement venir des cheminées du second étage, et tout ceci bien toisé, bien arrêté dans sa tête, le jeune homme sort de chez lui et grimpe lestement chez son camarade de travail.

— Bonjour, Binet, dit Prosper en entrant chez son ami qui dînait avec une pomme cuite et une pomme de terre (le pain était fort cher à cette époque).

— Tiens, c'est toi, Prosper !... Ah ! tu ne savais pas que j'étais ton voisin... ; je ne suis ici que de moitié... Veux-tu dîner avec moi ?... sans façon..., nous partagerons mes deux pommes...

— Non, Binet, merci... ; garde ton dîner, tu n'en as pas de trop pour toi...

— Ah ! dame, quand arrive la fin de la décade, la bourse est légère... !, les poches aussi... ; les toiles se touchent.

— Je te payerai un autre dîner tantôt..., et je présume que tu l'accepteras... Ce n'est pas celui que tu prends maintenant qui peut y mettre obstacle. J'ai encore trois pièces de vingt-quatre sous en numéraire, nous les mangerons, et avec ça nous fricoterons joliment. Mais auparavant tu vas me faire un plaisir : c'est de me laisser grimper sur le toit de ta maison.

— Grimper sur le toit !... es-tu fou ?

— Non ; mais je suis amoureux, ce qui est à peu près la même chose.

— Et c'est pour cela que tu veux grimper sur les toits ! Est-ce que tu es amoureux d'une chatte ?

— Oh ! non... il s'en faut bien ! Si c'était une chatte, je ne courrais pas ainsi après ma belle ! c'est elle qui courrait après moi. Enfin qu'il te suffise de savoir que, par ce chemin, j'espère arriver près de celle que j'aime ; il me semble que le reste doit t'être égal.

— Mon Dieu ! va sur le toit : je ne m'y oppose pas du tout ; seulement, je serais fâché de te voir dégringoler dans la rue, car tu te tuerais !...

— Je ne dégringolerai pas... Je connais les toits... Je marche bien sur la glace : ça n'est pas plus glissant. Va m'attendre chez le marchand de vin traiteur, au coin du boulevard ; j'irai bientôt te rejoindre.

En achevant ces mots, Prosper ôte ses souliers qu'il met dans la poche de sa veste, puis il s'élance à la fenêtre, met le pied en dehors et tourne à gauche, en se tenant sur les genoux. Son ami lui criait :

— Prends bien garde ! ne perds pas ton sang-froid... tu t'étourdirais !

Prosper n'écoutait pas son ami, mais il avançait toujours. Bientôt il touche à la maison voisine, et, en escaladant un petit mur, il ne tarde pas à y arriver. Là, le terrain était moins dangereux ; les toits étaient presque en terrasse. Le jeune homme tâche de s'orienter au milieu de tous ces tuyaux de cheminées qui sont autour de lui ; enfin il reconnaît celui qu'il a bien remarqué de sa fenêtre, il se dirige vers lui, l'atteint et, s'introduisant dedans, se décide à descendre, en se disant :

— Je n'ai jamais été ramoneur ; mais ça ne doit pas être bien difficile de descendre par une cheminée.

Le chemin n'était pas aussi facile que Prosper l'avait présumé, et il y avait de plus un obstacle que les ramoneurs n'ont pas l'habitude de rencontrer : on a toujours soin d'éteindre le feu avant qu'ils ramonent, et il y en avait dans la cheminée par laquelle le jeune homme descendait, un feu doux fort heureusement ; mais la fumée n'en allait pas moins suffoquer l'apprenti ramoneur, s'il ne se fût décidé à se laisser rouler en bas, afin d'arriver plus vite.

Le jeune amoureux s'était trompé dans ses calculs : au lieu d'arriver au second, dans l'appartement de mademoiselle de Trévilliers, il tomba au troisième, chez une dame d'une quarantaine d'années, qui loge seule avec sa bonne, et passe les deux tiers de sa vie à dormir, et le troisième à s'occuper de sa toilette et du moyen de conserver sa fraîcheur et sa fermeté qui menaçaient de s'en aller avec son embonpoint.

Cette dame venait de se mettre à un bain. On y avait versé trois rouleaux d'eau de Cologne, un flacon d'eau de lavande, deux pots de pâte d'amandes, six tasses de lait, du son et des essences de savon à la rose. La dame s'agitait au milieu de tout cela ; elle se frottait par tout le corps, puis se pinçait le mollet ou autre chose et murmurait d'un air satisfait :

— C'est ferme ! c'est encore très-ferme !... et ma peau est douce comme du satin... Je ne conçois pas pourquoi je maigris..., je dors cependant seize heures par jour... Les bains me feront engraisser..., le docteur me l'a dit... ; frottons-nous la peau...

Tout à coup, un grand bruit part de la cheminée, quelque chose roule jusqu'auprès de la baignoire. C'était Prosper qui était couvert de suie et avait de plus le nez meurtri, une entaille au front et une partie des cheveux brûlés, mais qui, enchanté d'arriver sans être étouffé tout à fait, se relève sur-le-champ et fait une cabriole dans la chambre, en s'écriant :

— Sacredié ! je ne me ferai pas ramoneur, ça échauffe trop.

En voyant cet homme couvert de suie qui vient de tomber par la cheminée, la dame qui était au bain pousse des cris terribles, et, persuadée que c'est un voleur qui s'est introduit dans sa chambre, elle oublie sa situation, sa nudité ; elle se lève, empoigne son peignoir, saisit à la hâte le premier vêtement qui lui tombe sous la main, passe ses bras dans les manches et se met à courir dans son appartement, en criant :

— Au secours, à la garde ! il y a un homme qui est tombé chez moi..., au voleur !

Malheureusement le vêtement que cette dame avait trouvé sous sa main n'était qu'une camisole, d'où il s'ensuivait qu'elle avait le haut du corps caché et le reste entièrement nu. La bonne, en voyant sa maîtresse courir n'ayant sur elle qu'une camisole, s'imagine qu'elle a un accès de délire et crie de son côté :

— Au secours ! ma maîtresse a pris un bain dans lequel il y avait trop de choses, ça lui a porté à la tête ! elle court toute nue dans l'appartement.

Pendant que la bonne et la maîtresse crient chacune de son côté, Prosper qui s'est bien vite aperçu de sa méprise, se hâte de chercher la porte de sortie, et, faisant faire une pirouette à la dame en camisole qui se trouve sur son chemin et allait courir sur le carré, il passe devant elle et descend rapidement un étage. Là, une jeune fille venait d'entr'ouvrir une porte et cherchait à s'assurer d'où partaient les cris qu'elle entendait.

C'était Camille. Prosper court à elle en disant :

— Sauvez-moi, de grâce, cachez-moi un instant... On me prend pour un voleur, tandis que je ne suis qu'un amateur. Deux minutes chez vous, le temps de me débarbouiller, et puis je m'en irai fort tranquillement.

Malgré la suie qui lui couvre une partie du visage, Camille a reconnu le jeune homme qui, pour lui parler, s'est laissé tomber du haut d'un arbre : les jeunes filles ont le coup d'œil fin. Elle écoute un moment ; les cris deviennent plus forts, plus rapprochés ; la maîtresse et la bonne sont sur le carré, les gens de la maison commencent à ouvrir leurs portes ; Camille n'hésite plus, et quoiqu'elle soit seule en ce moment, elle fait entrer Prosper et referme avec soin la porte sur eux.

— Oh ! merci mille fois, mademoiselle ! s'écrie le jeune homme, combien je suis heureux de...

Camille ne se peut finir, et d'un ton toujours sévère lui dit :

— Vous sortez donc d'une cheminée, monsieur ?

— Oui, mademoiselle.

— Qu'est-ce que cela signifie, monsieur, est-ce que vous vous êtes fait ramoneur ?

— Oui, mademoiselle, aujourd'hui seulement, pour vous voir..., pour tâcher de vous parler encore... J'ai grimpé sur les toits..., de là, dans une cheminée... J'espérais tomber chez vous..., je me suis trompé... ; je suis tombé chez une dame qui se baignait, qui a eu peur, qui m'a pris pour un voleur.

— Mais, monsieur, si je vous avais vu arriver chez moi de cette façon, j'aurais eu peur aussi comme cette dame.

— Oh ! non, mademoiselle..., car vous m'auriez reconnu... Et vous savez bien que je ne suis pas un voleur ; mais que je vous aime..., que je vous adore... Je demeure là .., dans cette rue, presque en face de vous... J'aurais voulu vous le faire savoir..., afin que..., si par hasard vous aviez eu besoin de moi... Oh ! c'est que je serais si heureux de vous servir, de vous être bon à quelque chose... Mais vous ne paraissez jamais à votre fenêtre, vous ne sortez pas..., vous n'allez plus à la campagne à Melun... Et, ennuyé..., désolé..., ma foi..., j'ai pris le parti de grimper sur les toits afin de tâcher d'arriver jusqu'à vous par ce chemin.

Quand pour nous approcher on risque deux fois sa vie, en se jetant du haut d'un arbre, puis en grimpant sur les toits, il serait difficile de ne pas croire à la sincérité de l'attachement que nous inspirons. La fille du comte en parut un moment touchée ; mais, reprenant bientôt son air habituel, elle conduisit Prosper devant une fontaine, et lui dit :

— Lavez-vous la figure, les mains..., essuyez vos vêtements..., brossez-vous... Voilà tout ce qu'il vous faut... ; hâtez-vous.

Prosper obéit ; quand il eut fini, Camille revint près de lui ; elle tenait à la main un morceau de taffetas d'Angleterre qu'elle avait coupé et qu'elle appliqua sur la blessure que le jeune homme avait à la tête. Celui-ci voulait la remercier, elle ne lui en laisse pas le temps. Elle le conduit vers la porte du carré, l'ouvre et lui dit :

— Partez, monsieur, il n'y a personne dans l'escalier..., et d'ailleurs vous n'êtes plus reconnaissable.

Prosper veut parler, remercier, balbutier des mots d'amour ; mais on ne l'écoute plus. Il est dehors et on a refermé la porte sur lui. Il descend alors, sort de la maison sans que personne le soupçonne d'être celui que l'on cherchait, et court chez le petit traiteur rejoindre son camarade avec lequel il dépense ses deux pièces de vingt-quatre sous, en s'écriant :

— Ah ! mon ami, je suis au comble de la joie..., je l'ai vue..., je lui ai parlé.

— Et tu t'es écorché le nez ?

— Qu'importe ! Tiens, c'est elle qui a mis cela sur ma blessure... Oh ! c'est sur mon cœur que je veux ce taffetas..., il ne me quittera jamais.

En disant cela, Prosper arrachait l'appareil que Camille avait mis sur sa blessure, le baisait et le serrait précieusement sur son sein, et son camarade se contentait de rire, et de manger pour deux, en murmurant :

— On fait bien des bêtises quand on est amoureux.

Maintenant que nous savons toute l'histoire des amours de Prosper, suivons-le à Melun, où il avait appris que Camille était retournée depuis la veille.

VI. — LA PREMIÈRE CULOTTE.

Le premier soin de Prosper en arrivant à Melun est de se rendre chez le notaire qui lui a écrit. Il se présente devant le citoyen Dumont, tenant à la main la lettre qu'il a reçue, et lui dit :

— Citoyen notaire, est-ce bien toi qui m'as écrit cela, ou n'est-ce qu'une farce qu'on a voulu me jouer ?

Le notaire jette les yeux sur la lettre et répond :

— Cette lettre est bien de moi, citoyen, et elle ne renferme que la vérité ; tu es sans doute Prosper Bressange, le filleul de Brillancourt ?

— C'est moi-même... J'ai apporté mes papiers... dans le cas où tu ne me croirais pas... D'ailleurs, la gouvernante de mon pauvre parrain me connaît bien, et si cela est nécessaire elle constatera mon identité.

— C'est inutile, citoyen ; ma lettre entre tes mains est un titre suffisant pour que je te remette ton héritage..., qui d'ailleurs n'est pas considérable !... Eh, eh, eh !... il me semble que le parrain aurait pu se montrer plus généreux !...

En disant cela, le notaire s'était approché d'un vieux meuble, duquel il tirait les legs fait à Prosper ; il présente au jeune homme les trois culottes et part de nouveau d'un éclat de rire, qu'il termine en disant :

— Depuis que je suis notaire, je n'avais jamais conféré d'héritages de ce genre... Encore si dans les poches de chaque culotte on avait laissé quelques bon billet au porteur, quelque bourse pleine d'or... J'en ai eu un moment la pensée, et je l'avoue, citoyen, que mon premier soin a été de visiter les poches de ces vêtements... nécessaires... Eh, eh ! Mais elles ne renfermaient rien, pas un rouge liard ; sans quoi tu dois être assuré que tu aurais tout retrouvé fidèlement.

— Je n'en doute pas ; mais il faut savoir se contenter de ce que le sort nous envoie ! Adieu, citoyen notaire, j'emporte mes culottes ; salut et fraternité.

Et Prosper s'éloigne, ayant sous son bras son héritage qu'il a noué dans son mouchoir et qu'il porte au bout d'un bâton, en se disant :

— Tous ces gens-là ont l'air de se moquer de moi..., et ça m'ennuie... Après tout, mon parrain n'était pas un sot..., et je ne ferai pas fi de son héritage... Pour commencer et lui faire honneur, je vais mettre une des culottes qu'il m'a laissées... Justement mon pantalon est sale et usé..., cela me requinquera un peu... Mais où faire ma toilette ?..., je ne puis pas changer de culotte dans la rue... Je pourrais bien aller chez mon pauvre parrain... ; mais il est mort, je n'aime pas sa servante .., je ne mettrai plus les pieds chez lui. Cependant, si je me trouve pas un gîte à Melun... je ne pourrai y rester longtemps... Ce que j'ai dans mon gousset ne payera pas pour plus d'un jour de dépense dans une auberge..., et si je ne reste qu'un jour je n'aurai pas le temps de rencontrer Camille..., de la suivre à la promenade ! Diable ! j'aurais dû songer à tout cela avant de me mettre en route... Mais j'aurais eu beau y songer, ça n'aurait pas fi de son héritage... plus chez moi... Mes amis ne sont pas riches ! il n'y aurait qu'une seule personne qui pourrait m'obliger... Et celle-là ne m'aurait pas refusé si je m'étais adressé à elle ! C'est le bon Hollandais, le citoyen Derbrouck... ; mais il m'a déjà obligé si souvent !... et ce n'est pas délicat d'emprunter quand on sait qu'on ne pourra pas rendre !

Tout en faisant ces réflexions, Prosper se promenait dans Melun, son bâton et son héritage sur son dos, regardant les maisons, les enseignes, les auberges ; puis, repartant la main sur son gousset, dans lequel il n'y avait que quelques pièces de menue monnaie qui ne permettaient pas à leur propriétaire de trancher du grand seigneur, la boutique d'un perruquier frappe les yeux du jeune homme ; il lit au-dessus de la porte :

« Ici, on rase les patriotes, et on fait la barbe aux aristocrates. »

Prosper n'avait pas encore de barbe, mais il avait les cheveux longs par derrière, et ils étaient seulement noués en queue avec un ruban. Il entre dans la boutique du perruquier, et, d'un ton arrogant, s'écrie :

— Citoyen ! je veux que tu me coiffes de la façon la plus révolutionnaire que tu pourras imaginer..., et sacrebleu ! si je ne suis pas content, je te préviens que je fais danser toutes tes perruques !

Le perruquier était un petit homme fort poltron, qui croyait découvrir des choses extraordinaires dans les événements les plus simples, et des personnages importants dans tous les étrangers qui entraient dans sa boutique.

Il était alors en train de raser un gros homme, d'une soixantaine d'années, dont la figure était extrêmement commune, rouge et bourgeonnée, mais qui avait de petits yeux gris où brillait une expression de franchise et de bonhomie.

A l'aspect de Prosper, et après l'avoir entendu parler, Citron, c'est le nom du perruquier, dit à l'oreille du gros homme qu'il rasait :

— Ah ! fichtre ! ah ! bigre ! ah ! par exemple..., cette fois, je dis... ça y est !... hein, citoyen Durouleau ?

Le gros homme retire d'abord sa tête en arrière, en s'écriant :

— Prends garde, Citron ! tu vas me couper..., ne fais donc pas tant de gestes avec ton rasoir à la main.

Le perruquier, sans répondre au gros homme, lui prend le nez avec deux doigts de sa main gauche, comme s'il allait continuer sa besogne, et salue Prosper, en lui disant :

— Citoyen..., salut et fraternité... Je te coifferai comme tu ne l'as jamais été, je m'en vante... Tu as compris, je n'en doute pas, l'esprit de mon enseigne : je fais la barbe aux aristocrates ! c'est à dire que je les traite comme ils le méritent ; c'est à dire...

— Citron, lâche donc mon nez, puisque tu ne me rases pas ! dit le gros homme en retirant sa tête en arrière. Mais le perruquier ne lâche rien et continue de s'adresser à Prosper :

— Tu arrives de Paris, je le gage, citoyen, ét tu es peut-être employé par le Comité de salut public pour inspecter l'esprit du pays... Tu en seras content, j'ose le dire.

— Citron, je te prie de lâcher mon nez !

— Citoyen, reprend le perruquier, exiges-tu que je te coiffe sur-le-champ, ou veux-tu me permettre d'achever la barbe du citoyen Durouleau, l'un des plus zélés et chauds sans-culottes de l'endroit.

— Oui, s'écrie le gros homme, qui est enfin parvenu à retirer son nez des doigts du perruquier, oui, chaud pour la chose publique... Durouleau, ancien brasseur..., on est connu... J'ai toujours été chaud... Vive la république !

— Achève la barbe du citoyen, dit Prosper ; Pendant ce temps, je vais passer dans ton arrière-boutique, et je changerai un peu ma toilette... Tu permets !..

— Ma boutique est à ta disposition, répond le perruquier en faisant un profond salut au jeune étranger, et je me hâte de passer dans une petite pièce au fond, et là, après avoir ôté son vieux pantalon, choisit dans les trois culottes, et met celle qui est en drap écarlate.

Le vêtement du parrain était un peu large pour son filleul, mais Prosper serre la boucle de derrière, puis, remontant ses habits à revers, il passe la boucle de sa jarretière dans le crochet de ses retroussis, de manière à fixer ses bottes à la hauteur de sa jarretière ; alors, admirant sa culotte, qui est d'un rouge éclatant et encore assez bonne, il commence à se trouver fort bien dans l'héritage de son parrain.

Pendant que le jeune homme faisait sa toilette, le perruquier achevait, tant bien que mal, la barbe à l'ancien brasseur et lui disait :

— Ce jeune gaillard qui vient d'entrer est, je le gagerais, envoyé en mission dans notre endroit par les gros bonnets de Paris.

— Tu crois que c'est un représentant du peuple ! s'écrie le gros homme en faisant des yeux effarés : mais il est bien jeune.

— Il cache son âge. Au reste, je ne dis pas que ce soit un représentant du peuple, mais je mettrais mes fers au feu..., je veux dire ma main au feu, que c'est un personnage important. Oh ! j'ai du tac ! et la manière hardie..., l'assurance avec laquelle il est entré chez moi... hein ?... tu n'as pas remarqué, citoyen Durouleau ?

— Si, j'ai remarqué qu'il te parlait comme à son domestique.

— Je te parie qu'il est venu à Melun avec une mission secrète. Ça ne peut pas m'inquiéter, moi ; je suis un pur jacobin. Tout le monde sait que je déteste les nobles ; les aristocrates.

— Et tu as déjà dénoncé onze personnes !

— Quatorze !

— Quatorze ?... c'est encore plus méritoire.

— Enfin, ce n'est pas nous qui pourrions avoir peur ; mais c'est égal, je crois qu'il serait adroit de se faire bien venir de ce jeune patriote...; Quant à moi, je suis enchanté qu'il m'ait choisi pour son perruquier.

Comme Citron achevait de parler, Prosper sort de l'arrière-boutique, et se présente en se pavanant dans sa culotte écarlate.

Le gros homme et le perruquier paraissent éblouis à la vue de ce nouveau vêtement que porte le jeune étranger ils se regardent l'un et l'autre, et Citron sourit d'un air d'intelligence comme s'il eût voulu dire : Hein ?... n'avais-je pas deviné ?

— As-tu fini de raser le citoyen ? demande Prosper d'un air fort cavalier.

— Oui, oui, oui, j'ai fini...

— Il a fini ! dit Durouleau ; et il n'aurait pas fini, que je te céderais la place, citoyen..., trop heureux de... Tu comprends ?

— Parfaitement, s'écrie Prosper en se jetant sur la chaise que le gros homme vient de quitter. Allons, coiffe-moi le bon style.

— Sois tranquille..., tu seras content, dit Citron en prenant son peigne. Je vais te faire une queue à la Brutus...

— Brutus n'en portait pas, citoyen.

— Ça m'est égal ! Je fais des queues à la Brutus, et de côté je t'arrangerai tes cheveux en petite guillotine... Ce sera charmant.

Pendant que Prosper abandonne sa tête au perruquier, l'ex-brasseur se promène dans la boutique, soufflant, souriant, et brûlant de questionner le jeune homme ; enfin il se décide à entamer l'entretien :

— Citoyen..., tu as une bien belle culotte !...

— Oui, elle se voit de loin.

— Il me semble que tu ne l'avais pas en entrant ici.

— Non.

— Tu ne voulais peut être pas être remarqué tout de suite en arrivant à Melun ?

— C'est possible.

— Tu y viens peut-être pour des choses..., qu'il ne faut pas dire à tout le monde.

— Cela se pourrait bien.

— J'y suis... Il s'agit du salut de la république ?

— Ça ne te regarde pas.

— C'est juste ; pardon, citoyen. Je suis toujours bien aise de te dire que tu peux compter sur moi.

— Merci.

— Je ne me permettrai pas de questionner le citoyen, dit à son tour Citron ; seulement je prendrai la liberté de lui demander s'il désire que je lui enseigne une bonne auberge, dans le cas où il n'aurait pas d'autre gîte.

— Une auberge ? répond Prosper. Ah ! oui..., en effet, je n'en connais pas ici..., et d'un autre côté..., je n'aime pas beaucoup les auberges... Ce sont des maisons..., on ne sait pas avec qui on est.

— Parfaitement raisonné ! dit le gros homme, qui paraît frappé d'une idée subite ; et, regardant Prosper, s'écrie :

— Citoyen, si j'osais, je te ferais une proposition.

— Ose toujours, citoyen.

— Tu arrives à Melun, tu ne sais pas où loger..., c'est à dire que tu répugnes à aller à l'auberge..., Eh bien ! moi, je suis garçon ; je suis seul avec ma cuisinière, mon jardinier, qui panse mon cheval, et une jeune fille qui fait le gros. J'ai une grande maison..., j'ai de la place, beaucoup de place. Veux-tu me faire l'honneur de loger dans ma maison ?... Je suis riche..., tu ne manqueras de rien chez moi ; et quant au civisme ! prends si tu le veux des informations sur Nicole Durouleau, dit le vieux Romain ; je me flatte que tu seras satisfait.

— Citoyen, répond Prosper en prenant un air important, parce qu'il s'aperçoit qu'il a affaire à deux hommes crédules, ta proposition me touche ; mais pour me loger, tu ne sais pas qui je suis ; je sais bien qu'il ne tiendrait qu'à moi de te le dire, mais justement je ne te le dirai pas.

— Oh ! ça se devine tout de suite ! reprend l'ancien brasseur ; je m'y connais... et Citron aussi ! il suffit de te voir un moment pour deviner que tu es un vrai sans-culotte..., quoique tu n'en aies une superbe ; mais sa couleur est celle du bonnet de la liberté !

— Je suis bien charmé que ma culotte t'ait fait deviner mes opinions, dit Prosper, et ma foi, si je ne craignais d'être indiscret..., je crois que j'accepterais ton offre !

— Indiscret..., entre frères et amis ! jamais... D'ailleurs, tiens, tu me plais... Allons, touche là... C'est dit, tu loges chez moi tant que tu resteras à Melun : tant que tu voudras enfin.

— Eh bien ! voilà qui est arrangé... J'accepte !

— Citoyen, tu es rasé, dit le perruquier en ôtant la serviette qui couvrait les épaules du jeune homme ; puis il s'approche du gros homme et lui dit à l'oreille :

— Tu as fait une fameuse affaire, citoyen... Je me recommande à toi près du représentant..., si c'en est un.

— Combien te dois-je ? demande Prosper au perruquier, en mettant la main à son gousset.

— J'espère, citoyen, que tu voudras bien me donner ta pratique, répond Citron en s'inclinant. Nous compterons cela avec le reste.

— Soit !

— Partons, dit Durouleau ; tu dois être fatigué et avoir faim.

— J'avoue que je dînerais volontiers ; partons. Ah ! mon paquet que j'allais oublier...

— Si tu veux ne pas t'en charger, citoyen, s'écrie Citron, je le porterai chez ton hôte...

— Non..., merci, répond Prosper en saisissant vivement son paquet. Ce qu'il y a dedans est trop précieux..., pour que je m'en sépare un instant.

— Ce sont des papiers..., des instructions ! des secrets d'Etat ! murmure tout bas le perruquier, en jetant un coup d'œil au gros homme, et celui-ci prenant alors un bras de Prosper, sort avec lui de sa boutique en regardant de tous côtés d'un air de triomphe, tandis que sur leur chemin la culotte éclatante du jeune homme attire tous les regards et fait souvent retourner les passants.

La maison du citoyen Durouleau était une des plus belles de la ville ; il en avait fait l'acquisition d'un ci-devant, qui, prévoyant les tourmentes révolutionnaires, s'était hâté de réaliser sa fortune lorsqu'il était encore permis aux nobles d'en disposer. Durouleau avait fait ce que beaucoup de gens appellent une bonne affaire, et ce que d'autres ne voudraient pas faire parce que cela répugnerait à leur délicatesse.

L'ancien brasseur introduit Prosper dans sa demeure avec la satisfaction d'une personne qui se trouve honorée de la visite qu'elle reçoit. Il lui fait traverser plusieurs pièces qui sont encombrées de meubles qui ont été réunis sans goût, sans ordre, et qui prouvent seulement la vanité et la sottise du nouveau propriétaire. Dans une salle à manger on a placé une grande bibliothèque à glaces, trois tables à thé, plusieurs chaises de jardin et trois baignoires. Dans la chambre à coucher il y a deux bureaux, deux secrétaires et trois commodes ; enfin dans un salon, qui est immense, il y a un meuble rouge complet, puis la moitié d'un meuble jaune, et des bergères, des fauteuils, qui ont appartenu à d'autres générations.

Durouleau regardait son hôte pour voir l'effet que produisait sur lui l'aspect de son mobilier ; mais Prosper s'est jeté sur un canapé, en s'écriant :

— Est-ce que tu es marchand de meubles, citoyen ?

— Non... ; pourquoi ?

— C'est qu'il me semble que tu en as une provision chez toi.

— Ah ! écoute donc, je ne veux manquer de rien... Je veux être calé en meubles... ; et puis je pense à tout... J'ai trois secrétaires, parce que si l'un se casse on se sert de l'autre !...

— C'est juste, quoiqu'un secrétaire ne se casse pas comme une assiette ! Mais tu écris peut-être beaucoup ?

— Jamais. Ah çà, je te quitte un moment..., tu permets...

— N'es-tu pas chez toi ! et d'ailleurs j'abhorre la gêne, moi !

— C'est dans mon genre... Je vais te faire préparer une chambre, puis donner les ordres pour notre dîner... J'ai de fameux vin ! va !... ça me vient encore de plusieurs ci-devant qui avaient besoin d'argent... Je l'ai eu à bon compte. Nous ferons sauter les bouchons... ; bois-tu sec ?...

— Comme un Templier !

— Je ne connais pas ça !

— Comme un trou, si tu aimes mieux !

— Bravo, je sais ce que c'est ! Je vais faire avertir quelques amis qui viendront dîner avec nous !... mais de bons lapins, des zélés, des fougueux..., oh ! qui te plairont, j'en suis sûr.

— Tes amis seront les miens, va ; moi je me repose.

— Ah ! pardon, citoyen... est-ce indiscret de te demander ton nom..., c'est seulement pour pouvoir te nommer..., en parlant.

— Je m'appelle de mon nom de famille Prosper Bressange... ; mais ces noms-là ne sont pas en harmonie avec le nouveau calendrier républicain, et je me suis fait appeler Carotte.

— Carotte, très bien ; au revoir, citoyen Carotte.

Durouleau s'éloigne, et Prosper, resté seul dans le salon de son nouvel hôte, réfléchit à sa situation. Il s'est bien aperçu que le gros homme et le perruquier le prenaient, malgré sa jeunesse, pour un personnage envoyé en mission par le gouvernement ; son air d'assurance, le ton arrogant qu'il a pris de la culotte écarlate de son parrain ont déjà fait des merveilles ; il pense aux avantages qu'il pourra tirer de sa nouvelle position ; il pense surtout à Camille, à laquelle il voudrait pouvoir être utile, et se décide à faire tout ce qui sera nécessaire pour affermir son hôte et ses amis dans l'opinion qu'on a conçue de lui.

Pour continuer avec aplomb son personnage, Prosper se couche tout de son long sur un canapé de velours d'Utrecht, il met ses bottes sales sur les coussins, et appuyant sur le dos du meuble sa tête pommadée par Citron, se met à siffler un air patriotique, et attend, dans cette position, la société qu'on lui a annoncée.

Au bout du moment, Durouleau revient avec deux hommes : l'un, qui est grand, sec, jeune, dont les yeux caves ont toujours une expression effarée, est vêtu d'un méchant habit noir râpé, et coiffé d'un immense bonnet de loutre à longue queue. L'autre, habillé en carmagnole, à une bonne figure réjouie, et un nez considérablement bourgeonné.

— En voilà déjà deux ! dit Durouleau en entrant dans le salon avec ses amis. Il en viendra encore tout à l'heure, et pendant ce temps-là, on nous prépare la pâtée... Eh ! eh !

Les deux hommes saluent Prosper, qui, sans bouger de place, se contente de tourner la tête de leur côté, et les toise d'un air impertinent.

— Ne te dérange pas, citoyen Carotte, reprend Durouleau, mes amis savent ce qu'ils te doivent !

— Je ne me dérange pas non plus, répond Prosper, et il se met à siffler l'air de *Malbroug*.

Désignant le grand homme sec, Durouleau reprend :

— Voilà mon ami Ducornard... Ah ! non, tu t'appelles plus comme ça... Comment donc que tu t'appelles, Ducornard ?

— Je suis Cornélius Népos, présentement.

— Ah ! c'est çà, Népos. C'est un savant..., il écrit..., il fait des choses qu'on imprimera pour le bien du gouvernement. Pas vrai, Népos, qu'on t'imprimera ?

— Je m'en flatte... D'ailleurs, le citoyen verra mon ouvrage... Je lui en lirai des extraits...

— Et puis voilà Benoît, épicier..., un bon enfant, brave homme !

— Je te salue, citoyen ; tu te portes bien et moi aussi ; touche-là..., tu as mon estime.

En disant ces mots, l'homme à la figure réjouie a pris une main de Prosper, et la serre de manière à la disloquer. Pour répondre à ces manières aimables, le jeune homme s'empresse de passer une forte tape sur ventre de l'épicier, qui paraît enchanté de cette politesse, et va dire bas à Durouleau : « Fameux, le jeune gaillard..., il siffle supérieurement. »

Au bout d'un moment, arrive un petit homme en bonnet, en tablier de cuir, chemise retroussée jusqu'au coude, et des sabots pour chaussure ; la peau de son visage a la couleur d'une casserole, et ses mains celle du charbon ; celui-ci entre en sautillant et se donne une claque sur la fesse, en s'écriant :

— Salut, la compagnie ! à la vie, à la mort ! On dit qu'on va gobichonner ici ! çà me chausse joliment ! La république ne défend pas l'appétit..., pas vrai, Durouleau !... vieux Romain ! *Ousqu'il* est ton jeune sans-culotte ?.. est-ce un bon enfant ?... Si ce n'est pas un bon enfant..., je le renie !

— Tu ne me renieras pas, citoyen, dit Prosper en tournant la tête vers le nouveau venu. Tiens..., vois tu cette main ? c'est celle d'un homme qui n'a peur de rien, qui te plongerait son eustache dans le ventre, s'il croyait que tu doutasses de ses sentiments.

— Bravo ! bravo ! s'écrie le petit homme, en se donnant une nouvelle claque sur la fesse, tu parles comme un franc luron ! faut que je t'embrasse... A la vie, à la mort !

Et Ducroquet, c'est le nom du particulier en sabots, court embrasser Prosper, qui se serait bien passé de cette marque d'affection, mais qui est obligé de se laisser faire.

Un nouveau personnage vient compléter la réunion : son air est patelin et sournois ; il porte une longue redingote qui descend presque sur ses talons. Ce dernier venu, qu'on appelle Trappeur, va comme les autres saluer Prosper ; mais il ne l'embrasse pas, il se contente de lui adresser un compliment mieux tourné que les phrases de ses collègues, et Durouleau dit tout bas au jeune homme :

— C'est un ancien abbé, mais il a jeté, comme on dit, le froc aux orties ; et maintenant c'est un des plus chauds partisans de la révolution : il prétend faire adopter une loi par laquelle il sera permis aux Français d'être bigames ou polygames..., ou..., enfin tu comprends ?

— Très-bien ! et ce particulier en tablier de cuir qui m'a embrassé ?

— Ah ! c'est Ducroquet, un tanneur ; il est très influent dans le pays, parce qu'il a de l'esprit... Oh ! il parle longtemps sans s'arrêter ; et puis il est crâne !... Oh ! il fait supérieurement le coup de poing, du reste, sans-culotte pur et dévoué.

A ce moment, une jeune fille de campagne, grande, brune, assez gentille, et dont les yeux éveillés annoncent des dispositions pour beaucoup de choses, ouvre la porte du salon, en s'écriant :

— Quand on voudra manger, çà y est !

— Citoyens, dit Durouleau, vous entendez...; les plats sont chauds ! Allons dîner ! là où l'on fait le mieux connaissance !

— A table ! s'écrie Benoît ; je vote pour que nous y restions longtemps !

— Bien parlé, dit Ducroquet ; Benoît, tu as quelquefois des pensées sublimes !... Je veux boire... Je veux m'en taper du vin du vieux Romain ! O vieux Romain !... je te vénère ! toi et ta cave surtout !... A la vie, à la mort !

Prosper s'est enfin décidé à quitter le canapé ; il se lève, et, passant devant les autres, se rend dans la salle à manger, en s'appuyant d'un air protecteur sur l'épaule de son hôte ; celui-ci fait placer le jeune homme à côté de lui, les autres convives se mettent où ils veulent ; puis on attaque le potage, et les bouteilles, les plats et le pain, et tout cela avec une vigueur et un ensemble admirables, si bien que pendant assez longtemps on n'entend pas d'autre bruit que celui des fourchettes, des couteaux, du vin que l'on verse, des verres que l'on choque et des mâchoires qui fonctionnent.

— Ça commence à aller bien ! dit Benoît, lorsque déjà il a repris cinq fois du pain et vidé deux bouteilles.

— Ah ! je ne suis pas prêt à lever le pied ! s'écrie Ducroquet.

— Tant que l'estomac prend avec plaisir, il n'y a aucun danger à lui donner des aliments !... dit Cornélius Népos, en ouvrant une bouche énorme dans laquelle il fourre presque toute une cuisse de dindon, ce qui fait sourire le citoyen Trappeur, qui lui répond :

— Il paraît que votre estomac prend encore avec plaisir.

Prosper ne soufflait pas mot, mais il mangeait comme quatre et buvait plus que les autres ; à chaque instant il vidait son verre, puis le tendait à ses voisins, en criant d'une voix de stentor :

— A boire, sacrebleu ! à boire !

Et les convives le regardaient d'un air d'admiration, et Durouleau disait tout bas à ses amis :

— Je ne vous ai pas trompés...; vous voyez que c'est un zélé sans-culotte !

— Dame ! dit Benoît, il ne se déboutonne pas trop dans la conversation, mais il boit joliment !

— Il se déboutonnera au dessert : il faudra voir son opinion alors, murmure le citoyen Trappeur, dans l'entr'acte d'une bouchée.

Prosper, qui s'aperçoit que l'on chuchote, emplit lui-même son verre jusqu'aux bords, se lève en disant :

— Citoyens ! je bois à la santé de la république, à la prospérité de la France, aux succès de nos armes !... et celui qui ne videra pas entièrement son verre avec moi, je lui casse la mine sur la figure !...

— Bravo ! dit Ducroquet ; voilà qui est parlé.

— Et j'espère qu'on voilà une opinion ! dit Durouleau d'un air fier.

— Il s'est déboutonné et je l'estime, dit Benoît.

Les verres sont remplis et vidés avec soin, surtout par Cornélius et Trappeur, sur lesquels les paroles de Prosper avaient fait faire une assez vive impression de terreur.

Les têtes commencent s'échauffer ; on parle politique : chacun propose des lois pour affermir la république, chacun veut à son idée arranger un gouvernement ; puis le moment arrive où l'on se entend plus, parce que tout le monde parle à la fois.

Au milieu de ce tumulte, la voix de Prosper domine toujours celle des autres ; il crie plus haut que tout le monde : il s'est aperçu que, pour beaucoup de gens, l'homme qui fait le plus de bruit, qui a les meilleurs poumons, l'organe le plus sonore, est celui auquel l'on accorde le plus de mérite. Ayant reçu de la nature une poitrine excellente et une de ces voix souples et faciles qui s'enflent et montent à volonté, le jeune homme se sert avec succès de ses avantages : il étonne, il étourdit, il abasourdit ses auditeurs : Ducroquet lui-même n'est plus, près de lui, qu'un petit garçon ; quand le tanneur élève un peu la voix, Prosper étouffe ses paroles dans un déluge de cris, de jurements, de chants ou d'éclats de rire. D'ailleurs le vin a fait son effet sur lui comme sur les autres : il dit tout ce qui lui vient à la tête ; mais comme des moindres mots prononcés d'un ton d'autorité et de manière à briser le tympan de ceux qui l'entourent, son auditoire est enchanté, on rit aux éclats de ses plaisanteries, on applaudit à toutes ses propositions, et on l'embrasserait après chaque rasade, s'il n'avait pas déclaré qu'il ne voulait embrasser que des femmes.

Cependant au milieu de ce flux de paroles, de ces discours commencés et coupés par d'autres, de ces cris et de ces toasts, le nom de Camille de Trévilliers a frappé les oreilles de Prosper; alors il frappe violemment la table de son poing, on s'écriant d'une voix de tonnerre :

— Qui est-ce qui a parlé de la jeune Camille Trévilliers?

— Moi, dit Trappeur, d'un ton patelin.

— Et qu'as-tu dit de cette jeune fille? voyons, réponds, ou je te jette cette assiette par la figure.

Effrayé par le ton de Prosper, dont les regards lançaient alors des flammes, le citoyen Trappeur répond, en hésitant :

— J'ai dit que..., c'est-à-dire j'ai pensé..., comme c'est la fille d'un émigré. .., d'un ci-devant..., elle pourrait être arrêtée...

— Et pardieu! il a raison, s'écrie Ducroquet, il n'y a pas besoin de baisser les yeux pour dire ça... La petite Camille doit être arrêtée...: je la dénoncerai demain.

— Je le le défends, dit Prosper, en se levant et regardant le tanneur d'un air menaçant.

— Tu me le défends!... répond Ducroquet en se levant aussi et retroussant davantage ses manches. Ah çà ! mais, jeune citoyen, tu prends un ton..., un air... Et de quel droit me défends-tu de faire incarcérer une ci-devant?

— Parce que c'est moi, moi seul, entends-tu? qui dois m'occuper ici de cette jeune fille, parce que je suis chargé d'épier ses démarches, ses moindres actions; parce qu'on la soupçonne d'entretenir des correspondances criminelles avec l'étranger, et si on l'arrête, les correspondances cesseront, et on ne découvrira rien; tandis qu'en feignant de ne point la suspecter, mais en surveillant ses moindres actions, on découvrira tous les fils de la conspiration..., s'il y en a. Hein? y es-tu à présent?

— Ah! bravo, s'écrient tous les convives.

— Comme ça, c'est bien différent, et je l'approuve, dit Ducroquet.

— Il s'est encore déboutonné, dit Benoît à Durouleau.

— Je l'avais bien deviné : il est envoyé ici pour épier les aristocrates, les les suspects.

— Maintenant, buvons ? dit Prosper. Puis jetant les yeux sur un fort beau sabre turc qui est appendu à la muraille, il se lève de table, va examiner le sabre, et finit par l'attacher à sa ceinture, en disant :

— Sacrebleu ! citoyen Durouleau, voilà un beau sabre!...

— Oui ; il vient d'un marquis qui prétendait que ses aïeux l'avaient rapporté de Palestine...

— Et voilà aussi de beaux pistolets!... joliment damasquinés, reprend Prosper, en s'emparant d'une paire de pistolets qui étaient posés sur une bibliothèque.

— Ils viennent de la même maison que le sabre.

Prosper avait enfoncé les pistolets dans la ceinture de sa culotte; après s'être emparé davantage avec ces armes, il s'écrie :

— Citoyen Durouleau, je t'emprunte ce sabre et ces pistolets.

— Je fais mieux, reprend le gros homme, je te donne ces armes.

- Tu fais aussi bien, car je ne te les aurais pas rendues.

— Ta franchise me charme, et je suis heureux de t'être agréable.

— Tiens, j'aperçois un beau bonnet à poils qui, je crois, m'irait bien aussi.

En disant cela, Prosper avait mis sur sa tête un immense bonnet, dont la pointe, faite en forme de cornet, retombait sur les épaules et qui, un peu large pour la tête du jeune homme, lui cachait presque les yeux.

— Garde ce bonnet, il te tiendra chaud, dit Durouleau.

— Merci. Maintenant, citoyens, est-ce qu'il n'y a rien à faire pour le salut de l'État?

En disant ces mots Prosper avait tiré son sabre et le brandissait au-dessus de sa tête, tout en roulant des yeux fulminants autour de lui, si bien que Cornélius et Trappeur n'osaient plus le regarder; tandis que les autres le considéraient avec admiration.

— Ma foi, dit Benoît, je ne vois pas trop ce que nous pourrions faire ce soir..., il est nuit à présent... On est très bien à table...

— Savez-vous, dit Ducroquet, que le vent a renversé ce matin l'arbre de la liberté que l'on avait planté sur la place?

— L'arbre de la liberté est renversé! s'écrie Prosper, et vous restez là comme des gloutons autour de cette table? Ah, sacrebleu! je vais le relever, moi, l'arbre de la liberté, et les vrais patriotes me suivront !

— Le citoyen Carotte a raison, s'écrie Durouleau, voilà une belle pensée, et nous le suivrons tous !

— Mais il fait nuit ! murmure Cornélius en vidant son verre.

— Il ne fait jamais nuit quand la gloire nous illumine! Allons, qu'on allume des torches, des flambeaux, et en route. Vive la liberté!

— Il s'est déboutonné tout à fait, dit Benoît.

Les ordres de Prosper sont exécutés sur-le-champ. Durouleau a fait chercher des torches, on les allume, on en donne à tous les convives, puis on sort en criant, enchantant des refrains patriotiques.

Prosper marchait à la tête de la troupe, une torche allumée d'une main, son sabre nu dans l'autre, criant, beuglant, et embrassant toutes les femmes qui se trouvaient sur son passage. Son aspect avait quelque chose d'effrayant, car les fumées du vin donnaient à ses yeux un éclat extraordinaire, et la singularité de son costume, la manière dont il était armé, ses chants, ses cris, ses gestes, tout cela formait un ensemble bien capable de faire impression.

La foule ne tarde pas à se presser sur les pas de Prosper, chacun se le montre du doigt, et lorsqu'un passant timide se hasarde à demander ce qu'il y a, on lui répond :

— C'est l'homme à la culotte rouge qui va planter l'arbre de la liberté.

Cependant les convives de Durouleau sont arrivés sur la place où l'arbre civique a été renversé. Prosper demande à grands cris une pioche, une

pelle; il n'a pas fini de parler, et déjà tous les instruments qu'il désire lui sont présentés; on veut l'aider dans son travail, mais il repousse brutalement ceux qui l'entourent; seul, il veut replanter l'arbre de la révolution, seul, il veut avoir l'honneur de terminer ce travail. D'un bras vigoureux il pioche la terre, en peu de temps il a achevé son œuvre, et montrant l'arbre à la foule assemblée :

— Cette fois, dit-il, je réponds bien que le vent ne le renversera pas!

Des applaudissements partent de tous côtés, les cris de : Vive l'homme à la culotte rouge y sont mêlés. Enfin on se prend par la main. Prosper donne l'exemple, il entonne l'air fameux de Ça ira ! et l'on danse en rond autour de l'arbre relevé par ses soins.

Après avoir dansé longtemps, on se sépare enfin, et Prosper retourne chez Durouleau, non sans avoir reçu les félicitations de la foule assemblée et les poignées de main de ceux avec lesquels il a dîné, et qui maintenant ont pour lui la plus haute considération.

Le lendemain Prosper sort de chez son hôte et se rend près de la maison isolée habitée par mademoiselle de Trévilliers, qu'il passe sa journée à se promener, à guetter le moment où l'on sortira. Mais Camille ne quitte point la demeure de sa gouvernante; elle a peur de ce grand homme en culotte rouge, en bonnet à poils et armé jusqu'aux dents, qui semble faire faction devant la porte; et la jeune fille n'a point reconnu Prosper, elle a eu peur et n'a pas osé se hasarder dans la campagne.

Prosper ne revient chez Durouleau qu'à la chute du jour, fort contrarié de n'avoir pu dire à Camille qu'il veillait sur elle et ne se doutant pas que c'est lui qui empêche la fille du comte de sortir.

Plusieurs jours se passent ainsi. Mais Durouleau savait que son hôte rôdait continuellement autour de la maison habitée par la fille de l'émigré, et disait à ses amis :

— Le citoyen Carotte ne nous a pas menti, il surveille continuellement la fille de l'émigré.

Et lorsqu'en se retrouvant dans la compagnie des amis de Durouleau, Prosper entendait prononcer le nom d'une personne que l'on croyait suspecte et que l'on avait l'intention de dénoncer, il mettait la main sur la poignée de son sabre et s'écriait en fronçant le sourcil :

— Je défends à qui que ce soit de dénoncer cette personne. Je suis ici pour surveiller les suspects, c'est à moi seul de faire incarcérer quand le moment en sera venu; et le premier qui s'aviserait de faire ma besogne, je lui passerais ce sabre dans le corps.

— C'est juste, disait Durouleau, puisqu'il est ici pour pincer les coupables, nous ne devons pas aller sur ses brisées.

Et Trappeur disait tout bas à l'oreille de Cornélius : Je ne sais pas s'il est ici pour arrêter quelqu'un, mais il me semble qu'il n'arrête personne.

Quinze jours s'étaient écoulés; un matin que le temps était doux et beau, Camille, n'ayant aperçu personne autour de sa demeure, se hasarda à sortir pour faire avec sa gouvernante une petite promenade dans la campagne.

À peine les dames étaient-elles à trois cents pas de leur maison, que l'homme à la culotte rouge paraît devant elles et leur barre le passage. Camille pousse un cri d'effroi et veut fuir, mais une voix bien connue l'arrête, en lui disant :

— Mon Dieu ! mademoiselle, vous ne voulez donc plus me permettre de vous parler ?

— Qu'entend-je!... Est-il possible..., c'est vous, monsieur Prosper..., vous..., sous ce costume..., avec ces armes !

— Oui, mademoiselle.

— Mais dans Melun on ne parle que de vous..., chacun tremble à votre aspect... ; on vous désigne sous le nom de l'homme à la culotte rouge ! on vous cite comme un terroriste forcené, comme un septembriseur...

— C'est bien ce que je désirais, mademoiselle, car cela me fournira, je l'espère, le moyen de vous sauver... On croit que je suis chargé d'épier vos actions..., et du moins on ne vous dénonce pas, en me voyant sans cesse sur vos pas.

— Il se pourrait! Quoi ! monsieur Prosper, c'est pour moi !... c'est pour m'être utile que vous faites tout cela?

En disant ces mots, Camille laissait tomber sur Prosper un regard plein de reconnaissance; ce regard était si doux, que pour en mériter de semblables le jeune homme se serait jeté à travers les périls les plus grands, et il balbutia, en la regardant avec tendresse :

— Vous me permettrez donc de vous suivre quand vous sortirez? cela ne vous fâchera pas si je rôde continuellement autour de votre demeure?

— Non sans doute; puisque je sais maintenant que c'est vous..., je n'ai plus peur..., je saurais cela me rassure.

Prosper était ivre de joie, et le temps de la promenade lui sembla bien court. Le lendemain il revit Camille, il passa le jour suivant et les autres après, et lorsqu'il ne la voyait pas, il regardait sa demeure, ses fenêtres, ses carreaux; il restait des heures entières en faction.

Et Durouleau lui disait tous les soirs, en trinquant avec lui.

— Sacredié, citoyen Carotte, si le gouvernement te paye pour surveiller la fille de l'émigré, il faut convenir que tu ne voles pas ton argent.

— Et la grande Jeannette, la servante aux yeux éveillés, était tout étonnée que le jeune homme à la culotte rouge n'eût pas encore eu l'idée de l'embrasser, de rire avec elle, et de répondre enfin aux œillades qu'elle lui lançait.

Il y avait près d'un mois que Prosper était à Melun, lorsqu'un matin, en jetant les yeux sur les papiers publics que l'on débite venait de recevoir, il lut les noms des dernières personnes exécutées à Paris, par arrêt du tribunal révolutionnaire.

Tout à coup son visage devint pâle comme la mort, un voile couvre ses yeux, il chancelle en murmurant :

— Derbrouck!... est-il possible.... ce bon Hollandais mon bienfaiteur!... mort !... mort !... exécuté avant-hier à Paris !

— Qu'as-tu donc, citoyen Carotte ? dit le gros Durouleau tout étonné du trouble, de la pâleur de son hôte.

Sans lui répondre, Prosper s'est levé, il a mis son bonnet sur sa tête, ceint son sabre, pris ses pistolets, et secouant la main de son hôte, lui dit :

— Adieu, je pars pour Paris.

— Pour Paris ?... Comment..., comme ça ? tout de suite !... Tu viens donc de recevoir des ordres ?... de lire quelque chose qui te concerne ?...

— Oui..., il faut que j'aille à Paris à l'instant même.... le devoir m'y appelle.

— Ah ! si c'est le devoir... Mais tu reviendras au moins ?

— Je l'espère.

— Ma foi, tiens, c'est que je t'aime, tu es un brave sans-culotte, tu bois sec ! Je me suis attaché à toi..., ta société me plaît.

— Merci, citoyen... Je tâcherai d'être bientôt de retour.

— Mais en ton absence cette fille ci-devant, cette petite aristocrate ?

— Tu veilleras sur elle. Tu m'en réponds sur ta tête...

— Sur ma tête ! mais...

— Oui, citoyen Durouleau... c'est à toi que je la confie. Jure-moi qu'à mon retour je retrouverai Camille, que je serai encore maître de son sort.

— Je te le jure, foi de vieux Romain.

— Adieu. Tu as un cheval... je le mets en réquisition pour arriver plus vite à Paris... Mais sois tranquille, je te le ramènerai, à moins qu'il ne crève en route.

— Le gros homme regardait Prosper d'un air étonné ; mais sans lui en dire davantage, celui-ci sort brusquement, enfourche le cheval qui est dans l'écurie et prend le chemin de Paris.

—

VII. — PREMIÈRE REPRÉSENTATION D'ÉPICHARIS ET NÉRON.

Prosper a fait en peu de temps les dix lieues qui séparent Paris de Melun ; sur son passage, pas un gendarme ne s'est présenté pour lui demander ses papiers, car son costume singulier, son air de défier tout le monde, et la manière dont il est armé, annoncent un homme qui est d'humeur à sabrer le premier qui voudrait l'arrêter. On le prend pour un agent du gouvernement, et lorsqu'il demande un petit verre d'eau-de-vie, pendant que son cheval souffle quelques minutes, on le sert avec un zèle et une promptitude qui annoncent la terreur qu'il inspire.

Prosper arrive à sa demeure. En entrant dans la maison, ses yeux cherchent Goulard, sur lequel il a bien envie d'essayer le sabre turc que lui a donné Durouleau. Mais le portier n'est plus là ; une vieille femme le remplace et occupe la loge. Prosper reconnaît avec dégoût cette vieille tricoteuse qui allait pérorer aux sections, la mère Gueuleton, qui se fait appeler la mère des Craques.

Le jeune homme a laissé son cheval dans la cour, il regarde les fenêtres du logement de Maxime et de sa mère ; elles sont fermées, et on n'aperçoit point de lumière, quoiqu'il commence à faire nuit. Il revient vers la loge du portier, et se décide à parler à la mère Gueuleton.

— C'est donc toi qui remplaces notre portier, mère Gueuleton ?

— Ah ! tiens, c'est toi, mon fils, mon bijou !... mon polisson de Prosper ! répond la vieille femme, en ouvrant une bouche édentée, et se barbouillant le nez d'une énorme prise de tabac,

— Et d'où donc que tu viens, petit gredin ? de faire le diable encore ? de courir après queuque jeune fille !... car t'es un fameux vaurien, pour ton âge !... Mais j'aime les vauriens, moi... Ah ! fichtre ! si j'avais été z'un homme, qu'eu noce j'aurais faite ! Sapredié !... sais-tu que te v'la joliment harnaché ? Je ne t'ai jamais vu si crâne... Où donc que t'as volé tout ça ?... ta culotte me donne dans l'œil !

— Mère Gueuleton, il n'est pas question de moi..., je voudrais avoir quelque renseignement.

— On t'en donnera., mon petit Messidor... Ah ! queu belle culotte !... Jour de Dieu !..., c'est pourtant pas décadi aujourd'hui pour être si pimpant.

— Ah ! morbleu ! veux-tu me répondre vieille sorcière ?

— Ne te fâche pas, muscadin..., je t'écoute.

— Est-il vrai que ce bon Hollandais..., le banquier Derbrouck ait été...

— Exécuté..., oui, mon petit... J'avoue que c'était un bien bel homme ! mais faut bien faire périr les traîtres, les conspirateurs !

— Conspirer !... lui !... mais jamais il n'y a songé.

— Ah ! ouiche ! tu vas en savoir plus que le tribunal, toi ! Et ce fameux Fouquier-Tinville, l'accusateur public, qui vous trousse une accusation en un tour de main... Ah ! queu pourvoyeur de guillotine ! aussi on dit qu'il veut la faire placer dans le tribunal même, parce que pour emmener et conduire les condamnés, on perd du temps, et il trouve que ça ne va pas encore assez vite.

— Mais qui donc a pu dénoncer mon bienfaiteur ?

— Pardi, c'est Léonidas ; il s'en est vanté plus d'une fois.

— Goulard !... le misérable ! Où est-il en ce moment ?

— Ce soir ?

— Oui ; ce soir.

— Il est au théâtre de la République... On joue une tragédie nouvelle, à ce qu'il m'a dit, Epi... Epichat... Epi... chose! ma foi, je ne sais pas au juste, mais il y a de l'épi dedans.

— Et la citoyenne Derbrouck... pauvre femme... quelle doit être sa douleur !... Elle connaît sans doute le sort de son mari ?

— Je ne te dirai pas. D'abord, la femme du banquier est partie pour Passy le lendemain de l'arrestation de son mari.

— Elle y est encore ?

— Oui..., oui..., mais je présuppose qu'elle n'y restera pas longtemps, si elle y est encore.

En disant ces mots, la vieille femme hochait la tête d'un air significatif.

— Que veux-tu dire par ces paroles ?... tu sais quelque chose, mère Gueuleton..., voyons, parle...

— D'abord, mon fils, je ne sais pas pourquoi tu t'obstines à m'appeler mère Gueuleton, puisque je t'ai dit cent fois que je m'étais fait la mère des Craques..., la fameuse Corneille qui a engendré Graccus..., tu sais? des Romains...

— Mais il n'est pas question de cela... Que sais-tu touchant la citoyenne Derbrouck ! Pourquoi penses-tu qu'elle ne restera pas longtemps à Passy, si elle y est encore... Réponds... je le veux..., ou sinon...

En prononçant ces paroles, Prosper a tiré son sabre à moitié, et son air est devenu si terrible, son regard si déterminé, que la vieille, quoique n'étant pas facile à effrayer, s'empresse de lui répondre :

— Eh bien ! c'est qu'on doit aussi arrêter la citoyenne Derbrouck.

— L'arrêter..., qui t'a dit cela ?

— Eh pardi ! Léonidas ; c'est aussi lui qui l'a dénoncée..., il avait au-

Prosper marchait à la tête de la troupe, une torche allumée d'une main et son sabre nu dans l'autre. — Page 15.

ourd'hui dans sa poche l'ordre pour la faire pincer..., mais il n'était pas trop d'avis d'y aller lui-même.

— Mais cet homme a donc juré la mort de cette malheureuse famille ?

— Pisqu'ils ont conspiré !... Léonidas est devenu très prépondérant à la section.

— Et Maxime a souffert cela ?... Maxime ! un républicain si pur..., si estimé !...

— Il n'est plus ici..., il est parti avec sa mère... pour je ne sais où... Il n'avait plus d'ouvrage...

— Plus d'ouvrage ! comment ? mais Hébert..., le *Père Duchesne*...

— Hébert a été guillotiné le même jour que le citoyen Derbrouck...

— Et Maxime n'est plus ici pour m'éclairer..., me guider ! N'importe..., je sauverai ma bienfaitrice !... Et tu dis que Goulard a l'ordre..., et il est ce soir au théâtre de la République ?

— Oh ! pour ça, j'en suis sûre,... il a eu un billet d'avis du citoyen *Legouvé* qui est l'auteur d'*Épi...* d'É-pichut..., enfin, de la tragédie.

— Il suffit Mère Gueule ton, veille sur mon cheval donne-lui à manger.

— Bah ! t'as un cheval, à présent !... Ha ça, quel commerce que t'as donc fait ?

— J'en aurai probablement besoin cette nuit. Adieu... Je vais au théâtre de la République...

Prosper cache ses pistolets dans les poches intérieures de sa veste, et se rend à la hâte au Palais Egalité, où se joue la nouvelle tragédie. On lui a dit que Goulard était à ce spectacle, et il veut l'y trouver, dût-il pour cela aller à toutes les places, déranger chaque spectateur, et même interrompre la pièce.

Heureusement pour Prosper, qui ne songeait jamais qu'il pourrait avoir besoin d'argent, son généreux hôte y avait pensé pour lui, et avait glissé un rouleau d'écus dans la veste du jeune homme. Celui-ci s'en aperçut avec joie lorsqu'on lui demanda son billet ; heureux de n'avoir point d'obstacle de ce côté, il prit une des premières places, et entra dans la salle au moment où la pièce nouvelle commençait.

La salle était pleine, car au milieu même de ces jours de terreur, où chacun devait trembler pour lui et les siens, les Français conservaient toujours le goût du théâtre ; il leur fallait des spectacles après des échafauds ; on avait frémi le matin, on allait s'amuser le soir ; on trouvait encore moyen de rire aux vaudevilles qui se permettaient de légères plaisanteries sur les abus du jour ; *Piis, Barré, Radet*, commençaient leur réputation et leur heureux triumvirat ; enfin les grandes calamités publiques n'empêchaient pas les grands succès au théâtre : car *Robert, chef de brigands* avait eu une immense vogue, et *Nicodème dans la lune* avait dépassé deux cents représentations.

Prosper se promène dans les couloirs de la salle, et demande qu'on lui ouvre une loge.

— Il n'y a plus de places, lui disent les ouvreuses.

— Plus de places ! il m'en faut une, sacrebleu ! car j'ai mon billet, et je ne laisse pas commencer la pièce si on ne me place pas.

Au bruit que fait Prosper dans les couloirs, un contrôleur arrive. Le ton arrogant du jeune homme imposait, son sabre effrayait, sa personne intimidait. Le contrôleur voit une loge louée où il n'y a que trois dames, il va leur demander la permission de placer avec elles un personnage important, attaché au gouvernement. Les dames n'osent pas refuser, et elles frémissent en voyant entrer dans leur loge un jeune homme bizarrement accoutré, la figure sale et enluminée, car le voyageur n'avait pas pris le temps de se débarbouiller, et s'appuyant sur un grand sabre dont sa main caresse à chaque instant la poignée.

Tout préoccupé du motif qui l'amène dans la salle, Prosper ne songe pas même à remercier les dames qui lui ont donné une place dans leur loge ; déjà ses regards se portent de tous côtés dans l'espérance d'apercevoir Goulard, et s'inquiétant peu d'être l'objet de l'attention générale ; à chaque instant il appuie son bras sur le devant de la loge, au risque de se coucher sur les épaules des deux dames qui occupent le premier banc, et penche la moitié de son corps en dehors, pour tâcher de mieux voir audessous, au-dessus et autour de lui.

Cependant la tragédie était commencée ; on voulait entendre *Talma*, qui commençait alors sa réputation, et *Monvel*, qui méritait la sienne. Prosper faisait continuellement du bruit en se retournant, en se penchant, en s'avançant. Quelques *chut*, quelques cris de silence s'étoient déjà fait entendre, et Prosper n'y faisait aucune attention, continuant à s'agiter, à se remuer, en regardant dans la salle au lieu de regarder sur le théâtre.

Enfin une voix fait entendre ces paroles :

— Est-ce que la culotte rouge n'aura pas bientôt fini son tapage, là-haut !

Cette voix partait du parquet. Prosper, qui a entendu, se pencha et regarde d'un air insolent cette masse d'hommes qui est au-dessous de lui.

— Oui, c'est à toi qu'on parle, citoyen ! reprend une autre voix. Tiens-toi un peu tranquille, et laisse-nous entendre et juger la tragédie ! Nous sommes venus pour cela.

— Et moi, je suis venu pour autre chose : répond Prosper d'un ton menaçant ; et, sacrediié, le premier d'entre vous qui voudra me faire tenir tranquille n'a qu'à monter, je suis prêt à lui donner son compte.

Cette menace adressée à tout un public, impose à la multitude ; nous avons eu souvent la preuve qu'un homme résolu suffit pour arrêter, pour faire tête à des masses ; ici encore, tout ce parterre, rempli d'hommes, reste saisi par le défi qu'un seul lui adresse ; on regarde avec étonnement ce personnage singulier qui veut faire la loi dans la salle, et, sans lui répondre, on laisse continuer la pièce

Et elle tombait sur le carreau si Prosper ne s'était élancé et ne l'avait reçue dans ses bras. — Page 20.

nouvelle, que l'on tâche d'entendre, malgré le bruit que fait l'homme à la culotte rouge.

Ne pouvant, de l'endroit où il est placé, découvrir ce qu'il cherche, Prosper quitte sa place et sort de la loge, en fermant violemment la porte après lui.

Les trois dames sont enchantées de n'avoir plus pour voisin ce jeune tapageur ; le public croit que la culotte rouge a quitté le spectacle : chacun se félicite de pouvoir enfin entendre la tragédie, et bientôt on applaudit avec transport ce vers adressé par *Epicharis* au poète *Lucain*, qu'elle entraîne dans la conspiration contre *Néron* :

Une bonne action vaut mieux qu'un bon ouvrage.

Mais la satisfaction du public est encore troublée par le bruit qui se fait à l'entrée de l'orchestre. C'est Prosper qui s'est rendu de ce côté de la salle et veut absolument s'y placer, quoiqu'on lui répète que tout est plein, et que, pour preuve, on lui montre beaucoup de personnes qui sont obligées de se tenir debout à l'entrée et très pressées les unes contre les autres,

Prosper n'écoute pas les raisons qu'on lui donne; il pousse de côté l'homme chargé de recevoir les billets, en lui disant :

— Fiche-moi la paix! J'ai payé pour entrer partout... Si l'on trouve que je n'ai pas assez donné, tiens, voilà des écus, je puis payer encore, mais je ne resterai pas dans les corridors.

Et déjà le jeune homme a ouvert la porte; sans s'effrayer à la vue de cette foule qui encombre l'entrée de l'orchestre, il donne un coup de coude à droite, un coup de poing à gauche, et trouve moyen de s'avancer, tandis que les personnes qu'il bouscule s'écrient :

— Mais, citoyen, prends donc garde... : tu me marches sur le pied.

— Citoyen, tu m'enfonces ton poing dans le dos... J'aime à croire que tu ne le fais pas avec intention.

— Crois tout ce tu que voudras, je m'en moque pas mal, murmure Prosper, en continuant de jouer des pieds et des poings.

— Citoyen, tu as donc ta place dans l'orchestre?

— C'est possible!...

— Mais alors on rentre dans l'entr'acte, on ne revient pas quand la pièce est commencée; on ne trouble pas ainsi tout le spectacle...

Prosper va toujours son train : il est arrivé contre les banquettes; mais il veut pénétrer jusqu'au milieu de la salle, parce que de là il espère parvenir à apercevoir Goulard. Le voilà donc qui se faufile maintenant à travers les personnes qui sont assises, marchant au hasard sur les pieds qui se trouvent sur sa route, recevant avec indifférence les plaintes de l'un, les jurements de l'autre, et accompagné des hourras du parterre qui, las de le voir ce particulier, dont le tumulte est immense, se promener dans les rangs de l'orchestre, lui crie avec colère :

— Assis! Assis!

— C'est juste, répond Prosper, en se retournant vers le parterre et le regardant d'un air goguenard : je vais m'asseoir, parce que je suis las de me promener.

En achevant ces mots, le jeune homme se laisse aller sur la banquette; mais, comme il n'y avait pas de place vide, il tombe nécessairement sur les genoux de quelqu'un, et ce quelqu'un pousse un cri, en disant :

— Oh! citoyen, la poignée de ton sabre me crève le ventre... Égalité !... Fraternité! Tu m'étouffes... Est-ce que tu vas rester sur mes genoux?

— Et où diable veux-tu que je me mette ?

— Mais il me semble que mes genoux ne sont pas une place...

— Eh! sacrebleu! puisqu'il n'y en a pas d'autre...

— Mais je n'y vois plus...

— Qu'est-ce que cela me fait?

— Mais...

— Ah! est-ce que nous n'allons pas nous taire?

— En ce moment, un monsieur, placé à côté de la personne sur qui Prosper s'est assis, le regarde attentivement et lui dit :

— Je ne m'abuse pas... Je t'ai déjà vu... Je te connais... Nous nous sommes trouvés ensemble, à part que je ne me trompe, chez le citoyen Maximo Bertholin.

A ce nom, Prosper examine à son tour celui qui lui parle, et reconnaît Poupardot, avec lequel il s'était en effet rencontré quelquefois chez Maxime.

— Tu ne te trompes pas, citoyen, je te reconnais aussi; tu es un ami de Maxime..., le citoyen Poupardot.

— C'est moi-même... et toi, Prosper Bressange... Mais ce bonnet- te change..., et puis tout ce costume. Ah! tu viens voir la pièce nouvelle du citoyen Legouvé... Jusqu'à présent, cela me semble bien; il y a de beaux vers..., et à part quelques longueurs...

Un gémissement parti de dessous Prosper rappelle alors à Poupardot que la personne sur laquelle il est venu au spectacle est dans une position extrêmement incommode, et se serrant contre un voisin du côté opposé, il dit au nouveau venu :

— Citoyen Prosper, il faut pourtant que nous te fassions une petite place, car tu ne peux pas rester comme cela pendant tout le spectacle, assis sur ce pauvre Picotin.

— Comment! c'est sur le citoyen Picotin que je suis, s'écrie Prosper, en se retournant : ah! sacrebleu!... Je suis bien fâché de ne pas être plutôt sur sa femme car je me rappelle qu'elle est fort jolie; mais enfin, en faveur de ta charmante épouse..., tiens..., je vais tâcher de tenir entre vous deux.

Et grâce aux efforts de Poupardot, qui a fait une petite place à Prosper, celui-ci s'assoit enfin entre lui sur la banquette, et Picotin peut voir les acteurs.

Le calme était enfin rétabli. La pièce continuait au milieu des applaudissements du public. Poupardot était tout oreille; il ne voulait pas perdre un vers. Quant à Picotin, son nouveau voisinage l'inquiétait; il jetait de temps à autre des regards en coulisse sur Prosper et sur son sabre : le résultat de chaque regard était de s'éloigner de lui.

Prosper, étant au milieu de la salle, n'avait plus besoin de déranger personne pour regarder de tous côtés; mais il se retournait fréquemment et n'apportait aucune attention à la pièce, cherchant toujours Goulard parmi les spectateurs.

— C'est beau! c'est fort bien versifié! disait de temps à autre Poupardot à Prosper, qui lui répondait :

— Il doit cependant être ici !... La mère Guculeton me l'a assuré... Oh! il faut que je le découvre.

Poupardot ne comprenant pas quel rapport pouvait exister entre la mère Guculeton et la tragédie, cessait de communiquer ses sensations à Prosper, et se disait : « Ce jeune homme semble avoir un coup de marteau ou une pointe de vin. »

Picotin se gardait bien de parler à Prosper : il en avait peur; il craignait qu'il ne lui reprit la fantaisie de s'asseoir sur ses genoux; et lorsque Prosper tournait les yeux de son côté, l'époux d'Euphrasie tenait les siens collés sur la scène.

Cependant Picotin est bien forcé de répondre, parce qu'on lui donne quelques petits coups de poing dans le côté, en lui disant :

— Citoyen, est-ce que tu es sourd?

— Moi! citoyen... Je me flatte d'avoir d'excellentes oreilles...

— C'est que voilà plusieurs fois que je te parle, et tu ne me réponds pas.

— C'est singulier, je ne t'ai pas entendu... les acteurs font tant de bruit! C'est insupportable!

— Je te demandais si tu connaissais Goulard..., si tu l'avais aperçu ici ?

— Goulard!... qu'est-ce que c'est que Goulard ?

— Un gueux! un grédin! auquel j'espère bien casser les reins ce soir !..

— Citoyen, je ne le connais pas du tout !.... Je te prie de croire qu'il n'est pas de mes amis !

— Prosper cesse de s'adresser à Picotin; mais il se désole, il se désespère de ne point apercevoir l'homme ce qu'il a fait pour y pénétrer. La pièce approchait de la fin. Néron était en scène; Ta'ma, chargé de représenter ce personnage, venait d'être couvert d'applaudissements, en s'écriant :

Un poignard! voilà donc dans sa chute profonde
Ce qui reste à César de l'empire du monde.

En ce moment, Prosper pousse un cri de joie, et se lève en s'écriant : « Le voilà, c'est lui! Oh! il est là-bas à l'entrée de la galerie..., il ne m'échappera pas cette fois ! »

Puis il se précipite de nouveau à travers les personnes assises, et se dispose à faire pour sortir de l'orchestre ce qu'il a fait pour y pénétrer. Mais la patience du public était à bout, cette fois la salle en masse se révolte contre ce personnage qui la trouble dans ses plaisirs; on veut la punition de son insolence; on réclame l'intervention de la force armée. Deux gendarmes paraissent à la porte de l'orchestre au moment où Prosper en sortait, et l'un deux se dispose à lui mettre la main sur le collet, en lui disant :

— Au nom de la liberté, je t'arrête!

Prosper regarde le gendarme et hausse les épaules, en lui répondant :

— Mon brave, tu viens de dire une fameuse bêtise! Au nom de la liberté, tu m'arrêtes... Est-ce que la liberté ne signifie pas qu'on doit d'abord être libre, par conséquent qu'on peut dire et faire ce qu'on veut?

Le gendarme réfléchit un moment, puis reprend :

— Alors..., au nom de la république, je t'arrête...

— Ah! c'est différent! Et moi, au nom de la liberté, je te cogne.

Et passant une jambe au gendarme qui vient de faire un pas en avant pour le saisir, Prosper l'étend sur le dos, donne un vigoureux coup de poing à son camarade; puis, s'élançant dans le corridor, disparaît au milieu de la foule qui s'est amassée, mais qui lui fait passage en disant :

— Bah! il faut le laisser aller !... il a l'air d'un brave sans-culotte! il a un peu bu, voilà tout! il n'était pas dans le cas d'écouter le spectacle.

Prosper est sorti de la salle, parce qu'il réfléchit que ce ne sera pas en faisant mettre au corps de garde qu'il punira Goulard et sauvera madame Derbrouck; il pense qu'en sortant du théâtre, celui qu'il cherche rentrera chez lui, et se décide à l'attendre dans la rue, près de sa demeure.

Une demi-heure s'écoule, puis une autre; Prosper craint que le portier ne soit allé passer la nuit dans quelque cabaret, car le spectacle doit être fini depuis longtemps; il ne sait à quel parti s'arrêter, lorsque des pas lourds se font entendre dans la rue devenue solitaire. Prosper écoute, et frémit de joie en croyant reconnaître l'homme qu'il attend. Il se place à quelques pas de la porte cochère; on approche : c'est Goulard.

Prosper se met devant lui et lui barre le passage.

— Qu'est ce qu'il y a ?... Je n'ai pas le sou..., j'ai tout bu ce que j'avais sur moi! dit Goulard; ainsi tu ne peux pas me voler.

— Je ne veux point un voleur... ; regarde-moi bien, Goulard...; cette lanterne nous éclaire assez... : tu dois me reconnaître.

— Tiens !... cette voix !... on dirait ce mauvais sujet de Prosper...

— Oui, c'est Prosper, en effet, qui a été absent de Paris pendant quelques semaines, et qui revient trop tard pour sauver son bienfaiteur..., mais qui ne souffrira pas que tu fasses arrêter sa malheureuse femme !...

— Qu'est-ce que tu me chantes? Laisse-moi tranquille...; je rentre, je veux me coucher...

— Oh! non, tu ne m'échapperas pas !...

— Qu'est-ce à dire?... voudrais-tu me retenir de force?...

— Oui...

— Au secours !... à la...

— Silence !... Tais-toi, misérable, ou je te casse la tête!

Et Prosper, tirant de sa veste un de ses pistolets, appuyait le canon sur le front de Goulard.

Le portier est devenu tremblant, il ne crie plus, et c'est d'un ton soumis qu'il murmure :

— Je me tais... Que désires tu de moi?

— Tu as profité de mon absence pour faire arrêter le banquier Derbrouck.

— Ce n'est pas moi...

— Tu mens...

— Il était coupable...

— Cela est faux; tu auras inventé des mensonges pour tromper ses juges; mais enfin, puisqu'il est trop tard maintenant pour que je le sauve, donne-moi, du moins, l'ordre d'arrestation que tu as obtenu contre sa femme...

— Contre sa femme?... qui l'a dit...

— Tu l'as dénoncée aussi; il est inutile de feindre, et tu avais obtenu un ordre pour la faire arrêter...

— Je te jure...

— Veux-tu que je te brûle la cervelle?

— Eh bien ! c'est vrai...; mais cet ordre..., je ne l'ai plus.

— Qu'en as-tu fait?

— Je l'ai remis aux agents de l'autorité.

— Tu l'as remis... ; et quand?

— Ce soir même, avant d'aller au théâtre de la République.

— Ainsi, la citoyenne Derbrouck...

— Doit être arrêtée demain au point du jour.

— Ah! monstre! je devrais te tuer... ; mais je ne sais pas assassiner. Tiens, prends un de ces pistolets!... défends-toi...

— Moi, me battre au pistolet!... je ne veux pas...

— Défends-toi, te dis-je...

— je ne me bats pas en duel.

— Tu aimes mieux aller me dénoncer... ; mais ce ne sera pas cette nuit, du moins, je t'empêcherai de courir.

Changeant la direction de son pistolet, Prosper baisse le canon, tire, et casse la jambe à Goulard qui tombe en proférant des malédictions. Le jeune homme se hâte d'entrer dans la maison, et va chercher son cheval, qu'il trouve attaché dans la cour.

— Eh bien, mon fils, mon cadet! lui crie la mère Gueuleton, donne-moi donc des nouvelles de la tragédie... d'Épichat..., d'Épi... chose... ; on m'a dit qu'on jouait la mère des *Craques*, là-dedans?

Sans répondre à cette femme, Prosper est monté à cheval, et il prend au galop la route de Passy.

VIII. — LE BELVÉDER DE PASSY.

Prosper presse les flancs de son cheval ; à défaut d'éperons, il le stimule de la voix, le tourmente avec la bride ; aussi, en peu de temps, il a franchi la courte distance qui sépare Passy de la capitale. Il arrive à la maison de campagne du banquier hollandais : elle était située dans la rue Basse, près de la rue de l'Église ; d'un petit belvéder bâti sur le sommet de la maison, on avait une vue admirable, on découvrait toutes les sinuosités de la Seine, les campagnes des environs et une partie de Paris. C'était dans ce belvéder que madame Derbrouck se plaisait à passer une partie de ses journées. Elle y faisait souvent porter le berceau de l'enfant qu'elle nourrissait, et, tout en veillant sur sa fille, ses yeux se tournaient sur la route de Paris, dans l'espoir de voir revenir son mari qu'elle attendait toujours, car ses domestiques lui avaient caché avec soin la terrible nouvelle, craignant qu'en apprenant la mort de son époux, sa santé n'en éprouvât un dérangement fatal dans sa situation.

Prosper a frappé légèrement à la porte cochère ; il craint d'effrayer les habitants de la maison, et pourtant il veut être entendu.

— Au second coup, le jardinier, qui est aussi le concierge, entr'ouvre sa fenêtre donnant sur la rue et demande qui frappe.

— Moi, mon bon Germain, moi, Prosper... ; ne reconnais-tu pas ma voix?

— Ah! si fait !... je te reconnais, mon garçon... Eh! bon Dieu? que viens-tu faire à c'theure-ci?... Tu ne sais peut-être où donc courir... Attends, je vas t'ouvrir.

Le jardinier avait un pantalon, il ouvre la porte cochère. Prosper entre avec son cheval, il l'attache dans la cour et dit à Germain :

— Où est ta maîtresse?...

— Là-haut, j'espère qu'elle dort, cette pauvre dame... Ah! mon pauvre Prosper! sais-tu que not' bon maître?...

— Je sais tout..., j'ai appris à Melun cette horrible nouvelle!... Mais sa femme?...

— Elle l'ignore... ; depuis trois jours, nous la lui avons cachée avec soin, moi et les autres domestiques. Dans sa position..., une femme qui nourrit! ça pourrait lui faire bien du mal.

— Oh! tu as raison, Germain! Vous êtes de braves gens! vous tous ici !... vous aimez bien votre maîtresse.

— Pardi! c'est naturel..., elle ne nous a fait que du bien!

— Ah! mon ami, la reconnaissance n'est plus naturelle maintenant, elle est devenue une vertu extraordinaire. Mais il faut absolument que je parle à madame Derbrouck...

— Comment!... cette nuit?

— Eh! sans doute, à l'instant... ; il n'y a pas de temps à perdre, car il s'agit de la sauver.

— O mon Dieu! elle court des dangers!

— On va vouloir l'arrêter..., cette nuit peut-être...

— L'arrêter!

— Oui, le monstre qui a dénoncé le mari vient aussi de dénoncer la femme. Il use de la terreur qu'il inspire dans sa section, pour satisfaire ses vengeances particulières ; et c'est comme cela que tant de prétendus patriotes osent dire qu'ils servent la république!

— Ah! cette nouvelle me coupe bras et jambes.

— C'est du courage et surtout de l'activité qu'il faut maintenant. Ne réveillons pas les autres domestiques, c'est inutile. Montons chez madame ; tu frapperas doucement... ; tu l'appelleras pour la prévenir de mon arrivée...

— Oui..., oui..., montons.

Le pauvre jardinier perdait la tête ; en voulant se dépêcher, il ne savait plus ce qu'il faisait : il voulait passer une veste pour ne pas se présenter à demi nu devant sa maîtresse, et ne trouvait pas ses vêtements ; il ne pouvait parvenir à mettre la main sur un flambeau. Enfin, avec l'assistance de Prosper, il parvient à s'habiller et monte en tremblant l'escalier, en disant au jeune homme :

— Allons doucement... pour ne pas l'effrayer d'abord, cette pauvre dame.

Prosper suivait le jardinier ; le voyant qui monte toujours sans s'arrêter au premier où était l'appartement de madame Derbrouck, il pense que son trouble l'empêche de remarquer où il est et le tire doucement par sa veste, en lui disant :

— Où donc allons-nous..., nous passons le premier?

— Je le sais bien! et je vois où il faut, répond le jardinier en continuant de monter.

— Comment? l'appartement de madame Derbrouck n'est-il pas au premier?

— Oui, mais tu ne sais pas, mon brave Prosper, que depuis que son mari a été arrêté, cette pauvre dame passe toutes ses journées dans le belvéder, espérant le voir revenir plus tôt, et depuis trois jours... trois jours! justement l'époque où il a été guillotiné !... eh bien! depuis ce temps, madame s'est imaginé de se faire porter un lit dans le belvéder... ; elle y couche, afin d'avoir aussitôt qu'elle s'éveille les yeux sur la route de Paris!

Prosper s'était arrêté ; il ne montait plus l'escalier, car ses yeux s'étaient remplis de larmes, il ne voyait plus, et son cœur était navré. Après quelques moments donnés à la douleur, il s'élance de nouveau après le jardinier, en se disant : « Ce ne sont point des pleurs qu'il faut ici! »

On arrive tout au haut de la maison, une terrasse sur laquelle est bâti le belvéder. Prosper et le jardinier marchent alors avec précaution, ils ne voudraient pas éveiller madame Derbrouck. Arrivés près de la porte du belvéder, ils s'arrêtent et écoutent : bientôt une douce voix fait entendre ce refrain :

> Pauvre Jacques, quand j'étais près de toi
> Je ne sentais pas la misère!
> Mais maintenant que je vis loin de moi,
> Je manque de tout sur la terre.

C'était la romance de *Jean-Jacques Rousseau*, alors à la mode, et que chantait madame Derbrouck en berçant son enfant, parce que la musique mélancolique et les paroles de cet air s'accordaient avec la tristesse de son âme.

— Elle ne dort pas! dit Prosper, frappe à la porte, Germain.

Le jardinier obéit, et aussitôt madame Derbrouck s'écrie d'un voix tremblante :

— Qui est là?

— Moi, madame... Germain, vot' jardinier.

— Et que voulez-vous si tard, mon bon Germain?

— Je ne suis pas seul, madame, j'ai avec moi Prosper, le jeune imprimeur, qui vient d'arriver et qui voudrait bien parler à madame... Pour des choses... bien intéressantes.

— Attendez, je vais ouvrir.

Madame Derbrouck ouvre en effet, car, ne s'étant point couchée, elle avait encore la toilette simple qu'elle portait dans la soirée. A la pâleur de son visage, à l'expression douloureuse de ses traits, on voyait que les souffrances de son âme, ses inquiétudes et ses veilles détruisaient rapidement sa santé.

Prosper est entré, suivi du jardinier, et salue avec respect madame Derbrouck, qui lui dit :

— C'est vous, Prosper! il y a bien longtemps que je ne vous avais vu... ; pas, je crois, depuis un soir où nous nous rencontrâmes chez votre ami Maxime Bertholin... Ah!... c'est cette même nuit que l'on vint arrêter mon pauvre mari... Car vous savez sans doute qu'il est arrêté?

— Oui, madame, je le sais, répond le jeune homme, en baissant les yeux pour ne pas rencontrer les regards de madame Derbrouck.

— Oui, mon ami, ils ont arrêté mon mari !... et pourquoi? qu'a-t-il fait?... Ah! je vous jure qu'il n'a jamais tramé aucun complot contre la république! Il a connu Dumouriez, cela est vrai..., mais alors Dumouriez combattait pour la France !... et depuis qu'il a passé à l'étranger, mon mari n'a plus conservé aucune relation avec lui. Ah! je ne doute pas que l'on ne reconnaisse l'innocence de Derbrouck! Aussi, à chaque instant, j'espère le voir revenir dans mes bras..., et tout à l'heure..., quand vous avez frappé..., j'ai éprouvé une émotion bien vive!... j'ai cru que c'était mon mari qui revenait. Mais vous venez peut-être pour me donner de ses nouvelles..., vous l'avez peut-être vu en prison... ou il vous a remis une lettre pour moi... Ah! vous avez bien fait de venir, n'importe à quelle heure !... Eh bien! Prosper..., parlez donc...

Prosper dévorait les larmes qui gonflaient sa poitrine ; il ne trouvait plus de paroles pour s'exprimer ; ce qu'il entendait mettait son courage à une bien rude épreuve. La confiance de cette jeune femme était si grande, son amour pour son mari était si vrai, qu'en détruisant son erreur, c'était sa vie que l'on venait lui trancher.

— Eh bien! Prosper, vous ne répondez pas, reprend madame Derbrouck, étonnée du silence que garde le jeune homme.

Enfin, celui-ci se remet et lui dit :

— Pardon, madame, pardon... ; c'est que... ce n'est pas pour ce que vous pensez que je suis venu au milieu de cette nuit...

— Comment?... vous n'avez pas vu mon mari?

— Non, madame, mais j'ai su qu'à votre tour vous deviez être arrêtée, et je suis accouru pour vous dire de fuir avant le jour.

— M'arrêter!.... on doit venir m'arrêter aussi... moi? répond madame Derbrouck d'un ton qui marque plus d'étonnement que de crainte.

— Oui, madame, j'en ai la certitude ; ils viendront avant le jour peut-être... Vous voyez bien qu'il n'y a pas de temps à perdre. Je vous conduirai... je ne sais où encore : mais je vous sauverai. Oh! confiez-vous à moi sans crainte!

— Merci, Prosper, merci, mon ami! dit la jeune femme avec un sourire mélancolique. Ah! je ne doute ni de votre bon cœur, ni de votre courage ; mais je ne puis accepter votre généreux secours..., je ne le veux pas...

— Quoi madame..., vous ne voulez pas vous dérober à une injuste arrestation?...

— Non! car, en m'arrêtant, ils vont, je l'espère, me réunir à mon mari... Je les supplierai de me mettre dans sa prison... ; ils ne pourront me refuser...; et vous voyez bien que, loin d'être un malheur que je redoute, cette arrestation va combler tous mes vœux ! Je m'ennuie tant d'être séparée de Derbrouck ! et je vais le revoir ! Ah ! Prosper, je n'ai nulle envie de me sauver ! et c'est avec joie, au contraire, que je verrai arriver ces hommes qui me conduiront près de mon mari.

Prosper est anéanti, et ce n'est qu'au bout d'un moment qu'il peut répondre :

— Mais, madame..., il n'est pas certain que l'on consentira à vous enfermer... avec votre mari..., il ne faut pas l'espérer même...

— Pourquoi me refuserait-on ?... ne suis-je pas la femme de Derbrouck ?... Je les supplierai tant...

— Ils ne vous écouteront pas !

— Si..., ma tendresse pour mon mari ne peut être un crime à leurs yeux ; au contraire, elle les attendrira.

— Mais votre enfant, madame, votre fille que vous nourrissez, vous allez donc l'abandonner ? et que deviendra-t-elle, privée de celle qui lui donna deux fois la vie ?

Madame Derbrouck reste un moment accablée, et ses yeux se tournent avec douleur vers le berceau de sa fille ; mais bientôt l'espoir brille de nouveau dans ses traits, et elle s'écrie :

— Je l'emmènerai..., car mon mari m'empêcher d'emmener l'enfant que je nourris ; et ce sera encore un motif de plus pour qu'on cède à ma prière, qu'on me réunisse à mon époux. Ah ! je vous le répète, Prosper, loin de craindre l'arrivée de ces hommes..., je la désire, je la hâte de tous mes vœux ! car voilà un mois que je suis séparée de Derbrouck, et le courage commence à me manquer... Je n'ai de lui que cette lettre..., il n'a pu m'écrire qu'une fois... Cette lettre ! je la relis à chaque instant..., elle est bien triste pourtant..., quoiqu'on voie qu'il ait voulu me consoler... Ah ! c'est que loin de moi il s'ennuie bien aussi, lui !... Tenez..., écoutez, Prosper, je vais vous lire la lettre de mon mari.

Madame Derbrouck tire de son sein un papier tout chiffonné, et s'approchant de la lumière qui brûle sur une table, lit, en traînant sur chaque mot, cherchant par ce moyen à rendre la lettre plus longue :

« Ma tendre amie, je t'écris du Luxembourg, où je suis détenu avec une » foule d'autres infortunés qui ne sont pas plus coupables que moi. Que les » jours sont longs loin de toi ! et quand donc finira cette captivité que je » n'ai pas méritée ! Il me tarde de paraître devant mes juges ; je l'ai sou- » vent demandé, et l'on se contente de me répondre d'un air ironique : « Tu es » bien pressé ; ton tour viendra. » Ces gens-là ne comprennent pas ce qu'on » souffre loin de sa femme, de son enfant !... Et toi aussi, je suis sûr que » tu es bien tourmentée ; mais ne t'abandonne pas à la douleur ; pense à » ta fille, à notre petite Pauline ; c'est pour elle qu'il faut avoir du courage. » Adieu, chère épouse ; cette décade me doit se passer sans que je vois » jugé ; j'espère donc être bientôt dans tes bras. Mon geôlier consent à le » faire tenir cette lettre ; récompense bien celui qui te la remettra. Em- » brasse le joli front de ma fille. Mon Dieu ! quand donc serai-je près de » vous ! »

La jeune femme n'a pu terminer sa lecture sans que des pleurs coulent de ses yeux ; puis elle s'approche du berceau de son enfant, et dépose plusieurs baisers sur son front, en murmurant :

— Oh ! oui, il y a trop longtemps qu'il est loin de nous..., et je sens chaque jour mon courage qui diminue... Ah ! Prosper, vous voyez bien qu'il est temps qu'on me réunisse à mon mari.

Le jeune homme ne dit plus rien, car il faudrait apprendre à la femme du banquier que son mari n'existe plus, il faudrait détruire cette espérance qui soutient encore l'épouse et la mère, et un frémissement secret, un froid mortel glace le front de Prosper, à la seule pensée du désespoir que causerait cette terrible révélation.

Le vieux Germain est muet aussi ; le pauvre homme se tient dans un coin de la chambre, ne bougeant pas, et les yeux fixés sur la terre ; tandis que Prosper, appuyé contre la fenêtre qui donne sur la route, semble abîmé dans ses réflexions.

Un temps assez long s'écoule ainsi. Madame Derbrouck est assise contre le berceau de sa fille, qui dort paisiblement au milieu de personnes en proie à mille inquiétudes ; mais l'enfant n'avait que onze mois. A cet âge, on ne connaît encore que les souffrances physiques, c'est déjà bien assez.

Bientôt une légère lueur se montre à l'horizon ; Prosper s'en aperçoit et frémit, en s'écriant :

— Le jour !... voilà le jour, madame !...

— Ah ! tant mieux, Prosper, répond la jeune femme en souriant ; je le vois paraître avec plaisir..., car sans doute ces hommes vont bientôt arriver... On vous a dit qu'ils viendraient le matin, n'est-ce pas ?...

— Oui..., oui, madame, répond Prosper d'une voix entrecoupée et en marchant avec agitation dans la chambre.

— Je leur dirai de me conduire sur-le-champ au Luxembourg, car c'est au Luxembourg qu'est enfermé mon mari !

— Mais, madame, s'écrie Prosper, comme frappé d'une idée subite, il me semble..., oui..., j'ai entendu dire que l'on ne mettait que des hommes dans cette maison..., les femmes sont emprisonnées ailleurs...; ainsi vous voyez bien que vous avez tort de vous laisser arrêter ; vous subirez une captivité qui ne vous réunira pas à votre mari...

— Vous me trompez, Prosper ; vous me dites cela parce que vous voudriez me décider à fuir ; mais je suis persuadée, moi, que les femmes vont aussi au Luxembourg..., et lorsque je ne devrais y voir mon mari qu'à travers une grille..., qu'une heure..., qu'un moment dans la journée, ah ! cela vaudrait toujours mieux que d'être loin de lui...

Plusieurs coups frappés avec violence à la porte de la rue sont entendus par les personnes rassemblées dans le belvéder.

— Ce sont eux ! s'écrie madame Derbrouck, avec un sentiment de joie,

tandis que le vieux jardinier cache sa tête dans ses deux mains, et que Prosper se laisse aller sur une chaise en murmurant :

— O mon Dieu !..., et je n'ai pu la sauver !

— Eh bien ! Prosper, dit madame Derbrouck, pourquoi cette terreur ?... c'est donc à moi à vous donner l'exemple du courage ?... Allons, venez, descendons...; il ne faut pas faire attendre ces messieurs..., va leur ouvrir, Germain... Prosper, voulez-vous bien porter le berceau de ma fille... Pauvre petite ! elle dort toujours ; tâchons de ne point la réveiller.

Prosper a pris le berceau, et il suit madame Derbrouck qui descend à son appartement du premier, où elle attend avec calme la réquisition de la république.

Le vieux Germain a ouvert : déjà tous les autres domestiques sont sur pied, effrayés par les coups frappés à la porte. Bientôt la cour de la maison est occupée par des gendarmes, et trois hommes, dont l'un tient à la main l'ordre d'arrestation, paraissent devant madame Derbrouck.

— Citoyenne, il faut nous suivre, dit l'un des agents ; voici l'ordre qui nous enjoint de te conduire en prison comme *suspecte*.

— Je vous attendais, citoyens, répond tranquillement la jeune femme ; je savais que l'on devait venir m'arrêter ce matin..., et, tenez..., je faisais déjà mes préparatifs.

— Ah ! tu le savais..., et tu ne t'es pas sauvée ! répond l'agent d'un air surpris. C'est bien..., cela prouve que tu as confiance dans la justice du tribunal révolutionnaire... Ça pourra te servir près de tes juges.

— Et pourquoi me serais-je sauvée ?... La captivité ne peut m'effrayer, puisqu'elle me réunira à tout ce que j'aime. Mais d'abord, vous me permettrez d'emmener mon enfant, n'est-ce pas ?... Ma fille n'a que onze mois..., je la nourris..., je ne puis m'en séparer...

— Oh ! des enfants de onze mois !... Qu'est-ce que la république ferait de ça ? s'écrie un des trois agents dont semble étouffer sous le poids de son ventre, de ses trois mentons ; et jette continuellement des regards autour de lui, derrière les rideaux et jusque sous les meubles. Non, non, tu laisseras ton marmot ici !

— Me séparer de ma fille ! s'écrie madame Derbrouck, en courant enlacer le berceau de ses bras. Oh ! jamais... Citoyens, vous avez des enfants peut-être ; ah ! c'est en leur nom que je vous supplie de me laisser emmener ma fille...

L'agent qui avait parlé le premier, et qui semblait avoir quelque prépondérance sur ses compagnons, semble touché de la douleur de la jeune mère, et s'adressant à son collègue, lui dit :

— Pourquoi priver la citoyenne de l'enfant qu'elle nourrit ?... Elle remplit un des devoirs les plus sacrés, et la république ne saurait trouver mauvais que nous ayons égard à sa position.

Le gros homme se contente de faire la moue et secoue son ventre, en marronnant : Comme tu voudras ! Mais emplir les prisons avec des marmots !... Il n'y a déjà plus assez de place pour les grands !

— Tu peux emmener ta fille, citoyenne, reprend le principal agent, en se tournant vers madame Derbrouck.

— Ah ! merci ! merci ! citoyens, s'écrie la jeune femme en adressant un doux sourire à ceux qui viennent l'arrêter ; et maintenant je n'ai plus qu'une prière à vous adresser..., et j'espère encore que vous ne la repousserez pas.

— Qu'est-ce que c'est, citoyenne ?

— Mon mari est prisonnier aussi...; il est au Luxembourg... Voilà un mois qu'il est détenu, et ce mois m'a semblé bien long !... veuillez m'emprisonner avec lui...; ou s'il ne m'est pas permis d'être dans la chambre qu'il habite, que du moins la mienne n'en soit pas trop loin..., que je puisse le voir par ma fenêtre..., lui parler quelquefois... Ah ! citoyens, ne me refusez pas cette grâce..., mettez-moi dans la même prison que mon mari.

Pendant que la jeune femme parlait, les trois agents se regardaient en silence et d'un air surpris ; deux paraissaient émus, mais celui qui avait déjà voulu séparer la jeune mère de son enfant s'écrie bientôt d'un air d'humeur :

— Qu'est-ce que tu nous chantes, avec ton mari !... et la même prison !... Ton mari n'est-il pas le banquier Derbrouck..., ce Hollandais..., cet ami de Dumouriez !...

— Oui, citoyen.

— Eh bien ! il y a quatre jours qu'il a été guillotiné.

En entendant ces affreuses paroles, la malheureuse femme ne pousse pas un cri ; mais tout son sang se retire de son visage, et elle tomberait sur le carreau, si Prosper ne s'était élancé et ne l'avait reçue dans ses bras.

— Vous l'avez tuée !... vous l'avez tuée !... s'écrie le jeune homme, en portant madame Derbrouck sur son lit, tandis qu'une femme de chambre accourt et cherche à la rappeler à la vie.

— Noiroud, dit le principal agent au gros homme, tu n'avais pas besoin d'apprendre aussi brusquement à la citoyenne la mort de son mari !

— Est-ce que je pouvais penser qu'elle l'ignorait ? répond le citoyen Noiroud, en roulant des yeux stupides autour de lui. Un homme qui a été exécuté il y a quatre jours ! Ça s'est su..., ça s'est crié dans les rues... J'ai cru qu'elle disait ça *pour rire* !

— Et maintenant..., comment allons-nous faire ?... cette femme est dans un fâcheux état !

— Bah ! bah ! ça se remettra en voiture... : l'air lui fera du bien !...

— En voiture ! s'écrie Prosper en courant se placer au milieu des agents. Auriez-vous bien le courage d'emmener une femme mourante ?... de la porter sans connaissance dans une prison ?... pour qu'elle y expire sans secours...; sans amis... Oh ! citoyens, vous ne ferez pas cela..., car alors vous ne seriez pas des hommes, mais des tigres !

— Qu'est-ce qu'il nous veut celui-là ? s'écrie Noiroud, en envisageant Prosper d'un air d'étonnement ; c'est, je gage, un épauletier..., un des partisans de Ronsin.

— Ce que je veux? que tu laisses la citoyenne ici, dans sa maison; elle n'en pourra sortir, elle ne cherchera pas à s'évader, j'en réponds; mais, du moins, elle n'ira pas en prison à Paris.

— Ah! tu en réponds, toi... Et qui es-tu pour parler si haut?

— Un vrai républicain, un brave sans-culotte qui ne crains ni toi ni personne! veux-tu venir nous casser la tête dans la cour?... descends avec moi, ce sera bientôt fait...; j'ai une paire d'excellents pistolets.

Le citoyen Noiroud fait la moue en regardant ses collègues..., tandis que le principal agent dit à Prosper:

— Citoyen, je crois à la pureté de tes principes. J'avoue que la situation déplorable de cette jeune femme me touche; mais comment veux-tu que nous fassions?... Nous avons ordre de l'arrêter..., de la conduire à Paris.

— Et si j'obtenais du Comité de salut public la permission pour laisser cette pauvre femme chez elle..., sous la surveillance d'un gardien?

— Oh! alors, cela irait tout seul !... Mais, pour cela, il faudrait aller à Paris..., trouver un membre du Comité, et...

— Tout cela me regarde... J'ai un cheval en bas...; vous avez des scellés à poser ici... Attendez-moi !... Oh! promettez-moi de m'attendre..., une heure...; dans une heure, je le jure, je serai de retour...

— Eh bien..., une heure soit..., nous attendrons.

Prosper entend à peine ces derniers mots, et déjà il est dans la cour, sur son cheval; il force la pauvre bête à prendre le galop, il disparaît sur la route de Paris, et Germain le suit des yeux en s'écriant: Pauvre garçon! puisse-t-il réussir!

— Pendant que les agents du gouvernement fouillent dans les meubles, visitent les papiers et mettent les scellés partout où ils le jugent convenable, madame Derbrouck était toujours sans connaissance; et malgré les domestiques lui prodiguaient leurs soins, elle ne revenait pas à la vie, et le citoyen Noiroud qui, tout en allant et venant, jetait des regards sur le lit, disait en haussant les épaules:

— Je crois que le jeune gaillard à la culotte rouge aura fait un voyage inutile...: cette aristocrate sera morte avant son retour.

— Pauvre femme! disait Germain, il vaudrait peut-être mieux pour elle qu'elle ne rouvrît pas les yeux !... son enfant! sa pauvre fille!

Le temps s'écoulait; les scellés étant posés, le gros Noiroud regarde la pendule, et dit:

— Il y a bien une heure que nous sommes ici..., l'autre ne revient pas... Cette femme ne finit à rien..., il faut la faire porter dans la voiture... Je n'ai pas envie de passer une journée ici, moi. J'ai affaire à Paris..., on doit parler à ma section...; il n'y a pas déjà trop d'orateurs, et j'en suis l'un! Je veux partir.

— Un moment, Noiroud, dit l'agent principal en regardant sa montre, j'ai promis à ce jeune sans-culotte de l'attendre une heure...; il s'en faut encore de cinq minutes.

— Tu es bien modéré aujourd'hui, collègue! Si c'est comme ça que tu sers la république!

— Je la sers mieux que toi peut-être, car je ne la hais pas détester!

L'orateur ne trouvait rien à répliquer, lorsqu'au même moment on entendit un grand bruit dans la cour; c'était Prosper qui revenait et qui, pour arriver à temps, avait forcé son cheval à galoper sans relâche; en entrant dans la cour, la pauvre bête tomba pour ne plus se relever, mais le cavalier était près des agents, et il tenait à la main un papier qu'il leur présentait, en s'écriant:

— Voilà la permission !... j'ai réussi... Je me suis présenté au Comité, j'ignore ce que j'ai dit aux membres qui étaient là..., mais je sais qu'ils m'ont écouté sans m'interrompre..., et lorsque j'ai eu fini, l'un d'eux m'a signé et donné ce papier, en me disant: Sers la république comme tu sers tes amis, et elle pourra compter sur toi.

— Oui..., ce papier est en règle, dit le principal agent, la citoyenne peut rester chez elle..., on lui donne seulement que le gardien que je peux choisir..., c'est le concierge de la maison que je nomme gardien. Allons, camarades, nous pouvons partir.

Prosper a saisi la main de l'agent et l'a fortement pressée dans les siennes; cela valait mille remerciements, et d'ailleurs ces deux hommes s'étaient compris.

— Partons, dit le citoyen Noiroud; mais ce n'était pas la peine de nous déranger pour rien.

Au bout de quelques instants il ne reste plus dans la maison aucun agent de l'autorité, et tous les domestiques bénissent Prosper qui a empêché que l'on n'emmenât leur maîtresse.

Le jeune homme est allé se placer près du lit, il joint ses soins à ceux des femmes qui sont près de madame Derbrouck. Depuis quelques moments une respiration convulsive semble annoncer la fin de cette crise, chacun désire et redoute le moment où l'infortunée retrouvera la connaissance de tout son malheur. Cet état arrive cependant, madame Derbrouck ouvre les yeux, se soulève à demi, regarde autour d'elle, et jette un cri douloureux en disant:

— Oh! non, non, ce n'est pas possible! ils ne l'ont pas tué..., c'est un rêve..., un rêve horrible que j'ai fait!

Tous ceux qui l'entourent répandent des pleurs; la jeune femme comprend que son malheur n'est point un rêve. Alors son regard devient fixe, sa raison va peut-être l'abandonner; mais Prosper a prévu ce moment, il a couru au berceau, il prend l'enfant et le présente à sa mère.

A la vue de sa fille madame Derbrouck retrouve des larmes, et elle serre son enfant contre son sein, en s'écriant:

— Oui..., oui..., vous avez raison, Prosper..., il faut vivre pour elle..., il faut supporter ce coup affreux pour que Pauline ne soit pas orpheline... Ah! je tâcherai de ne pas mourir... Vivre sans lui! ce sera une douleur éternelle. Mais ma fille..., ma pauvre petite..., cher enfant..., cher enfant..., ils ont tué ton père!

La pauvre mère ne peut achever, les pleurs étouffent sa voix, et autour d'elle chacun ne lui répond que par des sanglots.

Lorsque cet accès de désespoir est remplacé par une douleur plus calme, les domestiques s'éloignent, et madame Derbrouck dit à Prosper:

— Comment se fait-il que je sois encore ici? Ces hommes n'étaient-ils pas venus pour m'emmener?

— Oui, madame, mais j'ai été à Paris, au Comité de salut public, demander la permission de vous laisser prisonnière chez vous... J'ai dit que vous nourrissiez votre enfant, et on a cédé à mes prières... Il y a encore des gens qui respectent les plus doux sentiments de la nature. On vous a permis de rester chez vous... Et cet homme..., le chef des agents chargés de vous arrêter..., ah! lui aussi a été touché de votre désespoir, il a nommé le concierge votre gardien..., c'est vous dire assez qu'il vous serait facile de vous sauver...

— Merci, Prosper, je vous dois beaucoup, mon ami..., Ah! sans doute, vous saviez le fatal événement..., vous saviez que mon mari n'existait plus, et vous n'osiez pas me le dire...; je comprends maintenant la cause de votre tristesse, de votre morne silence, lorsque je vous disais que je serais heureuse d'aller retrouver mon mari... Et ils l'ont tué... Oh! mais il n'avait rien fait... vous le savez bien... Allons! j'ai dit que j'aurais du courage..., je tâcherai de vivre pour ma fille... Mais je ne me sauverai pas..., je resterai ici... j'y attendrai mon sort. Vous devez être bien fatigué, mon ami; tant de courses..., tant de peines prises pour moi... Allez vous reposer..., allez, je vous en prie...; songez que votre santé est précieuse..., que vous êtes maintenant mon seul appui..., le seul appui de cet enfant... Oh! oui, car je crains bien..., allez, mon ami, Germain saura, je n'en doute pas, faire en sorte que vous ne manquiez de rien.

Prosper cède aux sollicitations de madame Derbrouck. Il éprouvait d'ailleurs un grand besoin de sommeil; depuis qu'il était venu de Melun à franc étrier, qu'il ne s'était pas reposé une heure..., il a beau avoir dixhuit ans et être vigoureux, on s'aperçoit toujours que l'on n'est pas de fer.

Germain a conduit le jeune homme dans une petite chambre où il y a un bon lit. Prosper se jette dessus et ne tarde pas à dormir profondément.

Quelques heures de sommeil ont suffi à Prosper, il serait en état de retourner à Melun au grand galop si son cheval n'était pas crevé; mais en descendant pour savoir des nouvelles de madame Derbrouck, il rencontre Germain dont la figure est pâle et consternée.

— Quelque nouveau malheur est donc arrivé? s'écrie Prosper: parlez, qu'y a-t-il encore?

— Eh! mon Dieu! répond le jardinier en pleurant, c'est que ma pauvre maîtresse éprouve un nouveau chagrin, et je crains que tout cela ne la tue, la pauvre femme!... Tout à l'heure elle avait son enfant près d'elle, il a crié, madame s'est rappelé que depuis cette nuit elle ne lui avait pas donné le sein; elle a voulu bien vite réparer cet oubli..., mais jugez de son chagrin..., de son désespoir!... Plus de lait! la pauvre mère n'a plus la faculté de pouvoir nourrir sa fille... Cependant comme celle-ci a onze mois, elle est bien en état d'être nourrie avec autre chose... C'est ce que nous avons dit à madame, et déjà devant elle, son enfant a bu tout ce qu'on lui a présenté..., tant de fois c'est égal, madame Derbrouck éprouve une vive douleur, et je crains bien que cela ne la rende malade aussi.

— Germain, il faut aller chercher un médecin..., va, cours-y sur-le-champ; moi, je vais tâcher de consoler et de calmer madame Derbrouck.

Le jardinier est parti en courant, et Prosper, après avoir demandé à la femme de chambre s'il peut entrer, pénètre dans l'appartement de madame Derbrouck: il la trouve tenant sa fille contre son sein devenu stérile, et versant d'abondantes larmes, en voyant sa petite Pauline y chercher une nourriture qu'elle ne peut plus lui offrir. Le jeune homme tâche de consoler la pauvre mère, mais celle-ci secoue tristement la tête en disant:

— Je ne puis plus nourrir ma fille: vous voyez bien, mon ami, qu'il est inutile que je vive, et que le ciel me permet d'aller rejoindre mon mari.

— Ah! madame, que dites-vous là! s'écrie Prosper, une mère ne donnet-elle à son enfant que la nourriture du corps? et tous ces soins qu'elle lui prodigue, et qui souvent lui conservent la santé; et son cœur qu'elle forme, et son esprit qu'elle éclaire, et les mauvais penchants qu'elle écarte de son âme, tandis qu'au contraire elle cherche à y faire germer les vertus !... N'est-ce donc rien que tout cela !... Il n'est pas donné à toutes les mères de pouvoir nourrir elles-mêmes leur enfant, la nature leur refuse quelquefois cette faveur; mais il leur est ordonné à toutes de soutenir leurs premiers pas, de leur apprendre à entrer dans la vie, à s'y conduire avec honneur, et pour cela, madame, je ne crois pas qu'une mère puisse jamais être remplacée.

Madame Derbrouck soupire et se tait en embrassant sa fille. Le médecin ne tarde pas à se présenter. Il trouve à la jeune femme une forte fièvre; il lui recommande du repos, de la tranquillité... de ces remèdes qui s'ordonnent, mais que l'on ne trouve pas chez les pharmaciens.

La petite Pauline acceptait sans difficulté les aliments qu'on lui présentait. Prosper le fait remarquer à madame Derbrouck, en lui répétant que le médecin a dit qu'il n'y avait rien à craindre pour la santé de son enfant. La jeune mère sourit tristement, et tend sa main à Prosper, en lui disant:

— Mon ami, je vous dois déjà beaucoup, veuillez me donner une dernière preuve de dévouement.

— Parlez, madame, répond le jeune homme, disposez de moi.

— Eh bien! il faudrait ne pas quitter cette maison..., ne pas m'abandonner avant... avant que je sois tout à fait rétablie..., car j'ai idée que vous pourriez encore me rendre un bien grand service...; le voulez-vous?

— Je resterai, madame, oh! je resterai tant que ma présence pourra vous être nécessaire.

Madame Derbrouck semble tranquillisée par cette promesse, et Prosper sort de sa chambre, en la suppliant de prendre un peu de repos. Il descend au jardin, et tout en se promenant dans les allées que le banquier hollandais avait fait orner d'arbustes exotiques, le jeune homme pense à Camille qu'il a laissée à Melun, où elle court aussi bien des dangers ; mais l'amour ne l'emportera pas sur la reconnaissance, et malgré le vif désir qu'il aurait de veiller sur Camille, Prosper tiendra sa promesse, il est décidé à rester près de madame Derbrouck, tant qu'elle paraîtra désirer sa présence.

Le lendemain, la veuve du banquier paraissait plus calme, mais ses yeux brillaient d'un feu sombre, et la fièvre ne l'avait pas quittée. Le médecin revient la voir ; il lui tâte le pouls, secoue la tête d'un air mécontent, et prescrit, comme la veille, beaucoup de repos et de tranquillité.

Quinze jours s'écoulent : madame Derbrouck ne se plaignait plus, mais sa faiblesse devenait extrême ; sa voix s'éteignait et ses yeux ne devaient qu'à la fièvre un éclat passager.

Au bout de ce temps, la jeune femme, qui n'avait plus la force de quitter son lit, demanda à être transportée dans le belvéder où si longtemps elle avait attendu son époux.

On s'empressa de souscrire à ses vœux. Elle fut portée dans le belvéder ; le berceau de sa fille fut placé à côté de son lit, et Prosper ne quittait presque pas l'autre côté ; en contemplant la malade, il prévoyait un nouveau malheur que tous ses soins ne pouvaient empêcher. Mais, quoique souvent son cœur lui rappelât Camille, quoique dévoré d'inquiétudes sur son sort, il ne concevait pas la pensée d'abandonner la pauvre malade.

Une nuit que madame Derbrouck se sentait plus mal encore, elle fit signe à Prosper d'approcher d'elle, et, lui prenant la main, la serra dans ses mains brûlantes, et lui disant :

— Je vous ai prié de rester..., car je pressentais que je devais mourir bientôt, et je sens que je ne me suis pas trompée.

Prosper veut l'interrompre : elle lui fait signe de se taire et continue :

— Mon ami, tous les médecins ne sauraient me rendre à la vie... J'ai reçu la mort en apprenant celle de mon mari... ; ce n'est pas moi qu'il faut plaindre !... mais ma fille..., si jeune..., orpheline..., et plus de fortune... ; car... ce que nous avions ici... sera vendu... Mon mari avait des fonds à Anvers, chez un banquier..., il venait d'acheter une fort belle propriété en Touraine ; c'est tout ce que je sais, car je n'étais pas au courant de ses affaires... ; ensuite, lorsqu'on l'a arrêté, tous ses papiers ont été saisis... Ainsi, maintenant, si le banquier d'Anvers n'a point d'honneur, de probité, il peut nier avoir en dépôt des fonds à mon mari... Mon Dieu, je n'ai plus de force... Prosper, voulez-vous veiller sur ma fille, la protéger, lui tenir lieu de parents... Mon ami, c'est à vous que je confie ma Pauline... Ah ! c'est beaucoup exiger de votre amitié pour nous...

— Madame, s'écrie Prosper, je suis fier de la confiance que vous avez en moi, et toute ma vie sera employée à la mériter !... Oui, je prendrai soin de votre fille... oui, je veillerai sur elle... je le sais voulait..., mais vous ne mourrez pas, madame, oh ! non, reprenez courage, le ciel vous conservera pour votre enfant.

Madame Derbrouck essaye de sourire, de répondre, mais ce qu'elle avait dit à Prosper semblait avoir épuisé le peu de forces qu'il lui restait. Ses yeux se forment, et, pendant quelques heures, elle paraît goûter un assez doux repos. Prosper espérait qu'à son réveil la malade se sentirait mieux, mais, vers le matin, une fièvre violente s'empare de madame Derbrouck ; en ouvrant les yeux, elle les porte avec égarement autour d'elle..., puis elle veut se lever, se mettre à la fenêtre pour voir si son mari revient, si elle l'apercevra sur la route...

Puis un profond accablement succède à ce délire... ; mais de temps à autre elle fait un mouvement comme pour prendre son enfant, elle croit le tenir sur son sein, elle se persuade qu'elle l'allaite encore...

Et quelquefois elle murmure la romance de *Pauvre Jacques*, croyant alors bercer et endormir sa fille.

Mais, vers le soir, plus rien, ni fièvre, ni délire ; et bientôt l'infortunée va rejoindre le mari qu'elle aimait tant.

Après avoir versé d'abondantes larmes sur la destinée de cette femme, à qui le sort semblait promettre une existence douce et belle, et qui venait de mourir si jeune et si malheureuse, Prosper se demande ce qu'il ferait plus longtemps à Passy. Il prie Germain de lui faire un petit paquet des effets les plus nécessaires à la petite Pauline, et, prenant l'enfant dans ses bras, dit au vieux jardinier :

— L'orpheline que l'on m'a confiée !... Désormais je dois veiller avec soin sur cette pauvre petite... Elle n'a qu'un an..., moi, je n'en ai que dix-huit ; et moi, un jeune jeune tout servir de père... ; mais c'est égal, j'espère être digne de la confiance que sa mère a mise en moi... Adieu, mon bon Germain.

Le jardinier veut retenir Prosper en lui disant :

— Mais cet enfant appartient à M. Derbrouck..., et tout ce qui est dedans doit être l'héritage de sa fille.

— Non, mon cher ami ; M. Derbrouck a été condamné, ses biens seront vendus au profit de la nation..., c'est comme cela que ça se passe dans ce temps-ci. Mais ne sois pas inquiet pour cette orpheline... ; tant que Prosper existera, la fille de mes bienfaiteurs ne manquera de rien.

Et Prosper retourne à Paris, emportant le petit paquet d'effets, et tenant l'enfant sur ses bras.

IX. — LES BONNES GENS.

Prosper est arrivé à Paris, tenant toujours la petite fille dans ses bras ; tout occupé de l'enfant, craignant qu'elle n'ait froid, la couvrant, puis la découvrant, lui parlant, l'embrassant et tâchant de la faire sourire ; le pauvre garçon a tellement à faire, cette besogne est si nouvelle pour lui,

qu'elle ne lui laisse pas le temps de réfléchir à ce qu'il fera en arrivant à Paris, et de penser à se précautionner d'un gîte pour lui et sa petite protégée.

Une fois dans Paris, Prosper se dirige d'abord vers son ancien logement, mais bientôt il s'arrête en pensant à Goulard : cet homme peut avoir porté plainte contre lui ; et d'ailleurs, l'enfant du malheureux Derbrouck peut-il demeurer dans la même maison que le misérable qui a dénoncé ses parents?

« Non, se dit Prosper, non, je ne veux plus rentrer dans cette maison ! elle m'est odieuse à présent..., et ma petite Pauline n'y serait pas en sûreté !... Ah ! je savais où est la mère de Maxime, la bonne dame Bertholin ! comme j'irais vite lui porter ce précieux dépôt ! elle aurait eu si soin de cette petite !... Et moi, malgré toute ma bonne volonté, je sens bien que je ne suis pas en état d'élever cette chère enfant ; elle est encore trop petite... C'est une femme qu'il faut pour remplacer sa mère..., mais une femme digne de garder ce trésor !... qui veille sur cette enfant..., qui l'aime comme je l'aime, moi... Où trouver cette femme-là !... que faire..., où aller?... Cette chère petite doit avoir faim..., je veille sur cette enfant..., Si je lui achetais un gâteau..., une brioche... oh ! non , ça l'étoufferait... ah ! je suis cruellement embarrassé. »

Et Prosper continuait de se promener dans les rues de Paris, tenant l'enfant dans ses bras, la faisant sauter quand elle criait, et lui présentant un bâton de sucre d'orge qu'il venait d'acheter et qu'il était enchanté de voir sucer à la petite fille.

Les gens qui passaient regardaient ce jeune homme si drôlement habillé, ayant un sabre pendu à sa ceinture, un immense bonnet sur la tête, et jouant le rôle d'une bonne d'enfants.

— Donne-lui à téter, disait l'un.

— Tiens-la donc mieux que ça, criait un autre

— Est-ce que c'est ton petit frère ?

— Allons, fourre-le dans ton bonnet, il y a de la place, et il ne criera plus.

Prosper ne répondait rien à ces quolibets, mais il commençait à s'impatienter, et s'il n'avait pas tenu l'enfant dans ses bras, il eût déjà administré quelques corrections à ceux qui se permettaient, en le regardant, d'impertinentes réflexions.

Déjà le pauvre garçon pensait à retourner à Melun ; mais là, comme à Paris, à qui confierait-il l'orpheline ? Ce n'était pas chez son ami Durouleau qu'il pouvait espérer trouver une seconde mère pour cet enfant.

Et Prosper marchait toujours au hasard, présentant le sucre d'orge à la petite aussitôt qu'elle criait, et se disant :

« Malheureusement, cet enfant ne s'élèvera pas rien qu'avec du sucre d'orge !... Ah ! si mademoiselle Camille n'était pas si jeune !... Mais à quoi vais-je penser... ; oserais-je charger la fille d'un comte d'élever une pauvre petite... Et lors même que mademoiselle de Tréviliers voudrait bien s'en charger, ne court-elle pas elle-même mille dangers..., ne peut-on pas l'arrêter... Oh ! non, non..., ce n'est pas là que la fille de l'infortunée Derbrouck serait en sûreté.... Sacrebleu ! j'ai bien envie d'entrer chez un restaurateur et de demander de la bouillie pour deux... ; j'en mangerai avec l'enfant. »

Prosper se trouvait alors dans la rue aux Ours ; en passant devant une boutique de pelleterie, il aperçoit une jeune femme mise fort coquettement, la gorge très découverte, et qui se tient sur le seuil de la porte, où elle semble plus occupée de sa toilette que du son commerce.

C'était Euphrasie. Elle reconnaît Prosper et lui fait un gracieux sourire, puis s'écrie :

— Ah ! mon Dieu, citoyen Prosper, qu'est-ce que tu tiens donc là ? Eh ! mais... c'est un enfant, vraiment !

— Oui, dit Prosper en s'arrêtant devant la boutique, c'est un enfant.

— Entre donc te reposer un peu !... est-ce que tu crains que la maison ne te tombe sur la tête ?

Prosper ne demandait pas mieux que de se reposer. Il entre dans la boutique de fourrure du citoyen Picotin, sur laquelle était placée l'enseigne du *Chat sans-culotte*, et s'assied en disant :

— Puisque tu veux bien le permettre, citoyenne, je vais me reposer un moment, car je suis un peu fatigué.

— Je le crois bien, s'il y a longtemps que tu te promènes avec cet enfant sur les bras... Qu'est-ce que c'est?... un garçon..., une fille ?

— C'est une fille.

— Voyons que je la regarde... Ah ! qu'elle est gentille !... Tiens..., il me semble que je l'ai déjà vue... Mais ce n'est pas l'embarras, à cet âge-là, tous les enfants se ressemblent... Ah ! que je serais contente si c'était à moi !... Mais mon mari est si godiche... Après ça, je commence à croire que ce n'est pas sa faute..., c'est moi qui ne suis pas apparemment conformée pour être mère... Ah ! elle crie, cette pauvre petite... Faut-il lui donner quelque chose?

— Mais si vous aviez du lait..., elle en boirait.

— Du lait, je n'en ai pas..., mais la mercière en face doit en avoir ; elle a sept enfants tout petits..., dont trois jumeaux... ; on ne voit que des écuelles à bouillie et des seringues dans cette maison-là... ; tableau de famille ! Je vais lui demander du lait.

Euphrasie est sortie, et Prosper se dit :

— Cette jeune femme a bon cœur ; mais ce n'est pas encore à elle que je voudrais confier mon enfant ; elle est trop légère, trop coquette.

La petite fille venait de se remettre à pleurer, et Prosper ne pouvait parvenir à la calmer, lorsque Picotin entre dans la boutique, chargé d'un paquet de peaux, en s'écriant :

— Je suis fait ! je suis tellement dedans !... Ce sont des peaux de mouton qu'on m'a vendues pour de l'ours blanc !... Ce diable de *Romulus* ne m'en fait jamais d'autres.

Picotin a jeté ses peaux sur le comptoir ; en apercevant Prosper assis dans un coin de sa boutique, il reste tout saisi, et ne semble pas fort satisfait de sa visite. En ce moment, sa femme arrive avec une tasse de lait.

— Voilà de quoi calmer ta petite, dit Euphrasie, sans avoir l'air de faire attention à son mari ; mais comment faut-il la faire boire ? moi, je ne sais pas m'y prendre, d'abord.

— Elle boit dans une cuiller, dit Prosper.

— Une cuiller..., bon... ; je vais en chercher une... Attends un peu, citoyen.

Picotin regardait tour à tour sa femme, Prosper, l'enfant, et il faisait une fort drôle de figure ; enfin, quand Euphrasie est revenue avec une cuiller et qu'elle parvient à faire boire la petite fille, il s'écrie :

— Citoyenne, ma femme, est-ce que tu ne vois pas que je suis là !

— Eh ! mon Dieu si ! on ne te voit que trop..., après ? Pourquoi ne dis-tu pas bonjour au citoyen Prosper ?... ne le reconnais-tu pas ?... c'est un ami de Maxime Bertholin.

— Si fait..., si fait..., je reconnais le citoyen, même qu'il s'est assis sur mes genoux au Théâtre de la République, à la première représentation d'*Epicharis et Néron.*

— En effet, dit prosper, ce soir-là j'étais si préoccupé... Je t'ai insulté peut-être sans le vouloir... ; mais si tu veux une réparation, je suis à tes ordres, citoyen.

— En disant ces mots, Prosper a frappé sur la poignée de son sabre ; mais Picotin, qui est devenu blême et entendant résonner le sabre, tâche de prendre un air aimable, en répondant :

— Par exemple ! citoyen !... Est-ce que j'ai dit que tu m'avais insulté !... au contraire..., tu m'as fait plaisir ; entre connaissances on se place où on peut. Egalité, fraternité... On se met les uns sur les autres... ou la mort !... Et ça va bien, citoyen ?

— Oui..., je te remercie.

— Ma femme, tu ne sais pas, *Romulus* m'a encore mis dedans ; il m'a vendu du mouton pour de l'ours blanc.

— Eh ! mon Dieu, ça ne m'étonne pas ! tu es si bête. Quelque jour, on te vendra des peaux de lapin pour du renard.

— Oh ! quant à ça, il n'y a pas de danger ; je me connais trop bien en lapins..., d'autant plus que j'en suis un moi-même, et un fameux !... sans que ça paraisse.

— Le fait est que ça ne parait pas du tout ! dit Euphrasie en haussant les épaules.

— Ha ça, mais, citoyen Prosper, qu'est-ce donc que ce marmot que tu tiens dans tes bras ? dit Picotin au bout d'un moment.

— C'est... c'est un enfant, répond Prosper en embrassant la petite, et un enfant que j'aime beaucoup.

— Il y paraît.

— Elle est bien gentille, cette petite ! s'écrie Euphrasie. Ah ! mon pauvre Picotin... est-ce que tu n'es pas honteux de ne pas m'en avoir fait un comme ça ?

— Allons, bon ! toujours la même chanson, dit Picotin en tapant du pied avec dépit ; si j'en croyais ma femme, je passerais tout mon temps à ça... Quant au reste de la fourrure, on a bien assez à faire... Mais pour en revenir... Est-ce que c'est une de tes parentes, citoyen..., ou bien, est-ce que déjà... tiens, tiens..., ça ne m'étonnerait pas ; tu es un gaillard qui a fait tant de bamboches.

Prosper regarde Picotin d'un air d'humeur, en murmurant :

— Eh ! que t'importe, ai-je des comptes à te rendre ?

— Non, assurément..., tu es bien libre. Vive la liberté !... Je disais ça... sans malignité. A propos, Euphrasie, je viens de rencontrer Poupardot, et il est joliment joyeux, lui..., parce que sa femme l'est.

— Sa femme l'est ! quoi ? est-il possible de s'expliquer si mal.

— Eh ben ! parbleu, sa femme l'est... enceinte..., ça se devine, ça va tout seul.

— Ah !... elle est bien heureuse !

— Oui, elle est enceinte de plusieurs choses.., je veux dire de plusieurs mois ; elle le cachait à son mari pour lui faire une douce surprise... Poupardot est dans le ravissement ; il m'a déjà dit qu'on appellerait l'enfant Navet, si c'est un garçon, ou bien Echalotte, si c'est une fille. Je l'ai approuvé ; ça fera plaisir au nouveau calendrier.

Euphrasie n'avait plus l'air d'écouter son mari ; mais en entendant prononcer le nom de Poupardot, Prosper a paru prêter une grande attention à Picotin. Lorsque celui-ci a cessé de parler, il lui dit :

— C'est un bien bon ménage que celui des époux Poupardot, n'est-ce pas, citoyen ?

— C'est un ménage modèle ! c'est ceux-là qui passent leur vie à se becqueter, comme de véritables tourtereaux !...

— Oui, dit Euphrasie d'un air moqueur, ils devraient habiter dans un nid, sur un arbre.

— Voudrais-tu me dire où ils demeurent ? reprend Prosper.

— Ah ! oui..., où ils perchent, comme dit ma femme ; c'est pas très loin d'ici..., faubourg Denis, à l'entrée, numéro sept, huit... ou trente..., une maison qui a un tas d'ordure devant elle.

— Il suffit, dit Prosper en se levant, et maintenant, citoyenne, reçois mes remerciements pour les soins que tu as prodigués à cet enfant.

— Comment, est-ce que tu t'en vas si vite ? dit Euphrasie, en faisant au jeune homme une petite mine fort agaçante.

— Oui, citoyenne.

— Ah ! ce n'est pas bien ; il fallait dîner avec nous ; ça m'aurait fait grand plaisir, et à mon mari aussi... ; n'est-ce pas, Picotin ?

— Oui, oui..., ça m'aurait bien amusé ! répond Picotin, en faisant un nez d'une aune.

— Je suis bien sensible à vos politesses, dit Prosper, mais je ne puis rester.

— Au moins tu reviendras nous voir, j'espère ; tu connais la maison maintenant.

— D'ailleurs, le Chat sans-culotte est bien connu, dit Picotin.

— Je reviendrai dès que j'en aurai le loisir ! Je n'oublierai pas ton bon accueil, citoyenne. Adieu, citoyen Picotin, bonne santé.

— Ou la mort ! murmure Picotin, en saluant jusqu'à terre celui qu'il est enchanté de voir sortir de chez lui.

Prosper, tenant toujours l'enfant dans ses bras, a pris le chemin de la porte Saint-Denis, que l'on n'appelait alors que porte Denis, parce que tous les saints étaient à l'index, et que, sous le règne de la Liberté, il n'était pas permis d'avoir de la religion à sa volonté. Le jeune homme trouve bientôt la demeure des époux Poupardot ; il monte en tremblant, car il est fort ému et craint de voir son espérance déçue ; une bonne lui ouvre et l'introduit dans un salon où il trouve les deux époux.

Le costume de Prosper produisait un singulier effet. Le jeune homme n'était point débraillé, mais il ressemblait assez à *Robert, chef de brigands* ; en l'apercevant, l'épouse de Poupardot est devenue tremblante, mais elle se rassure en voyant le petit être qu'il tient dans ses bras.

Poupardot a sur-le-champ reconnu Prosper, il lui tend la main, en s'écriant :

— C'est le citoyen Prosper Bressange ! que j'ai rencontré au Théâtre de la République il y a environ trois semaines... ; bonjour, citoyen, c'est fort aimable à toi de venir nous voir... Elisa, tu dois reconnaître le citoyen... que nous avons vu chez Maxime.

— Oui, maintenant je le remets, quoique ce grand bonnet le change beaucoup.

— Est-ce que tu as quitté l'imprimerie, citoyen ! dit Poupardot, car il me semble que tu étais dans cette partie.

— En effet, répond Prosper, mais je l'ai quitté... Nous sommes dans un temps... où les actions nous avancent plus que le travail.

— Tu as raison... Oh ! nous marchons ! nous nous éclairons ! nous allons bien, très bien... ; à part quelques fautes.

Et Poupardot se frottait les mains d'un air joyeux, tandis que sa femme présentait une chaise à Prosper, en lui disant :

— Assieds-toi donc, citoyen !... Mon Dieu ! quel joli enfant tu tiens dans tes bras !... Mais il est encore bien jeune pour être confié aux soins d'un homme !...

— N'est-ce pas, citoyenne, que cette petite fille est déjà bien intéressante.

— Oh ! oui... Et moi qui adore les enfants !...

— Nous en aurons un avant peu ! reprend Poupardot d'un air avantageux. Regarde, citoyen..., ça se dessine déjà joliment.

— Chut ! chut ! dit le jeune femme en rougissant. Est-ce qu'on parle de cela !...

— Tiens, pourquoi pas !... Entre mari et femme..., c'est permis, ça nous est même recommandé par l'Ecriture, qui dit : Croissez et multipliez !

— Ah ! je voudrais que mon enfant fût déjà de la force de cette jolie petite !... Quel âge a-t-elle, citoyen !

— Un an.

— Un an... Vois donc, Poupardot, comme elle est fraîche..., rose... Veux-tu me la confier un peu, citoyen ?

Pour toute réponse, Prosper met l'enfant dans les bras de la jeune femme qui le couvre de baisers, et s'écrie :

— Elle me sourit, cette chère enfant !... Ah ! que sa mère doit être heureuse !... Mais, quoique je ne doute pas de l'intérêt que tu portes à cette petite, je t'avoue, citoyen, que si j'étais sa mère, je ne la confierais à personne.

— Sa mère ! murmure Prosper en baissant ses regards vers la terre, sa mère !... hélas ! la pauvre petite n'en a plus... Elle est orpheline... Son père est mort victime de la révolution. Elle n'a plus de parents, de fortune... Elle n'a plus au monde que moi pour appui !... moi..., qui ne sais pas même comment la faire manger !

Poupardot semble interdit, consterné, et sa femme couvre de pleurs l'enfant qu'elle tient dans ses bras, en balbutiant :

— Pauvre petite !..., plus de parents ! Mais que va-t-elle donc devenir ! Tu es trop jeune, citoyen, pour donner à cet enfant tous les soins qu'exige son âge ! tu ne le pourrais pas, d'ailleurs !

— En effet ! répond tristement Prosper, je sens bien que toute ma bonne volonté ne pourrait suffire... Aussi..., j'avais pensé... à la mère de Maxime..., la bonne dame Bertholin, je voulais lui porter cet enfant ; mais elle a quitté Paris avec son fils, et on ne sait où ils ont dirigé leurs pas.

Pendant que Prosper parlait, la jeune femme serrait l'enfant contre son cœur, l'embrassait tendrement, puis regardait son mari, et semblait des yeux l'exciter à penser comme elle. Enfin, n'y tenant plus, elle s'écrie :

— Oh ! citoyen !... si tu voulais me confier cette jolie petite ! j'en aurais bien soin ! je lui servirais de mère... L'enfant que je vais avoir ne m'empêcherait pas de l'aimer, au contraire !... Ils joueront ensemble..., ils seront toujours près de moi ! et en attendant cette heureuse époque, en donnant tous mes soins à cette petite, je ferai mon apprentissage de mère..., je serai moins gauche avec l'enfant que le ciel m'enverra... Poupardot, n'est-ce pas, que tu veux bien que nous gardions cette jolie petite fille... Mais dis donc au citoyen que nous en aurons bien soin.

Poupardot ne disait rien ; il semblait trop ému de la proposition de sa femme, il avait des larmes dans les yeux ; enfin il court la prendre par la tête, et l'embrasse à plusieurs reprises, puis il se tourne vers Prosper, et lui dit :

— N'est-ce pas que j'ai une bonne femme ! hein ?

— Je n'en avais jamais douté, répond Prosper avec attendrissement.

— Tu veux garder cette petite... Gardons-la... Je le veux bien... Ça ne nous empêchera pas d'aimer nos enfants..., et de les bien élever !... D'ailleurs je suis à mon aise... J'ai de quoi ! On m'a remboursé ma maison en assignats..., à part qu'ils perdent tous les jours de leur valeur, les assignats... Mais ils remonteront !... Oh ! ça ira bien... Ainsi, nous gardons l'enfant .. C'est convenu...

— Cette petite-fille m'a été confiée par sa mère mourante, dit Prosper. Je la remets avec joie entre vos bras ; mais c'est à condition que vous me la rendrez lorsque je la réclamerai.

— Tu auras toujours sur elle les droits d'un père, dit Elisa ; mais je pense bien que, pour la reprendre avec toi, tu attendras qu'elle soit en état de t'entendre et de te répondre... Sois tranquille, je lui apprendrai aussi à t'aimer... Je suis certaine qu'elle aura un bon cœur !...

— Tâche, qu'elle te ressemble ! dit Prosper en prenant la main d'Elisa, ce sera son plus bel éloge... Ah ! citoyenne, quelle reconnaissance ne te dois-je pas... ; car je t'avoue que j'étais bien embarrassé pour savoir ce que je ferais avec cet enfant !

— C'est nous qui te remercions d'avoir pensé à nous, d'être venu ici. A propos, comment se nomme cette petite ?

— Pauline.

— Pauline... Et son nom de famille ? dit Poupardot.

Mais Elisa regarde son mari d'un air mécontent, en lui disant :

— Mon ami ! la question que tu fais est peut-être indiscrète...... Que nous importe le nom des parents..., de la famille de cet enfant ! Avons-nous besoin de le savoir pour l'aimer, pour lui prodiguer nos soins ! Citoyen Prosper, si c'est un mystère, un secret, ne nous le dis pas... Cette petite se nomme Pauline, et cela nous suffit.

Poupardot semblait un peu honteux de la leçon que sa femme venait de lui donner, et cependant sa curiosité était assez naturelle. Prosper s'empresse de le satisfaire, en lui disant :

— Il n'y a point de secret, ou du moins il ne peut pas y en avoir pour vous, qui voulez bien vous charger de l'orpheline que je ne saurais encore élever. Cette petite fille est l'unique enfant du banquier hollandais nommé Derbrouck, qui demeurait dans la même maison que Maxime et moi... Cet homme m'avait plusieurs fois rendu de grands services ; il était pour moi plein de bontés, et, seul, je n'ai pas oublié ses bienfaits !... Ah ! le Ciel m'en a récompensé, puisque c'est à moi que madame Derbrouck a confié son enfant !...

— Derbrouck !... je me le rappelle ! dit Poupardot, j'ai eu quelquefois affaire à lui..., pour des effets que je voulais négocier... C'était un homme dont le seul aspect inspirait l'estime et le respect !... et il a péri !

— Il connaissait Hébert, c'est ce qui l'a compromis et perdu.

— C'est Goulard..., le portier du citoyen Derbrouck, un misérable ! qui a dénoncé le banquier. Il avait aussi dénoncé sa femme ! mais elle est morte ce matin, en appelant encore son époux ! Goulard !... ce monstre ! semble acharné contre cette famille, dont il n'avait reçu que des bienfaits.

— Tant que cette petite sera avec nous, dit Elisa, tu n'auras rien à craindre pour elle !

— D'ailleurs, tu viendras la voir souvent..., tant que tu voudras... ; tu sais bien que tu nous feras toujours plaisir, dit Poupardot en secouant la main du jeune homme.

— Je te remercie, répond Prosper, mais je ne sais trop quelle carrière m'est réservée... ; Il y a encore une personne sur laquelle je voudrais veil-

ler ; celle-là n'habite pas Paris...., et dès aujourd'hui je quitterai cette ville.

— En tous cas, citoyen, comme il faut que tu saches où nous trouver et où nous écrire pour avoir des nouvelles de cette enfant, je te préviens que nous allons aussi quitter Paris ; ma femme et moi nous avons résolu d'aller habiter la maison de campagne que je possède à Clichy ; nous y serons plus tranquilles, à part qu'on ne vienne nous déranger..., et mieux pour élever notre enfant..., nos enfants maintenant. Mais ce n'est pas loin, Clichy, c'est à la porte de Paris.

— Je connais cet endroit, et j'espère ne pas être trop longtemps sans aller vous y voir. Maintenant, un baiser à cette chère petite..., à vous deux une poignée de main, et je vous fais mes adieux.

— Quoi ! déjà... — Tu pars aussi vite..., tu ne dînes pas avec nous...

— Non, je vous le répète, il me tarde d'avoir des nouvelles... d'une autre personne... Adieu..., mes bons amis, vous me permettez ce non, n'est-ce pas ?

— Et je veux même que tu m'embrasses et que tu embrasses ma femme ; tiens, vois-tu, il n'y a pas longtemps que nous nous connaissons, et je te regarde déjà comme un frère, à part le nom.

Prosper presse dans ses bras Poupardot et sa femme, il leur recommande encore Pauline, embrasse de nouveau la petite fille, et s'éloigne en remerciant le ciel qui lui a inspiré l'idée de porter l'orpheline chez ces bonnes gens.

Camille.

X. — LES DEUX NUITS.

« Et maintenant, se dit Prosper, puisque je suis tranquille sur le sort de l'enfant auquel je dois servir d'appui, il m'est permis de songer à moi... c'est-à-dire à mes amours..., à Camille. Depuis six semaines que j'ai quitté Melun, il peut lui être arrivé quelque malheur ; j'ai dit à Durouleau de veiller sur elle, mais l'ex-brasseur qui, dans le fond, ne me semble pas être un méchant homme, aura-t-il toujours été maître de modérer le zèle des patriotes qui l'entourent ?.... Et qui sait si son amitié pour moi ne s'est pas refroidie ! n'importe, allons le trouver. Je ne puis lui ramener son cheval, il est mort, mais je lui dirai que c'est pour le service de la république. »

Prosper n'avait plus d'argent dans ses poches, mais il avait de la force, du courage et dix-huit ans, âge où l'on ne connaît pas d'obstacles. Il se met en route à trois heures du soir, à dix heures il arrivait à Melun. Il avait fait à pied onze lieues en sept heures, et ne se sentait pas fatigué, parce qu'il était amoureux et qu'il pensait à Camille tout le long du chemin.

A ceux qui trouveraient invraisemblable la promptitude de cette course, je dirais : Vous n'avez donc jamais été amoureux ou jaloux ! Vous n'avez donc jamais voulu surprendre, épier une maîtresse ? arriver à l'improviste près d'elle ? car sans cela vous sauriez qu'en de telles circonstances on ne marche pas, mais on vole.

Prosper frappe à la porte de la maison du Durouleau ; Jeannette, la jeune servante, lui ouvre et pousse un cri de joie en le reconnaissant ; car Jeannette avait beaucoup d'amitié pour le protégé de son maître, et c'était une grande et belle fille, dont les yeux noirs et doux laissaient voir tout ce qui se passait dans son cœur.

— Ah ! not' maître va-t-il être content de te revoir, citoyen Prosper ;

il s'ennuie tant après toi... Il dit tous les jours : Est-ce que mon ami Culotte-Rouge a fichu le camp pour le Missi... le Missi... ah ! mon Dieu..., je
ne sais plus... ah ! pipi, c'est ça, pipi, le Missipipi.

— Non, Jeannette, me voilà, répond Prosper en souriant à la jeune fille
qui a toujours montré tan' de plaisir à le voir ; mais ton maître est déjà
couché, peut-être ?

— Non, citoyen, mon maître a eu la goutte très fort depuis que nous
ne t'avons vu ; mais voilà huit jours que ça va mieux, et ce soir, en rentrant il a voulu souper... Il vient de se mettre à table... dans sa chambre...
Tu arrives juste pour lui tenir compagnie.

— Ma foi, cela ne me fera pas de peine, car je meurs de faim.

Prosper n'attend pas que Jeannette l'éclaire, il monte l'escalier quatre à
quatre, et trouve Durouleau assis devant une table fort bien garnie, et
occupé à découper un perdreau truffé.

— Bon appétit ! s'écrie Prosper en tendant la main à son ami.

— Ah ! c'est toi, mon rave Culotte-Rouge ! s'é-
crie le gros Durouleau en serrant avec effusion
la main du jeune homme. Je suis bien aise de te
revoir ; depuis ton dé-
part, ça n'allait pas bien ;
plus d'appétit ; la mau-
dite goutte qui m'avait
empoigné la jambe ; le
médecin qui me mettait
à l'eau !... joli régime !
Enfin, ça va mieux et te
voilà ; nous allons re-
prendre nos joyeux re-
pas... Allons, allons,
mets-toi là.

Prosper ne demande
pas mieux que de se re-
poser et se restaurer.
Jeannette apporte un
couvert. Durouleau fait
monter du volnay et du
champagne.

— Je croyais qu'on
t'avait ordonné de ne
boire que de l'eau ? dit
Prosper, en voyant le
goutteux se verser du
champagne à plein bord.

— Oui, certainement,
mais du moment que ça
va mieux, je me moque
des ordonnances. Il m'a-
vait dit aussi de ne man-
ger que des pommes de
terre, c'est pour ça que
je me bourre de truffes...
Ah ! ma foi, mon garçon,
quand on a soixante ans,
je trouve q' il ne faut se
priver de .... , on n'a
plus trop de temps pour
se régaler... eh ! eh !... A
ta santé, Prosper... Ah !
si tu savais comme je suis
content de te revoir...,
comme je t'attendais avec
impatience !

— Merci !... merci !...
vieux Romain , répond
Prosper, en pressant en-
core la main que lui tend
son hôte. Tu as raison,
il me tardait de te revoir... ; car j'ai bien des choses à te demander...

— Mangeons et buvons d'abord.

— Non, réponds-moi sur-le-champ ! Camille..., la fille du comte de
Trévilliers ?...

— Sois tranquille, tu la reverras : elle est intacte !

— Il ne lui est rien arrivé ! Ah ! je respire !

— Rien arrivé ! c'est autre chose, dit Durouleau, en attaquant un pâté
de Chartres.

— Comment... il lui est arrivé quelque chose !... elle a couru des dangers !... Tu m'avais répondu de cette jeune fille sur ta tête.

— Eh sacredié ! je te suis bien... Je t'avais promis qu'à ton retour tu serais encore maître de disposer de son sort, et j'ai tenu mon serment. Mais
soupons ; nous avons le temps de causer d'affaires... A ta santé.

Pour satisfaire son hôte, Prosper s'efforce de modérer son impatience ;
d'ailleurs lui-même éprouve un appétit qui s'accommoderait fort mal d'une
longue conversation. Mais, après avoir fait disparaître les trois quarts du
pâté et vidé coup sur coup plusieurs flacons, il regarde Durouleau, en lui disant :

L. DEGHOUY

Je ne savais pas que vous fussiez dans cette maison , dit Prospère en se
jetant aux pieds de Camille. — Page 26.

— J'espère que tu vas parler, maintenant.

— Oui..., oui..., nous avons été pas mal... Ah ! je te reconnais, toi,
toujours solide au poste. Tu dois être étonné de me trouver soupant seul...
moi, qui avais presque toujours à ma table les amis, les fidèles.

— En effet..., t'auraient-ils abandonné ?... Ce n'est pas probable, on
dîne trop bien chez toi.

— Benoît, l'épicier, est en voyage pour une succession ; Ducroquet s'est
battu à coups de poing avec un de ses amis intimes, qui lui a cassé la cla-
vicule, il a dû rester quelque temps dans son lit ; Cornélius du Cornard est
allé à Paris offrir à Robespierre l'ouvrage qu'il a écrit sur la nécessité de
ne plus parler que latin en France, afin de ressembler davantage aux Romains. Je t'avoue que si on adoptait sa motion, ça me gênerait considérablement, quoique Cornélius m'ait dit qu'il m'apprendrait un petit latin de
cuisine à ma portée.

— Mais ensuite ?

— Quant à Trappeur,
c'est un sournois, et je
l'ai mis à la porte de mon
domicile ; mais ceci se
rattache à la fille de l'é-
migré...

— Ah ! parle..., parle,
je t'en prie.

— A ta santé..., m'y
voilà. Eh bien ! tu sau-
ras donc que, quelque
temps après ton départ,
Trappeur se mit à parler
de toi..., il se permit des
propos offensants sur
ton compte.

— Et qu'osa-t-il dire...
Explique-toi, je le veux.

— Il dit d'abord que
tu nous avais mis de-
dans..., que tu n'avais
pas de mission de Pa-
ris... ; bref, que tu étais
un faux sans-culotte...
Moi et les autres, nous
avons pris ton parti, moi
surtout... J'ai rappelé
ce certain soir où tu as
replanté l'arbre de la liberté, et j'ai répondu de
tes principes et de ton
civisme ; puis, comme
Trappeur a vu que je n'é-
tais pas de son avis, il
s'est mis à parler de la
fille du comte de Trévil-
liers, que tu avais dit être
chargé de surveiller ; il
a prétendu que puisque
tu ne la surveillais plus ,
il fallait la faire mettre
en arrestation par mesu-
re de précaution. J'ai
voulu combattre cette me-
sure..., il m'a appelé
modéré.., mollasse...,
ami des nobles. Là-des-
sus, je lui ai jeté une
bouteille à la tête, qui
malheureusement n'a at-
trapé que son chapeau...
Tu penses bien que de
propos il ne s'est pas représenté chez moi : mais,
pour se venger et te
jouer un tour, il a été
dénoncer la fille de l'é-
migré. Heureusement
j'ai des amis partout... Citron, le perruquier, m'a prévenu à temps ; alors,
j'ai été moi-même chez la petite aristocrate, je lui ai dit que je venais de
ta part, qu'on devait l'arrêter, et qu'il fallait se sauver, se cacher sur-le-
champ. La petite m'a suivi sans hésiter..., et je l'ai cachée dans un endroit où je te réponds que personne ne s'avisera d'aller la chercher.

Prosper se lève de table pour sauter au cou de Durouleau, en s'écriant :

— Tu es un brave homme .. Tu as sauvé Camille !... Tu ne te doutes pas
du service que tu m'a rendu !... C'est la vie que je te dois...

— Oui..., j'ai sauvé ta Camille... Je t'avais promis qu'à ton retour tu pourrais encore disposer d'elle ; j'ai tenu ma parole. En empêchant l'arrestation de cette jeune aristocrate, je ne sais trop si j'ai bien servi la république... ; car, tiens, entre nous..., si tu veux que je te parle avec franchise,
eh bien ! je consens à croire, en effet, que si tu guettais sans cesse cette
jeune fille, c'était pour ton compte, et non pas pour le service du gouvernement... ; enfin j'ai dans l'idée que tu es amoureux de cette Camille...
Hein ! est-ce vrai ?

— Oui..., oui je l'aime, je l'adore !... Je ne veux plus te le cacher.,

Mais crois-tu donc, Durouleau, que l'arrestation de cette jeune fille soit nécessaire à la sûreté de la patrie ?... Non, non, n'écoute pas de pareilles sottises... Est-ce qu'à l'âge de Camille on songe à conspirer ?... Crois-moi, en la sauvant, tu as fait une bonne action dont tu n'auras pas sujet de te repentir.

— Oh! je ne me repens jamais, moi... D'ailleurs, je te le répète, je l'ai pris en amitié... Tu voulais la petite ci-devant..., je te l'ai gardée... Eh! eh! buvons à présent.

— Et, dis-moi .. où est-elle?

— Sois tranquille..., je te réponds qu'elle est parfaitement en sûreté, et qu'elle ne manque de rien.

— Demain, je pourrai la voir?

— Tu la verras tant que tu voudras.

— Sa gouvernante est avec elle?

— La gouvernante! ah! pardieu non, par exemple; j'ai caché la jeune fille, c'est bien assez; mais je ne cache pas les gouvernantes.

— Et combien y a-t-il de temps que Camille s'est sauvée de chez elle?

— Cinq jours.

— Cinq jours seulement... Et on a fait des recherches pour la retrouver, sans doute?

— Ah! je crois bien; Trappeur était furieux quand il a vu que la petite lui échappait... Il en est peut-être amoureux aussi, lui...

— Et on n'a pas découvert sa retraite?

— Oh! que nenni. Pas de risque, encore une fois... Allons, buvons, mangeons... Tu dois être satisfait?

— Oh! oui... Je ne sais comment te témoigner ma reconnaissance...

— En trinquant avec moi.

— Oh! tant que tu voudras!

— A la bonne heure, voilà qui est parlé.

Une autre bouteille de champagne est vidée; Prosper est enchanté de son hôte, et celui-ci, qui semble aussi très satisfait de lui, sourit ou se-coue la tête d'une façon toute particulière, toutes les fois qu'il regarde son jeune ami.

— A propos! et mon cheval, dit Durouleau, en as-tu été content? t'a-t-il bien mené?

— Très bien... Je ne te l'ai pas ramené..., parce qu'il est crevé à Passy...

— C'est une grande malice... Ah! mais que ceci ne t'inquiète pas; si tu as encore envie de courir, j'ai d'autres chevaux à ta disposition.

— Merci, vieux Romain; en vérité, tu es avec moi d'une générosité... Comment ai-je mérité cela?

— Ma foi, si tu me le demandais, je serais embarrassé pour le dire... mais j'étais seul..., je n'ai point de parents, point d'enfants..., je m'en-nuyais dans ma grande maison..., et, quoiqu'elle soit farcie de meubles, je ne savais qu'y faire. Depuis que tu es venu y loger, je me suis amusé... Tu as donné de la vie, du mouvement chez moi... et je voudrais t'y garder toujours... A ta santé.

Comme les deux convives vidaient encore leur verre, on entendit sonner deux heures.

— Diable! la nuit est avancée, dit Durouleau; mais quand on cause à table, le temps passe vite. Tu dois être fatigué, mon garçon; il faut aller te coucher.

— Volontiers. Mais demain, dès que je serai levé, je veux aller voir Camille...

— Sois tranquille..., je te dis que demain... tu seras content, eh! eh! eh!

— Pourquoi ris-tu ainsi en me regardant?

— C'est une idée qui me passe par la tête... Est-ce que je ne peux pas rire d'ailleurs, si je suis content de moi... Allons, va te coucher; tu sais où est ta chambre?...

— Sans doute...

— Attends, attends..., que je t'en donne la clef...

— Ah! tu avais donc fermé ma chambre?...

— Oui; personne que moi n'y entrait... N'avais-tu pas laissé un petit paquet?...

— Ah! oui... Ma foi, je n'y songeais plus! c'est tout ce qui me reste de l'héritage de mon parrain.

— Je ne sais pas ce que c'est, mais je te réponds que l'on n'a touché à rien... Voilà la clef de ton appartement... et bonsoir...

— Bonne nuit, Durouleau.

— Et toi aussi, mon brave Culotte-Rouge... eh! eh! bonne nuit. Ah! dis donc..., tu as pas de bruit en te couchant..., car tout le monde doit dormir dans la maison, et ce n'est pas la peine de les réveiller.

— C'est juste..., puisque je serai viré au lit, je t'en réponds. Bonsoir.

Durouleau rit encore en secouant la main de Prosper, et celui-ci, un peu étourdi par les fréquentes rasades qu'il a portées, prend un flambeau et sort de la chambre de son hôte.

L'appartement que Prosper habitait dans la vaste maison de l'ancien brasseur était situé au second étage; il se composait d'une petite pièce d'en-trée, puis d'une grande chambre à coucher dans laquelle était une alcôve profonde que fermaient d'immenses rideaux de damas. Des meubles de salon, d'antichambre, de boudoir et de bibliothèque étaient rassemblés dans cette pièce, dans laquelle on ne savait où se retourner.

Prosper a ouvert la porte de la pièce d'entrée; il marche avec précaution pour ne pas se cogner contre le nombreux mobilier de son apparte-ment, et, tout en s'étonnant de la recommandation de Durouleau qui craint qu'on ne trouble le sommeil de ses domestiques, tâche de ne point faire de bruit.

Posant sa lumière sur le premier meuble qu'il rencontre, le jeune homme se hâte de se déshabiller. En peu d'instants il s'est débarrassé de ses vê-tements; alors il souffle sa chandelle et se dirige à tâtons vers l'alcôve. Il a bientôt trouvé son lit et il se fourre dedans.

Au même moment, un cri part à ses oreilles ; quelqu'un est couché avec lui... Il étend les bras, c'est une femme qui est à ses côtés.

— Comment! c'est vous, Jeannette, murmure Prosper en embrassant la jeune fille.

— Non, non..., ce n'est pas Jeannette, répète la même voix. Oh! c'est affreux!... c'est infâme!...

— Camille .... c'est Camille!... s'écrie Prosper ivre de joie et d'amour.

— Oui, c'est Camille..., qui vous supplie de la respecter...

Mais il était trop tard pour que Prosper écoutât les prières de la jeune fille ; s'il y a des moments où la passion est plus forte que la raison, ce doit être surtout lorsqu'on se trouve dans la position de notre jeune amou-reux! Peu d'hommes ressemblent à saint *Robert d'Arbrissel*. Il y a des ten-tations devant lesquelles il faudrait être bien disgracié par la nature pour ne pas succomber.

Cette nuit parut bien courte à Prosper, quoiqu'il eût à chaque instant des larmes à tarir, des reproches à essuyer ; en vain, il jurait à Camille qu'il ignorait qu'elle fût dans sa chambre, que Durouleau ne lui avait pas dit en quel lieu il l'avait cachée, Camille refusait de le croire.

Dès que le jour paraît, la jeune fille se lève, et s'adressant à Prosper d'un ton plein de fierté :

— Vous m'avez trompée, lui dit-elle, vous qui vous disiez mon protec-teur, vous en qui j'avais confiance... Si je suis venue me réfugier dans cette maison, c'est qu'on s'est présenté en votre nom..., c'est que je me suis dit : Il sera là..., il veillera sur moi... Et c'était un piège que vous me tendiez..., et vous vous entendiez avec ce Durouleau... pour me perdre..., pour satisfaire votre passion... Ah! vous ne méritiez pas l'estime que j'avais pour vous.

— Je ne savais pas que vous fussiez dans cette maison! dit Prosper, en se jetant aux pieds de Camille. Forcé de m'absenter pour quelque temps, j'avais chargé Durouleau de veiller sur vous. A l'intérêt que je vous portais, cet homme a deviné que je vous aimais, il a pensé peut-être que vous m'ai-miez aussi... Ah! il s'est bien trompé, je le vois... C'est à lui qu'est venue cette pensée de vous cacher dans cette chambre qui est la mienne ; mais je vous proteste de nouveau qu'il ne m'en avait rien dit. Je suis revenu de Paris ce soir fort tard, j'ai été sur-le-champ trouver celui qui me répon-dait de vous : Je l'ai sauvée, m'a-t-il dit, car on devait l'arrêter ; sois tran-quille, elle est en sûreté, et demain tu la verras! Il n'a pas voulu m'en dire davantage..., vous savez le reste. Ah! Camille, si je fus coupable! croyez-vous qu'il fût possible de résister... Je vous adore..., et vous étiez dans mes bras... Mais cette nuit, dont je garderai un éternel souvenir..., si elle m'a fait encourir votre haine, il me faudra donc maudire mon bonheur! Oh! pardonnez-moi, de grâce, pardonnez-moi...

— Et ma honte, monsieur, ma honte, qui est publique..., qui l'effacera désormais?

— Oh! mademoiselle..., Durouleau seul connaît notre secret..., il se taira... Oui, je vous en réponds, vous ai-je dit qu'il ira et qui vous est attaché à son silence... Cet homme... sans éducation..., cet homme grossier, n'est cependant pas dépourvu de bons sentiments... Il me témoigne une amitié sincère... Oh! il ne dira rien. Ensuite..., si vous m'aimez... si vous aviez consenti à devenir... Oh! mais... que vais-je dire... que vais-je espérer... La révolution, qui veut rapprocher les distances, ne parviendra jamais, je le vois, à vous faire oublier celle que le hasard de la naissance a mise entre nous.

— Si vous voulez que je croie à votre repentir..., que je sois persuadée qu'en effet vous ne connaissiez pas le plan indigne qu'on m'a perdue..., il n'est qu'un moyen...

— Parlez..., parlez, mademoiselle... Oh! je ferai tout pour que vous ne me méprisiez pas.

— Eh bien, il faut me procurer, dès aujourd'hui, les moyens de partir..., de me rendre à Boulogne... ; là, j'ai quelques connaissances, et on trouvera moyen de me faire passer en Angleterre, où je rejoindrai mon père. Vous songez-y bien, monsieur, je ne veux pas rester un jour de plus dans cette maison... Je ne veux plus paraître devant cet homme indigne, cause de mon déshonneur... Ah! je mourrais de honte à sa vue... Si vous ne cédez pas à ma demande..., je sors..., je vais me livrer aux agents de la répu-blique... Si vous essayez de me retenir de force en ces lieux, eh bien! j'ou-vrirai cette fenêtre, et mes cris feront savoir qu'il y a ici quelqu'un que l'on y retient malgré sa volonté.

Prosper est devenu pâle et consterné en entendant la résolution de Camille ; mais son parti est bientôt pris, et, surmontant sa douleur, il lui répond :

— Vous partirez, mademoiselle ; loin de moi la pensée de vous retenir de force en ces lieux... ; mais vous me permettrez de vous accompagner, de ne vous quitter qu'après avoir acquis la certitude que vous êtes à l'abri de tous dangers.

— Non, monsieur... ; en voyageant avec vous j'aurais l'air d'approuver ce qui s'est passé ici. Je veux partir seule, et dès aujourd'hui ; ma résolu-tion est irrévocable.

Malgré le désespoir que lui causait la détermination de Camille, Prosper n'essaie même plus de combattre, et il quitte mademoiselle de Trévilliers en lui annonçant qu'il va s'occuper de satisfaire à ses vœux.

Prosper se rend près de Durouleau ; l'ex-brasseur était encore profondé-ment endormi ; le souper de la veille avait produit un merveilleux effet, il avait aussi endormi la goutte ; c'est pourtant un remède que l'on n'oserait pas ordonner.

Sans avoir égard aux ronflements du gros homme, Prosper lui secoue for-tement le bras, et Durouleau, ouvrant enfin les yeux, regarde autour de lui, en murmurant :

— Qu'est ce que c'est? qu'est-ce qu'il y a ?... Je dormais si bien..., pourquoi m'éveille-t-on?... Je ne travaille plus, moi! Je n'ai plus rien à faire... Je me suis enrichi, c'est pour dormir à mon aise...

— C'est moi qui t'éveille!... s'écrie Prosper. Allons, Durouleau... Debout! debout! le temps presse...

Le gros homme se frotte les yeux, puis s'asseoit sur son séant en murmurant :

— Tiens... c'est toi!... Comment, déjà levé?... ça me surprend!... Est-ce que tu n'as pas été satisfait de la surprise que je t'avais ménagée... eh! eh!...

— Ah! tais-toi, tais-toi... Jamais un mot sur ce qui s'est passé cette nuit! Durouleau, je devrais te haïr, car c'est affreux ce que tu as fait là... Une jeune fille vertueuse... qui vient avec confiance se réfugier dans ta maison... la fille d'un comte..., tu la mets dans mes bras...

— Eh! laisse-moi donc tranquille... La fille d'un comte! est-ce qu'il y a encore des comtes à présent?... Tu aimais cette petite, eh bien, je vous ai mariés...; c'est un mariage républicain..., ça vaut bien ceux de Carrier sur les bateaux de la Loire, il me semble.

— Mais tu ne sais pas que maintenant Camille me méprise, me déteste!

— Ah! bah! tu es jeune, tu ne connais pas les femmes! encore trois ou quatre nuits avec elle, et elle t'adorera.

— Cette nuit sera la seule..., mon bonheur aura été court!... mais Camille veut partir aujourd'hui même, et je dois la satisfaire.

— Partir! oublies-tu qu'il y a un mandat d'arrêt lancé contre elle? Si elle se montre, elle sera pincée.

— Je sais qu'il faut lui procurer les moyens de se sauver. Écoute-moi. Tu vas l'habiller, et te rendre sur-le-champ avec Jeannette au bureau où l'on délivre les passe-ports, tu en demanderas un pour ta domestique. Tu diras qu'elle va à Boulogne, une tante très malade... Tu es connu, considéré, on te délivrera le passe-port sans difficulté.

— Je n'en doute pas..., mais après?

— Tu me comprends pas que c'est Camille qui partira sous les habits de Jeannette?

— Camille..., mais le signalement?

— L'âge est le même, la taille semblable; elles sont toutes deux brunes...; pour le reste, il faut s'en remettre à la Providence...

— Diable! mais ce que tu me demandes-là..., ça peut me compromettre

— Si tu refuses, Camille sort de cette maison et va se livrer en disant que tu l'avais cachée; ça te compromettra bien davantage.

— Ah! ah! mais c'est donc un démon que cette jeune fille?

— C'est un caractère fier, décidé, et lorsqu'elle a formé une résolution, je vois que rien ne saurait l'en faire changer. Allons, Durouleau, habille-toi. Si tu as vraiment de l'amitié pour moi, il faut me le prouver en m'aidant à réparer le mal que tu as fait.

— Mais Jeannette...

— Je vais la prévenir, lui faire sa leçon... Tu as bien ensuite quelque ferme aux environs...; tu l'y enverras pour une quinzaine de jours...

— Mais...

— Plus de réflexions! ou Camille va se livrer, et moi je me brûle la cervelle... après toutefois t'avoir cassé la tête pour te récompenser de ce que tu as fait.

— Je me lève tout de suite.

Prosper court trouver la jeune bonne, qui avait pour lui un tendre penchant. Jeannette lui promet de suivre ses instructions, et commence par lui donner un de ses déshabillés, avec bonnet, fichu, chaussures, et tout ce qu'elle met quand elle va danser le décadi. Ensuite, elle descend trouver son maître. Durouleau ne se fait pas attendre. Il est habillé; il prend le bras de Jeannette, et se rend avec elle au bureau des passe-ports.

Prosper est resté. Il ne juge pas prudent de les accompagner; mais il n'ose pas remonter près de Camille avant de savoir si son projet réussira. Il se promène à grands pas dans le salon; à chaque instant il écoute, regarde par la fenêtre ou consulte les pendules; jamais le temps ne lui a paru aussi long.

Près de deux heures s'écoulent lorsqu'enfin Durouleau rentre avec sa servante.

— Nous avons le passe-port! s'écrie le gros homme, mais ça n'a pas été sans peine. Il y a tant de formalités à remplir! ordinairement il faut revenir..., retourner le lendemain. Heureusement, je suis connu... J'ai dit : La tante de Jeannette aura le temps de mourir..., et la petite n'héritera pas...; enfin j'ai dit un tas de mensonges... et voilà le chiffon de papier.

— C'est bien..., très bien..., mais il faut à présent aller aux voitures publiques... retenir une place en son nom... dans la diligence qui partira le plus tôt...

— Il n'y a pas ici de voitures qui se rendent à Boulogne...

— Eh! n'importe; le principal est qu'elle quitte d'abord cette ville...

— Mais, je n'ai pas déjeuné...

— Après..., après... Je ne mangerai pas, moi, que Camille ne soit sauvée...

— Drôle de corps, va! qui est amoureux d'une femme et qui n'a pas de cesse qu'elle ne l'ait quittée. Allons, je vais aux voitures.

Durouleau se remet en route. Prosper embrasse Jeannette pour la remercier; la jeune servante se laisse embrasser et se montre disposée à se laisser faire tout ce que le jeune homme voudra; mais celui-ci s'en tient là, il ne pense qu'à Camille.

Durouleau revient dire :

— La place est retenue sous le nom de Jeannette Bridoux; c'est pour cinq heures du soir : la voiture va à Rouen.

— Fort bien, dit Prosper, je vais prévenir Camille, en lui portant les vêtements qui doivent la déguiser. Ah! encore un service, Durouleau...

— Qu'est-ce que c'est... S'il faut encore sortir, je t'avoue que mes jambes refusent d'aller.

— Non..., c'est de l'argent qu'il faudrait; en route, Camille en aura besoin...

— Ceci est bien plus facile et moins fatigant... Tiens, il y a cinquante louis dans cette bourse..., mets-la dans la poche du déshabillé; est-ce assez?

— Oui, oui; c'est plus qu'il n'en faut pour arriver en Angleterre.

Prosper monte chez Camille et lui présente les vêtements de Jeannette, en lui disant d'une voix émue :

— Voici de quoi vous déguiser, mademoiselle, et voilà le passe-port qui vous servira...; vous regarderez les noms pour les retenir; votre place est arrêtée pour cinq heures, dans la voiture de Rouen; de là, il vous sera facile de gagner Boulogne. À cinq heures, je vous conduirai moi-même à la voiture, pour être certain que rien n'a retardé votre départ... Vous le voyez, je n'ai pas perdu de temps pour hâter le moment qui doit vous éloigner de moi; et cependant..., loin de vous..., désormais je serai éternellement malheureux. Partirez-vous sans me pardonner..., sans m'adresser un mot d'espérance...; me condamnez-vous à ne plus vous revoir?

Camille détourne la tête, ne voulant pas rencontrer les regards de Prosper; mais sa voix est plus douce en lui disant :

— Ce que vous venez de faire, monsieur, me persuade qu'en effet vous n'étiez pas complice de l'homme... qui a voulu me déshonorer. Je crois à votre repentir, à votre amour...; mais j'ignore quel avenir m'est réservé...; cependant... je vous promets de vous donner de mes nouvelles..., et si les événements peuvent nous rapprocher..., je vous le ferai savoir...

— Ah! Camille! ah! mademoiselle!... songez qu'un mot..., un souvenir de vous me rendra la vie..., au bonheur...; songez que maintenant il y a un secret..., une nuit... qui nous a liés l'un à l'autre.

— Ah! ne me rappelez pas... ce que je voudrais pouvoir effacer de ma mémoire... Je vais mettre ces vêtements; avant cinq heures, je serai prête.

Prosper sortait tristement de chez Camille, craignant que son amour ne parvînt jamais à vaincre sa fierté..., lorsqu'il rencontre Jeannette qui le regarde et soupire.

— Jeannette, dit Prosper, celle qui prend ton nom partira à cinq heures; ainsi, toi, à la même heure, il faudra aussi partir, t'éloigner pour quelque temps de cette maison. Ton maître te dira où tu peux aller. Pourquoi pleures-tu, Jeannette? tu ne seras pas longtemps absente..., dans quinze jours, tu pourras revenir ici.

— Pardi! répond la grande fille en roulant son tablier et le portant à ses yeux, quand j'ai fait ce que tu as voulu, citoyen, je ne pensais pas qu'ensuite tu me dirais de m'en aller... Ça ne m'amuse pas de m'en aller..., de partir, pendant que tu es ici...

Mais tu comprends bien que si quelqu'un t'apercevait encore à Melun, lorsqu'on va partir sous ton nom, tout serait découvert; on courrait sur les traces de cette jeune fille que je veux sauver... On la rattraperait peut-être.

— Ah! tu l'aimes bien celle-là!... pas vrai, citoyen?... Mais sois tranquille... À cinq heures je m'en irai... On ne me verra plus.

Prosper s'éloigne en se disant :

« Pourquoi Camille n'a-t-elle pas pour moi les sentiments de Jeannette? Est-ce parce qu'elle est fille d'un comte, et qu'on lui a appris dès son enfance à regarder comme au-dessous d'elle ceux qui ne sont pas nobles?... Ou bien n'ai-je jamais su toucher son cœur?... Je voudrais n'avoir à combattre que sa fierté... Mais, après ce qui s'est passé entre nous..., une autre femme se regarderait comme engagée avec moi... Et Camille, au contraire, me traite avec encore plus de sévérité. »

À cinq heures moins quelques minutes, Prosper se présente devant Camille. La fille du comte de Trévilliers a revêtu le costume de la plus simple servante. Le jeune homme la trouve encore plus jolie sous ces vêtements modestes; c'est ce qui arrive à tous les amoureux, quand leur maîtresse porte un costume nouveau; lors même que ce costume serait laid, la femme paraîtrait plus jolie, parce que la femme qui nous plaît embellit tout ce qu'elle porte, et qu'il y a de plus alors le piquant de la nouveauté.

— Je suis prête, dit Camille. Partons, partons vite.

Prosper ne répond rien, mais il lui prend le bras. Ils sortent de la demeure de Durouleau sans l'avoir rencontré. Le gros homme avait compris que la jeune fille ne serait pas flattée de le revoir.

Le trajet s'est court jusqu'aux diligences. Cependant Prosper tremblait, non pour lui, qui n'avait jamais eu peur, mais pour celle qu'il tenait sous son bras. Camille marchait d'un pas assez ferme, mais son compagnon sentait ou du moins voyait son sein se soulever fréquemment, et il devinait l'émotion qu'elle s'efforçait de cacher.

Au moment d'arriver au but de leur course, un homme passe près d'eux, regarde Camille, puis s'arrête, en s'écriant :

— Eh ben!... eh ben!... où donc que nous courons comme ça, citoyen Carotte, dit Culotte-Rouge, avec une si jolie fille sous le bras?... Ah! nom d'un nom!... Elle est sans-culotte, j'espère la citoyenne...,

C'était Ducroquet le tanneur, qui, à peine guéri de son coup de poing, était sorti, s'était grisé dans plusieurs cabarets, et commençait à devenir fort bavard et très tapageur.

Prosper, qui a reconnu l'ami de Durouleau, continue de presser le pas avec Camille, en répondant :

— Bonsoir, citoyen, tu vas mieux, j'en suis bien aise, égalité, fraternité!

Eh ben oui! mais ce n'est pas ça! s'écrie le tanneur en s'accrochant au bras de Prosper. Tu es en bonne fortune... Part à deux... J'en veux, moi, de ta petite... Qu'est-ce que c'est que ce joli minois?... Je veux faire sa connaissance... Allons nous rafraîchir.

— Citoyen Ducroquet, nous sommes pressés, je te prie de ne point nous retenir, sans quoi... Prends garde, je ne suis pas patient..

— Citoyen Carotte... Rouge... Je me moque de ce que tu dis. Tu es un brave... Je le sais.. Tant mieux... Je t'estime, et je serai flatté de me battre avec toi... Ça me démangeait depuis longtemps...

— Une autre fois, s'écrie Prosper en cherchant à se débarrasser de Ducroquet, je serai ton homme... Mais maintenant je dois conduire cette jeune paysanne.

— Tu ne veux pas nous battre, alors je vais l'embrasser... Et le tanneur se dispose à approcher son visage bourgeonné des traits distingués de Camille ; mais, avant que son haleine avinée n'ait flétri les joues de la jeune fille, Prosper la repousse si vigoureusement, qu'il va rouler au milieu du ruisseau.

— Maintenant hâtons-nous ! dit Prosper en entraînant Camille.

— Mon Dieu ! auriez-vous tué cet homme ?

— Non, non, il était gris... Il est tombé lourdement, voilà tout... Mais il vous insultait le misérable... Devais-je le souffrir ?... Nous voici aux voitures... Ah ! on appelle Jeannette Bridoux... Prenez garde, répondez bien, ne vous troublez pas... Il y a un gendarme qui examine les voyageurs et regarde leurs passe-ports.

— Ah ! j'aurai du courage...

— Adieu donc, mademoiselle... Mais vous me donnerez de vos nouvelles... Vous me l'avez promis..., Camille..., penserez-vous à moi ?...

— Jeannette Bridoux !... Allons donc, Jeannette Bridoux ! crie le conducteur de la diligence. On n'attend plus que vous pour partir.

Camille n'a pas eu le temps de répondre à Prosper, elle s'est élancée vers la voiture. Un gendarme l'arrête, lui demande son passe-port, l'examine, la regarde, puis s'éloigne en disant :

— C'est bien ! vous pouvez rouler.

Camille monte dans la voiture, et Prosper la regarde s'éloigner, jusqu'à ce que ses yeux l'aient entièrement perdue de vue.

Alors le jeune homme retourne lentement chez Durouleau. Il est satisfait d'avoir sauvé Camille, il est triste en songeant qu'il est séparé d'elle, sans savoir à quelle époque il pourra la rejoindre.

— Eh bien ! dit Durouleau en revoyant son jeune ami, ta petite aristocrate ?

— Elle est sauvée...

— Alors tu es content... Nous allons joliment boire en ce cas.

— Non, je n'ai pas envie de boire..., car je suis triste.

— Tu es triste à présent que ta belle est partie ! Tu voulais te tuer, tuer tout le monde, si on ne la faisait pas se sauver bien vite ! Sais-tu, sacredié, qu'on ne sait par quel bout te prendre !

— Ah ! Durouleau, tu ne comprends pas l'amour !

— Dame ! il me semble que je le comprenais pas mal jadis... avant d'avoir un ventre en ballon... Je croyais ne recevoir de vrais remerciements pour avoir eu l'idée de te faire posséder la belle... Au lieu de ça, tu m'as dit des sottises... ; il paraît que tu as raison, je ne comprends plus l'amour. Allons, buvons... ah ! je comprends ça, par exemple !

— Et Jeannette..., l'as-tu envoyée dans une de tes fermes ?

— Jeannette?... Que l'on me nomme tyran..., despote..., si je sais ce qu'elle est devenue... Elle a disparu un même temps que toi et ta belle.

— Pauvre Jeannette ! où sera-t-elle allée ?

— Ah ! pardieu ! ne vas-tu pas aussi te tourmenter pour celle-là ?... Elle avait sans doute quelque amoureux, elle aura été le retrouver... Allons, mon brave..., à ta santé.

Prosper fait ce qu'il peut pour chasser la tristesse de son cœur ; mais le souvenir de Camille revient sans cesse à sa pensée, et il pousse de gros soupirs quand Durouleau l'excite à trinquer avec lui ; l'ex-brasseur finit par lui dire : Tu n'es bon à rien ce soir, va te coucher ; il faut espérer que demain tu seras un homme.

Prosper remonte chez lui, en se rappelant la nuit précédente ; il ouvre sa porte, entre dans sa chambre, pose sa lumière sur une table et se met sur une chaise, puis, ses yeux se portent vers l'alcôve dont les rideaux sont fermés comme la veille, et il se dit en soupirant :

« Hier elle était là ! »

En ce moment il lui semble qu'un léger bruit, comme une respiration que l'on cherche à retenir, s'est fait entendre du côté de son lit : il écoute un moment ; bientôt il rougit de sa faiblesse et se dit :

« Ce n'est qu'une illusion ! Je voudrais me persuader qu'elle est encore là ! mais elle est partie..., et maintenant elle est déjà loin de moi. »

Prosper se hâte de se débarrasser de ses vêtements, pour chercher dans le sommeil l'oubli de ses chagrins. En un instant, il est déshabillé, il souffle sa lumière et va se mettre au lit... Alors un cri de surprise lui échappe, Quelqu'un est encore là..., couché près de lui..., et une voix tremblante lui dit :

— Elle a pris ma place à la diligence, moi j'ai pris la sienne ici... Est-ce que ce n'est pas juste ?...

— Quoi, Jeannette !... c'est toi..., tu n'es pas partie ! O mon Dieu !... Mais si on te voit, tout sera perdu...

— On ne me verra pas... Je resterai dans cette chambre..., je n'en bougerai pas jusqu'à ce que tu crois que je puisse me montrer. Tu es donc bien fâché que je sois restée ?... Oh ! ne me gronde pas, je t'en prie... C'est que je t'aime aussi, moi !... et... plus que l'autre peut-être... Mais si tu es fâché, que veux-tu me lever... je passerai la nuit sur une chaise..., je ne ferai pas de bruit..., je te regarderai..., je t'écouterai dormir..., et je serai encore bien heureuse.

Il aurait fallu avoir le cœur bien dur pour envoyer cette pauvre Jeannette coucher sur une chaise : Prosper était incapable d'une si mauvaise action, et, au lieu de gronder encore, ce qui n'eût servi à rien, il fit ce que tout autre eût fait à sa place, en remerciant la Providence de toutes les faveurs dont il le comblait depuis deux nuits.

XI. — L'AMOUR DE JEANNETTE.

Plusieurs jours s'écoulent : Jeannette ne bougeait pas de la chambre de Prosper, où personne ne lui pénétrait, et il lui était facile d'y porter des provisions : dans la demeure de Durouleau rien n'était sous clef, chacun pouvait, à toute heure de la journée, manger ou boire, suivant sa fantaisie, le maître du logis comprenait parfaitement la liberté.

On n'avait pas entendu parler de Ducroquet. Prosper avait raconté à son hôte sa rencontre dans la rue avec le tanneur et ce qui s'en était suivi, et Durouleau avait dit :

— Tu as bien fait de le rosser... ; au reste, je suis certain qu'il ne t'en veut pas : Ducroquet est de ces hommes qui ne sont jamais plus amis des gens que quand ils se sont battus avec eux.

Prosper lisait chaque jour les papiers publics, craignant d'y apprendre que la fille du comte de Trévilliers avait été reconnue et arrêtée. Mais quinze jours s'étant écoulés depuis le départ de Camille, sans qu'il lût aucune nouvelle fâcheuse, ses craintes se dissipèrent, et il pensa que celle qu'il aimait était en Angleterre à l'abri de tous dangers.

Quoique heureux de savoir Camille sauvée, Prosper soupirait en songeant qu'elle était maintenant près de son père, et entourée de gens qui allaient nourrir ses préjugés et augmenter encore sa fierté.

« Elle a promis de me donner de ses nouvelles ! se disait-il, me tiendra-t-elle parole ?... Il me semble pourtant qu'elle me devrait me considérer comme son mari »

Jeannette était toujours cachée dans la chambre du jeune homme, et elle ne témoignait nul désir d'en sortir, lorsque un matin Prosper lui dit :

— Jeannette, voilà vingt-cinq jours d'écoulés depuis que tu es censée être allée chez ta tante..., tu peux te montrer maintenant dans la maison, reprendre ton service comme à l'ordinaire ; à ceux qui te questionneraient, tu répondras que tu es arrivée hier au soir.

— Tu veux déjà que je sorte de ta chambre ? répond Jeannette en regardant le jeune homme avec tendresse. Il me semble que c'est imprudent.

— Non, dit Prosper. Ton voyage a été assez long.

— Est-ce que cela t'ennuie que... que je te tienne compagnie? reprend Jeannette d'un air boudeur.

Pour toute réponse Prosper l'embrasse et la fait sortir de son appartement en disant :

— Ma chère amie, il est un terme à tout.

— C'est dommage ! murmure Jeannette en retournant à sa petite chambre des mansardes. Si les femmes étaient des hommes, ça durerait plus longtemps.

Le temps s'écoulait sans apporter à Prosper aucune nouvelle de Camille. Cependant le 9 thermidor avait eu lieu ; Robespierre n'existait plus ; la terreur répandue dans la France commençait à se dissiper ; les communications devenaient moins difficiles, et le costume avec la carmagnole perdait chaque jour de sa vogue.

Prosper s'aperçut un matin que sa culotte rouge était percée à plusieurs places, et qu'elle avait déjà servi et avait vu des endroits fort clairs. Malgré toute la reconnaissance qu'il devait à présent à son parrain, le jeune homme se décida à le quitter pour se vêtir comme les muscadins de l'époque. Il retroussa ses cheveux en cadenettes, les attacha par derrière avec un peigne et porta l'habit orné du collet vert. Le désir de plaire commençait à renaître en France. Ce n'était plus un crime de porter des gants.

L'amour occupait fortement le cœur et la tête de Prosper, il ne lui avait cependant pas fait oublier l'enfant qu'une mère infortunée lui avait confié. Il pensait à la petite Pauline ; il brûlait d'envie d'aller l'embrasser, et avait plus d'une fois annoncé à Durouleau son intention de se rendre chez des amis qui habitaient près de Paris. Mais l'ex-brasseur avait souvent des atteintes de goutte, et il disait à son jeune ami :

— Si tu me quittes, que diable vais-je devenir ?... Je resterai donc seul comme une pomme gâtée... Tous les amis sont disparus..., dispersés..., ou morts !... Je n'ai plus que toi pour me tenir compagnie, pour trinquer avec moi ; si tu n'es plus aussi gai depuis le départ de ta petite aristocrate, ça n'empêche pas que je t'aime, et je ne m'ennuie pas quand tu es là, quoique tu me taquines souvent dans tes opinions.

Prosper n'était point insensible à l'amitié toute paternelle de Durouleau. Pour ne point le chagriner, il différait son départ ; d'ailleurs, il espérait chaque jour recevoir des nouvelles de Camille ; mais les jours se passaient et les nouvelles ne venaient pas.

Un matin cependant une lettre arrive à l'adresse du citoyen Prosper Bressange, chez le citoyen Durouleau ; c'est Jeannette qui l'apporte et la remet au jeune homme. Celui-ci la prend d'une main tremblante, il déchire, il arrache le cachet ; mais après avoir porté les yeux sur la signature, l'espérance, la joie qui animaient ses traits, s'évanouissent aussitôt.

— Ça n'est pas encore d'elle ! dit Jeannette en dissimulant mal son sourire.

— Non, ce n'est pas d'elle, répond Prosper, mais ce qu'on m'écrit me rappelle mon devoir.

La lettre était de Poupardot ; il disait à Prosper que la petite Pauline était charmante, qu'elle marchait seule et commençait à parler, que l'on s'étonnait qu'il ne vînt pas l'embrasser sa fille adoptive, que chaque jour on l'attendait, et qu'on brûlait aussi de lui faire voir le beau garçon dont la citoyenne Poupardot était accouchée, et qu'il avait nommé Navet.

Prosper se rend près de Durouleau, lui montre la lettre et lui dit :

— Il faut que je parte, je ne peux plus différer.

— Au moins, tu me promets de revenir, dit le gros homme en tendant la main à son jeune ami.

— Si je ne revenais pas, je serais bien ingrat, reprend Prosper, car je n'ai reçu de toi que des bienfaits..., et sauf une.circonstance... ; mais alors même tu croyais faire mon bonheur. Oui, tu me reverras.

— Eh bien, pour que je sois tranquille, reprend Durouleau, laisse ici ce petit paquet qui est dans ta chambre..., et que tu appelles l'héritage de ton parrain. Au moins je serai sûr que tu reviendras le chercher.

— Volontiers, mais je reviendrais sans cela...

— Et à présent prends cette bourse... Il y a de l'or dedans..., et décidément ça vaut mieux que des assignats.

— Merci, dit Prosper en repoussant la bourse que l'ex-brasseur lui présente. Je n'ai pas besoin d'argent... Tu as déjà trop fait pour moi...

— On a toujours besoin d'argent, à ton âge. Moi, j'en ai de trop..., je ne sais qu'en faire. J'ai beau boire cinq bouteilles par jour..., je ne pourrai jamais dépenser ma fortune... Si tu me refuses, c'est que.tu ne veux plus être mon ami..., c'est que tu es un aristocrate... Ah! bigre!

Il n'y avait pas moyen de résister à la manière brusque et cordiale dont le gros brasseur offrait ses services ; il fallait accepter ou se brouiller avec lui. Prosper accepta, et, dans le fond, il se sentait fort heureux de ne point arriver sans un sou chez Poupardot.

Ne jugeant pas convenable de dire adieu à Jeannette, parce qu'il prévoyait que ce serait encore des pleurs à essuyer, des plaintes à entendre, Prosper, qui n'avait aucun paquet à faire, était sorti de la maison de Durouleau n'ayant qu'une canne à la main, et comme il en sortait chaque jour pour se promener dans la ville. Il s'apprêtait à prendre la route de Paris, lorsqu'en s'en retournant, il aperçut à quelques pas de lui la jeune fille qui marchait en tenant un petit paquet sous son bras.

C'était Jeannette ; elle s'arrête et semble toute confuse lorsqu'elle s'aperçoit que Prosper l'a vue.

Le jeune homme rebrousse chemin ; il va droit à la jolie servante, et lui dit d'un air sévère, en affectant de ne plus la tutoyer :

— Jeannette..., où donc allez-vous ainsi ?

La jeune fille baisse les yeux, rougit et balbutie:

— Je... je me promène.

— Que tenez-vous sous votre bras ?

— C'est... c'est rien... ; c'est des vêtements... à mon maître.

— Jeannette..., vous mentez ; vous ne dites pas la vérité.

— Mon Dieu ! pourquoi donc que tu me dis vous, à présent... Tu n'es donc plus républicain ?

— Jeannette..., tu me suivais, et il y a dans ce paquet des effets à toi que tu avais pris pour le voyage.

— Eh bien! oui..., c'est vrai ! J'avais deviné que la lettre que tu as reçue te ferait partir..., puis, sans écouter, j'ai entendu que tu disais adieu à mon maître... Alors, j'ai bien vite fait un petit paquet de quelques effets..., j'ai pris mes petites économies... Oh! je n'emporte rien qui ne soit à moi!... et je me suis cachée dans un coin de la rue..., je t'ai guetté, et je t'ai suivi... Je te suivrai toujours..., ça m'est égal si tu vas loin... J'ai du courage, de la force..., je ne me fatiguerai pas. Est-ce que cela te fâche, que je te suive ?... Ne suis-je pas ma maîtresse..., et libre d'aller où je veux ? Il n'y a que si cela te déplaisait... ; mais je t'en prie, laisse-moi aller où tu iras... ; je te servirai, je serai ta domestique, je t'aimerai toujours autant ; mais si cela t'ennuie, je ne te le dirai plus... ; que je sois avec toi, voilà tout ce que je veux.

Prosper est touché, attendri par l'amour sincère que lui témoigne cette jeune fille ; mais il sent bien que s'il cède à ses prières, elle va s'attacher à son sort, et qu'il lui sera plus tard difficile de l'obliger à le quitter. Si son cœur n'avait pas été plein du souvenir de Camille, il n'eût pas sans doute fait toutes ces réflexions, car ordinairement, à l'âge de Prosper, on prend le bonheur, le plaisir quand il se présente, sans s'inquiéter de ce qui en résultera.

Prenant la main de Jeannette, et la pressant dans la sienne, Prosper lui répond d'un ton doux, mais avec fermeté.

— Non, Jeannette, tu ne me suivras pas. Je ne voudrais pas que tu fusses ma domestique ; tu ne peux pas être ma maîtresse. J'ignore quelle existence m'est réservée..., je ne sais pas encore quelle carrière je dois suivre... Maintenant, tu le sais bien, une seule pensée m'occupe : je voudrais retrouver Camille..., et pour la chercher, pour me rapprocher d'elle, il n'est pas convenable que j'aie constamment une autre femme avec moi.

Jeannette ne répond pas, elle pleure, et retire sa main que le jeune homme tenait encore.

Prosper s'arme de courage ; il en faut pour résister aux larmes d'une jeune et jolie femme qui nous supplie de répondre à son amour.

— Adieu, Jeannette, lui dit-il ; croyez bien que j'aurai toujours pour vous la plus sincère amitié... Si quelque jour le sort m'est favorable, et que je puisse vous être utile, oh ! venez me trouver, venez ici Jeannette, et vous verrez que Prosper est votre meilleur ami. En attendant, retournez chez Durouleau...

— Non..., je n'y retournerai pas, répond la jeune fille, car à présent que vous n'y êtes plus, je m'y ennuierais trop, je m'y pleurerais dans votre chambre..., et ce ne serait pas le moyen de vous oublier. Adieu, monsieur Prosper..., cherchez votre belle demoiselle..., je trouverai peut-être aussi un beau monsieur qui voudra de moi.

En achevant ces mots, la jeune servante se retourne et s'éloigne vivement en portant son mouchoir à ses yeux.

Prosper est un moment tenté de courir après Jeannette, pour essayer encore de la consoler ; mais il réfléchit... : le soir qu'après tout, ce n'est pas lui qui a cherché à séduire cette jeune fille ; que son malheur est sa propre faute, qu'il n'a aucun reproche à se faire, et mille autres raisons dont la plus concluante était qu'il ne pensait qu'à Camille.

Et pourquoi donc chercher des raisons à notre conduite, lorsque dans presque toutes les circonstances de la vie il y a au fond de notre cœur un autre sentiment qui nous fait agir ?

XII. — UNE ATHÉNIENNE DE PARIS.

Prosper sentait battre son cœur avec force en approchant de la maison de campagne habitée par Poupardot, mais alors ce n'est plus l'amour qui l'agite, c'est un sentiment où se ne se mêlent ni inquiétudes, ni soupçons, ni regrets ; il se rappelait sa conduite avec madame Derbrouck et la confiance honorable dont elle lui avait donné la preuve en lui léguant le soin de veiller sur son enfant, et il lui tardait de voir, d'embrasser cette pauvre petite, qu'il avait emportée dans ses bras en s'éloignant de Passy.

Un habitant de Clichy a indiqué au jeune voyageur la demeure de Poupardot ; c'était une maison simple, mais d'un aspect agréable, entourée d'un joli jardin et pourvue de tout ce qu'on ne peut réunir à la ville et qu'il est-si nécessaire de se donner à la campagne.

Mais Prosper ne s'occupe pas alors à examiner la maison : il est entré dans une première cour, une servante lui dit que ses maîtres sont au fond du jardin avec leurs enfants, et il se hâte d'y courir.

Sous un berceau de vigne, madame Poupardot était assise, tenant sur ses genoux un poupon de quelques mois; devant elle, sur le gazon, se roulait une petite fille qui avait juste la force de courir, de tomber et de se relever pour courir encore ; un peu plus loin, Poupardot s'occupait à greffer un prunier.

Le mari et la femme poussèrent un cri de surprise et de joie en voyant Prosper, et celui-ci, avant de leur parler, court à la petite fille qui est sur le gazon, la prend dans ses bras et la couvre de baisers, si bien que la petite en est tout étourdie et ne sait si elle doit rire ou pleurer.

Madame Poupardot se hâte de rassurer l'enfant, en lui disant :

— Pauline, c'est ton bon ami, ce monsieur-là... ; tu sais bien que nous te l'annonçons tous les jours, que nous te parlons souvent de ton ami Prosper qui t'aime bien et que tu dois aimer aussi... Allons, dis-lui bonjour.

L'enfant ouvre ses grands yeux bleus sur Prosper et lui dit enfin d'une voix craintive :

— Bonjour..., mon ami.

— Hein ! je ne flatte pas que l'éducation s'annonce bien ! dit Poupardot, en allant frapper sur la main du jeune homme. Te voilà donc enfin..., ce n'est pas malheureux... Tiens, voilà mon fils, mon petit Navet, j'espère que tu vas l'embrasser aussi.

Prosper embrasse le poupon, puis la maman, il embrasse toute la famille, en témoignant aux deux époux sa reconnaissance pour les soins qu'ils ont prodigués à l'enfant qu'il leur a confié.

— Et de quoi nous remerciez vous ? dit Elisa ; de ce que vous nous avez procuré du plaisir, du bonheur ?... Cette petite fille est si gentille, et vous verrez combien son caractère annonce de douceur, de sensibilité.

— Comme mon petit Navet, reprend Poupardot, ce sera un prodige de sensibilité... à part qu'il aime beaucoup à mordre !

— Si mon mari vous a écrit en vous engageant à venir nous voir, j'espère bien que vous ne pensez pas que ce soit pour vous rendre votre petite Pauline... D'abord, elle est encore trop jeune pour que vous vous en chargiez... N'est-il pas vrai que vous ne venez pas la chercher ?

Prosper rassure madame Poupardot, qui a pour l'orpheline l'affection d'une mère, ce qui ne l'empêche pas de chérir son fils. Mais les âmes tendres ne sont point étroites, et chez elles il y a toujours de la place pour un nouvel amour.

— Ah çà, mais, citoyen, sais-tu bien que tu n'es plus reconnaissable ? s'écrie Poupardot, en examinant Prosper. La dernière fois que nous te vîmes, tu étais habillé en véritable sans-culotte... maintenant tu es en muscadin.

— Je vous aime mieux ainsi, dit Elisa en souriant.

— J'ai quitté ma culotte rouge, parce qu'elle-même me quittait, dit Prosper ; mais je ne suis point ingrat, et je n'oublierai jamais ce que je lui dois. Quelle nouvelles à Paris ?... Moi, depuis quelque mois, j'ai été entièrement étranger à la politique.

— Ça va bien, ça va très bien, reprend Poupardot en se frottant les mains ; la terreur est passée... la Convention fait de bonnes lois ; seulement, comme elle en fait tous les jours, ça deviendra difficile à retenir : mais quand il y en aura assez, je présume qu'on s'arrêtera.

— Les assignats sont plus en discrédit que jamais, dit Elisa, et je crois bien que nous retirerons peu de chose de la vente de notre maison de Paris.

— Bah! bah! ils remonteront! reprend Poupardot : la vente des biens nationaux doit faire rentrer plusieurs milliards d'assignats à l'État; alors, comme il y en aura moins en circulation, ils remonteront, c'est tout simple : à part des circonstances imprévues...

— Et notre ami Maxime, en as-tu des nouvelles?

— Aucune, on ne sait pas ce qu'il est devenu... cela me désole je crains qu'il ne soit dans la peine... Je lui aurais volontiers rendu service ; mais Maxime est fier !... il ne veut rien devoir à lui-même.

— Oui, il est de ces gens qu'on ne voit pas quand ils sont malheureux, parce qu'ils craignent qu'on ne devine leur position et qu'on ne leur suppose le désir d'être obligé... ; c'est une délicatesse de l'âme, outrée peut-être, mais qui ne vient jamais que d'un excès d'honneur. Et Roger, notre brave soldat?

— Oh! pour celui-là, j'ai eu de ses nouvelles. Roger était à notre glorieux siège de Toulon... où ce jeune officier d'artillerie, Bonaparte, s'est si bien distingué... Roger n'est plus soldat, il est déjà lieutenant...Nos armées se couvrent de gloire; Roger est plein d'ardeur, de bravoure ; je suis sûr qu'il avancera rapidement..., à part qu'il ne soit tué.

— Et Picotin?

— Il vient de changer son enseigne ; il a ôté son chat sans-culotte et l'a remplacé par un ours qui ressemble beaucoup à un mouton. Je ne sais pas si ce pauvre Picotin fait de bonnes affaires, mais je crois que sa femme ne s'occupe guère de son commerce ; elle est tellement coquette !... Depuis que les Français recommencent à se livrer aux plaisirs, depuis que les spectacles sont suivis, madame Picotin n'en sort plus, à moins que ce ne soit pour aller au concert ou au bal !... mais ce n'est pas avec son mari qu'elle y va...

— Ah ! mon ami, dit Elisa, ce n'est pas bien de médire des gens... ; madame Picotin peut être légère, aimer le plaisir, ce n'est pas une raison pour croire ces choses...

— Eh ! mon Dieu ! reprend Poupardot, si je dis cela, moi, c'est parce que Picotin vient à chaque instant ici se plaindre de son Euphrasie..., et me conter quelque tour qu'elle lui a joué. Mais tu as raison, Elisa, cela ne nous regarde pas ; et maintenant, ce qui doit nous occuper, c'est notre nouvel hôte ; il faut le bien recevoir, le bien traiter, afin qu'il se plaise avec nous et y reste longtemps... Viens, citoyen Prosper, je vais t'installer dans la chambre que je te destine. Ma maison n'est pas bien grande, mais elle est commode ; lorsque tu seras reposé, je te ferai tout voir, depuis la cave jusqu'au grenier..., à part les plantations de mon jardin... Décidément, je suis enchanté d'être venu me fixer à Clichy ; l'air y est bon, et je suis sûr que mon petit Navet y viendra comme un champignon.

— Oui, mon Auguste se porte bien ici, dit Elisa en embrassant son fils.

— Navet a déjà deux dents, reprend Poupardot, en prenant le petit garçon dans ses bras.

— Auguste n'a pourtant que cinq mois, reprend la jeune mère.

— Et ses mollets... Voyez donc une peu les mollets de Navet ?

— Il me semble que vous ne lui donnez pas le même nom... tous les deux, dit Prosper, qui, tout en écoutant les époux, avait pris la petite Pauline dans ses bras, et tâchait de la faire sourire.

— C'est vrai, dit Poupardot, ma femme n'aime pas le nom de Navet ; elle veut appeler son fils Auguste... Je trouve cela très impolitique. Auguste est le nom d'un empereur, d'un despote...

— Et Navet, c'est le nom d'un légume, dit la jeune mère.

— Puisqu'on a mis ces noms-là dans le nouveau calendrier, pour remplacer les saints !

— On n'en veut déjà plus de ton calendrier républicain... Je gage que ces noms-là ne tiendront pas plus que les décades, et qu'on reviendra aux dimanches.

— Chut ! Elisa ! Taisez-vous ; élevez votre garçon, et ne vous mêlez pas de politique ; mon fils s'appellera Navet.

Prosper met fin à la discussion des deux époux en demandant la permission d'aller se reposer, et Poupardot le conduit dans une jolie petite chambre, où il le prie de se regarder comme chez lui.

L'amitié que la famille Poupardot témoigne à son hôte, les caresses des enfants, la vie douce et calme que l'on mène à la maison de Clichy, semblent d'autant plus agréables à Prosper que chez Durouleau il fallait continuellement être à table, boire, fumer, genre de vie qui cesse bien vite de plaire quand on devient amoureux.

La petite Pauline s'était facilement habituée à jouer avec celui qu'elle appelait son bon ami ; elle-même venait grimper sur ses genoux. Les enfants devinent ceux qui les aiment ; c'est un don de la nature que l'on perd en grandissant.

Prosper employait l'or que Durouleau lui avait donné à acheter souvent des jouets à Pauline et au fils de Poupardot ; il cherchait par tous les moyens possibles à prouver sa reconnaissance à ses hôtes, et lorsqu'il parlait de retourner à Melun, ceux-ci lui disaient :

— Vous nous ennuyez donc avec nous ?

Puis, quand Prosper devenait triste et laissait échapper un soupir, Poupardot regardait sa femme d'un air d'intelligence, en murmurant :

— Il a quelque chose... Je gagerais qu'il est amoureux..., à part qu'il n'ait une autre indisposition... Ma femme, tu devrais le questionner là-dessus...

— Non, disait Elisa, les peines d'amour aiment le mystère ; ceux qui content tous les secrets de leur âme ne savent pas bien aimer.

Poupardot ne semblait pas être de l'avis de sa femme, et pour le lui faire voir, il s'empressait alors de prendre son fils dans ses bras, en l'appelant son cher Navet.

Et la mère haussait les épaules, en disant :

— Laissez donc Auguste tranquille.

Mais ces querelles légères étaient les seules qui troublassent l'union de ces époux, et on pouvait encore dire que c'était un bon ménage.

Picotin venait assez souvent rendre visite à ses amis de Clichy. La première fois qu'il avait revu Prosper, il ne l'avait pas reconnu, tant était grande la différence entre le rébarbatif sans-culotte qui s'était assis sur ses genoux au Théâtre de la République, et le jeune muscadin qui passait ses journées à jouer avec des enfants et à promener la petite Pauline dans ses bras. Enfin, en reconnaissant le jeune ami de Maxime, Picotin lui avait serré les mains avec affection, en lui donnant mille témoignages d'amitié. Mais comme il en faisait autant à chaque personne de sa connaissance, on avait peu de confiance en ses paroles, et l'on appréciait à sa juste valeur cette amitié qu'il prostituait à tout le monde.

Picotin se plaignait souvent de sa femme qui, comme beaucoup de personnes de cette époque, était enthousiaste des mœurs, des usages, des costumes grecs, et voulait que l'on prît à Paris toutes les modes d'Athènes.

— Je ne sais pas ce que ma boutique va devenir, dit un matin Picotin, en arrivant chez Poupardot d'un air désolé ; mais voilà Euphrasie qui ne me parle plus que des Grecs, qui a sans cesse dans la bouche Athènes ou Lacédémone, et qui prétend que nous devons les imiter, parce qu'ils étaient de fameux républicains.

— Eh bien, citoyen Picotin, est-ce que tu n'es plus de cet avis ? dit

Prosper. Il y a quelque temps, tu avais pris le surnom d'Horatius Coclès, pour ressembler aux grands hommes de Rome ; pourquoi maintenant ne prends-tu pas un nom grec, puisque ceux-ci ont ta préférence ?

— La préférence !... D'abord ce n'est pas général ; cette idée de vouloir imiter les Grecs ne vient que des salons où se rassemblent les grandes coquettes et les muscadins... Mais le plus joli, c'est que la femme d'un conventionnel s'est promenée dans le jardin des Tuileries, avec une de ses amies, toutes deux habillées en Athéniennes, c'est-à-dire avec une robe sans chemise, ou plutôt une chemise sans robe, et les jambes nues, avec des cothurnes pour toute chaussure...

— Est-ce bien possible ? dit Elisa d'un air d'incrédulité.

— Je ne sais pas si c'est possible, mais je vous assure que cela est ; mon ami Romulus les a vues et suivies... Une foule d'hommes les suivait, ça se conçoit..., d'autant plus que l'on assure que ces deux dames sont fort jolies et très bien faites...

— Parbleu ! dit Poupardot, des bossues n'auraient pas pris ce costume-là.

— Eh bien, reprend Picotin, lorsque de tous côtés j'ai entendu blâmer les deux citoyennes qui ont fait cet essai, croiriez-vous que ma femme les défend, qu'elle prétend que nous devons prendre les modes d'Athènes... Me voyez-vous, moi, avec une tunique descendant à mi cuisse, et un manteau négligemment jeté sur mes épaules !... Quand il fait du vent on doit voir de belles choses !... C'est égal, Euphrasie ne pense, ne rêve qu'à la Grèce, et, pour commencer, ce matin elle a fait une panade assaisonnée de miel et de thym, en me disant que c'était de la cuisine grecque..., et, pour boisson, m'a présenté, au lieu de vin, une drogue qu'elle m'a dit être du Naxos ou du Chio. J'ai trouvé cela détestable, et je viens vous demander à déjeuner.

On tâche de consoler le pauvre mari ; on lui donne à déjeuner, Poupardot lui verse force rasades pour lui faire oublier l'hydromel, et Picotin, échauffé par le vin qu'il a bu, est, en sortant de table, plus animé que jamais contre la cuisine grecque.

Après le déjeuner, Picotin engage Poupardot et Prosper à descendre avec lui à Paris pour savoir ce qu'il y a de nouveau, car, si le régime de la terreur était passé, il s'en fallait de beaucoup cependant que la tranquillité fût rétablie, et chaque jour amenait de nouvelles querelles à la Convention, des murmures parmi le peuple et des menaces dans les sections.

Prosper était allé souvent à Paris depuis qu'il demeurait chez Poupardot, mais il ne se mêlait plus aux discussions publiques ; son seul désir était de rencontrer quelqu'un qui vînt d'Angleterre, pour tâcher d'avoir des nouvelles du comte de Tréviliers et de sa fille, et jusqu'alors ce désir n'avait pu être satisfait.

Les trois jeunes gens ont quitté Clichy, et descendent à Paris bras-dessus bras-dessous. Prosper, toujours rêveur, préoccupé, fait peu attention à ce qui se passe autour de lui ; Poupardot, au contraire, examine, tâche de lire sur les visages, de deviner ce qui se dit dans les groupes. Quant à Picotin, que le déjeuner a rendu presque téméraire, il fredonne la Carmagnole ; mais lorsqu'un muscadin passe près de lui et semble l'écouter, il trouve moyen de transformer son air en celui de Malbroug.

Ces messieurs sont arrivés sur les boulevards.

— Où allons-nous ? demande Prosper.

— Aux Champs-Elysées ! s'écrie Picotin, la journée est superbe, il doit y avoir du monde par là...

— Soit, dit Poupardot, nous y apprendrons peut-être des nouvelles..., à part qu'il n'y en ait pas.

On se remet en marche et l'on arrive bientôt aux Champs-Elysées, où il y avait en effet une grande affluence de gens de toutes classes, les uns allant pour voir, les autres pour se montrer, quelques-uns pour écouter ce qui se disait, et le plus grand nombre par désœuvrement.

Nos trois promeneurs avaient déjà parcouru plusieurs allées. Prosper regardait, cherchait si quelquefois parmi ce monde qui passait devant lui il ne reconnaîtrait pas Maxime, son cher Maxime, qu'il aurait tant voulu retrouver. Poupardot s'efforçait de voir un air heureux sur tous les visages, et Picotin faisait une foule de réflexions, auxquelles ses deux compagnons jugeaient qu'il était inutile de répondre.

Tout à coup quelques jeunes gens s'abordent, se parlent en riant, puis se dirigent vers une contre-allée moins fréquentée, mais qui devient bientôt remplie de monde.

— Il y a quelque chose par là, citoyens, s'écrie Picotin en tirant ses deux compagnons du côté où se portent les promeneurs ; voyez..., voyez..., on court..., on se presse... Oh ! certainement il y a quelque chose ; allons voir cela.

Poupardot et Prosper se laissent entraîner. Picotin s'adresse à quelqu'un qui vient devant lui :

— Citoyen, qu'est-ce qu'il y a donc là-bas ?... Que suit-on ?... que veut-on voir ?

— C'est encore une femme habillée en grecque..., elles ont le diable au corps ces dames... Celle-ci est presque nue... Une tunique de mousseline..., rien dessous..., vous comprenez ce qu'on voit... ; il y a bien une petite draperie sur les épaules..., mais qui ne cache rien du tout... Allez, allez, citoyen ; la femme est jolie, ça vaut la peine d'être vu !...

— Oh ! parbleu, je serais enchanté d'en voir une ! s'écria Picotin ; ceci vous prouve que Romulus ne m'avait pas trompé. C'est fini, les femmes se font Grecques... Allons voir celle-là.

Picotin tire ses compagnons, pousse les personnes qui sont sur son passage, perce la foule, et parvient à apercevoir à trente pas devant lui la moderne Athénienne, qui se promène seule, mais avec aisance, au milieu de la foule, ne paraissant nullement effarouchée de l'effet que produit son costume.

— Peste! elle est bien faite, s'écrie Picotin; belles jambes... du mollet... des hanches...; comme tout ça se voit bien!

— Elle ne semble pas embarrassée sous ce costume, dit Poupardot, et cependant c'est furieusement indécent!

— C'est vrai, dit Picotin, mais c'est bien provoquant!... fichtre! voilà que je me sens du goût pour les Grecques..» Je ne vois pas la figure de celle-là..., mais ce côté-ci est superbe... Qu'en dites-vous, citoyens?

— Elle est faite comme un ange, dit Poupardot.

Prosper ne disait rien, il se contentait de hausser les épaules.

— Avançons, avançons, s'écrie Picotin, je veux voir sa figure... Je veux m'assurer si tout ce qu'on nous montre est aussi ferme que beau.

— Ah! Picotin, j'espère que tu vas être sage; que tu ne te permettras pas d'insulter cette femme, dit Poupardot.

— Sois donc tranquille, citoyen; il n'est pas question de l'insulter..., mais une femme qui se promène presque nue ne doit pas être bien farouche. Venez donc, venez donc... Je veux faire la conquête de l'Athénienne.

Picotin double le pas, le déjeuner l'avait entreprenant : le costume grec lui montait la tête. Il arrive derrière l'Athénienne, et, tout en s'avançant le cou pour voir sa figure, sa main se permet de toucher ce qu'il aperçoit sous la tunique. Au même instant, la Grecque moderne se retourne, lui applique un vigoureux soufflet, et Picotin reste tout ébahi en s'apercevant que c'est à la femme qu'il vient de pincer la fesse.

Cependant l'action de la nouvelle Athénienne eut beaucoup de témoins; d'ailleurs le soufflet avait été si bien appliqué que tout le monde avait pu l'entendre. Aussitôt on approche, on se presse autour de Picotin, qui se tient la joue, et ne sait que répondre à ceux qui le questionnent; mais d'autres personnes entourent Euphrasie et lui adressent déjà des propos peu flatteurs; on la raille sur son costume, on lui demande si c'est pour souffleter ses admirateurs qu'elle a pris la tunique grecque. Quelques hommes proposent déjà de lui administrer une correction comme aux enfants qui ne sont pas sages. Euphrasie est effrayée, elle pâlit, elle tremble, elle vent parler... Des huées couvrent sa voix... Elle cherche des yeux son mari; il s'en est allé en se tenant la joue. La pauvre Athénienne ne sait comment se soustraire à cette cohue qui l'entoure, lorsqu'un jeune homme perce la foule, parvient jusqu'à elle, prend son bras, et; repoussant vigoureusement tous ceux qui lui barrent le passage, parvient à dégager Euphrasie, l'entraîne à grands pas loin des Champs Elysées et la fait monter dans un fiacre.

— Ah! merci! merci! citoyen Prosper, s'écrie Euphrasie, lorsqu'elle a retrouvé la force de parler et reconnu son libérateur; sans toi, je ne sais pas ce qui me serait arrivé!... Oh! c'est fini, je ne me mettrai plus en Athénienne.

— Je crois que tu feras bien, dit Prosper, en souriant, les Français ne me paraissent pas disposés à devenir Grecs.

— C'est pourtant mon imbécile de mari qui est cause de tout cela..., s'il n'était pas venu... m'insulter, je ne lui aurais pas donné un soufflet... et on ne se serait pas attroupé autour de moi... Comprend-on cette idée de venir me pincer..., comme s'il n'avait pas le temps chez nous! mais il n'y pense jamais alors.

— S'il t'avait reconnue, il n'aurait pas agi ainsi.

— Comment! il ne m'avait pas reconnue!... c'était donc avec une autre femme qu'il croyait prendre... des libertés? Ah! le monstre... il mériterait bien que..., il ne l'aurait pas volé... Où me conduis-tu citoyen?

— Mais chez toi, je pense.

— Oh! pas encore..., je ne veux pas rentrer avant la nuit. J'aurais peur de quelque nouvelle scène si l'on me voyait arriver sous ce costume dans mon quartier... Je ne me suis pas habillée chez moi, c'est chez une de mes amies que j'avais mis tout cela.

— Eh bien, veux-tu que je te ramène chez ton amie?

— Elle n'y sera peut-être pas... Si tu n'es pas pressé, dis au cocher de nous mener au bois de Boulogne... Il ne tardera pas à faire nuit, alors nous reviendrons à Paris.

Prosper est disposé à faire tout ce qui sera agréable à la jeune femme, qu'il ne peut s'empêcher de trouver fort séduisante sous le costume grec. Il ordonne au cocher de les mener au bois de Boulogne. Euphrasie, qui n'a plus peur, retrouve sa gaieté et sa coquetterie; elle tâche de se draper dans son manteau, mais le moindre mouvement du fiacre dérangeait la draperie et relevait quelquefois une partie de la tunique. Alors Euphrasie riait comme une petite folle, et Prosper tâchait de la recouvrir, afin qu'elle n'eût pas froid; mais il s'y prenait très mal, et c'était toujours à recommencer... Pendant ce temps-là la nuit venait; elle amenait la fraîcheur. Prosper avait fermé toutes les glaces de la voiture, de crainte que la jeune Grecque ne prît froid; et, malgré cette attention, celle-ci se blottissait contre lui pour se réchauffer.

Il était nuit depuis plus de deux heures, et la voiture qui renfermait Prosper et Euphrasie roulait encore dans le bois de Boulogne; mais le cocher était presque endormi, *sa main sur ses coursiers laissait flotter les rênes*, lorsque Prosper et son Athénienne, qui n'avaient plus froid ni l'un ni l'autre, pensèrent à retourner à Paris.

On revint rue aux Ours, la jeune femme descendit de voiture à deux pas de sa demeure, serra tendrement la main de Prosper, et s'élança vers sa boutique en s'écriant :

— C'est égal! je vais faire une fameuse scène à mon mari.

Environ six semaines après cette journée, Prosper reçoit de Melun une lettre cachetée de noir, il l'ouvre avec inquiétude; elle était du même notaire qui l'avait engagé à venir chercher le legs que lui avait fait son parrain, et contenait ces mots :

« Le citoyen Durouleau, ancien brasseur, vient de mourir à la suite » d'un accès de goutte, il ne laisse ni enfants, ni collatéraux, et c'est toi, » citoyen Prosper Bressange, qu'il a fait héritier de toute sa fortune; cette

» fois il s'agit d'autre chose que de trois culottes, car peu de temps avant » sa mort, Durouleau avait fait l'acquisition d'un bien national, la terre » du ci-devant comte de Trévilliers était devenue sa propriété. Quand tu » voudras venir, citoyen, il ne tient qu'à toi d'entrer en possession de ton » héritage. »

Prosper croit un moment être le jouet d'un songe; quand un grand bonheur nous arrive, on craint que ce ne soit pas une réalité; il n'en est pas de même de la peine, que l'on reçoit toujours comme une ancienne connaissance. Cependant sa nouvelle fortune est bien réelle, il tient dans ses mains la lettre qui la lui annonce, et il est presque fâché contre lui-même de se trouver si heureux de la mort de ce pauvre Durouleau, qui lui donne encore une preuve de l'affection qu'il lui avait vouée.

Mais en cette circonstance il était tout naturel que le plaisir l'emportât sur les regrets; mille pensées, mille espérances se présentent en foule à l'esprit de Prosper; ce qui l'enchante surtout, c'est de se trouver propriétaire de la terre du comte de Trévilliers, de ce beau domaine qui a vu l'enfance de Camille et qu'elle regrettait sans cesse, puisque son seul bonheur était d'aller se promener aux alentours, depuis qu'elle n'avait plus le droit de l'habiter. L'imagination d'un amoureux va vite! déjà Prosper se voit l'époux de Camille, et il la ramène dans le domaine de ses pères.

Le nouvel héritier se hâte d'aller montrer à ses hôtes la lettre qu'il vient de recevoir; ceux-ci partagent sa joie, Poupardot l'embrasse, le complimente; Elisa lui dit qu'il mérite ce qui lui arrive, et dans ces félicitations il n'y avait rien que de sincère, car les deux époux étaient inaccessibles à l'envie, et ils jouissaient aussi du bonheur de leur ami.

— Et toi, chère petite, dit Prosper, en prenant dans ses bras la fille de l'infortuné Derbrouck : toi, née dans l'opulence et qui ne possède plus rien, je pourrai donc assurer ton sort, ton avenir. Ah! si je sens combien il doit être doux de rendre heureux ceux que l'on aime.

Prosper voulait partir pour Melun le lendemain du jour où il avait reçu la lettre, mais les nouveaux événements qui se préparaient à Paris ne lui permettent pas de s'éloigner aussi vite.

Les sections étaient alors en pleine révolte contre la Convention; le tambour battait dans Paris, de tous côtés on prenait les armes, et Poupardot, qui, malgré les prières de sa femme veut absolument sortir de chez lui et aller savoir ce qui se passe, rentre un jour tout essoufflé, tout pâle, et une blessure au genou, ce qui ne l'empêche pas de se frotter les mains, en disant :

— Ça va bien, oh! ça va très bien... La révolte est finie... Le général Bonaparte vient de faire mitrailler les sections..., et dans ces félicitations tout cela... La Convention triomphe... Oh! je crois qu'on se souviendra du 13 vendémiaire!

— Mais pourquoi es-tu blessé? s'écrie Elisa, te serais-tu battu?

— Non..., mais je voulais traverser la rue Saint-Honoré au moment où le canon a ronflé..., ça porte loin le canon, et quand on est curieux... on essuie quelquefois des désagréments. J'ai reçu un morceau de mitraille dans le genou, ça me fait très mal... à part que je suis content, car j'espère que nous allons être enfin très heureux.

Elisa s'empresse de faire panser son mari; Prosper reste quelques jours de plus près du blessé, afin d'être certain qu'il n'est pas en danger. Poupardot est assez promptement guéri, mais comme la blessure qu'il avait reçue avait attaqué un nerf du genou, lorsqu'il veut marcher il ressent une gêne, une raideur qui le force à boiter, et le médecin lui annonce qu'il ne doit plus s'attendre à marcher autrement.

Enfin, Prosper voyant Paris redevenu tranquille, se décide à partir pour Melun; il dit adieu à ses amis, embrasse tendrement Pauline, que d'un regard il recommande encore à la bonne Elisa, puis se met en route pour aller recueillir l'héritage qu'il doit à la Providence et à la culotte rouge de son parrain.

———

XIII. — SÉJOUR EN ANGLETERRE.

Prosper, à peine arrivé à Melun, s'empresse de se rendre chez le notaire Dumont; celui-ci lui lit le testament fait en sa faveur et lui remet les titres qui lui assurent la possession d'un legs que reste personne ne songe à lui contester.

Le ci-devant brasseur n'était point millionnaire, et d'ailleurs, jusqu'à son dernier accès de goutte, il ne s'était privé de rien, et avait voulu se donner toutes les jouissances qui étaient dans ses goûts. La fortune qu'il laissait à sa mort se composait de la terre de Trévilliers avec ses dépendances, qui était d'un revenu de dix à douze mille livres; plus, la maison qu'il occupait à Melun, puis enfin une centaine de mille livres en numéraire qu'il avait enfoui dans un vieux coffre et caché dans le fond d'une armoire, ce qui annonçait chez lui peu de confiance dans les assignats; c'était pourtant avec ce papier qu'il avait fait l'acquisition du bien de l'émigré.

Ce n'était donc pas une immense fortune que venait d'échoir à Prosper; mais pour quelqu'un qui ne possédait rien, ce changement de situation devait tenir du merveilleux.

Souvenons-nous que Prosper n'avait alors que vingt ans, et que si les événements, les circonstances dans lesquelles il s'était trouvé, avaient déjà donné de la force à son caractère, son cœur et sa tête pouvaient bien encore s'abandonner à des illusions amies de la jeunesse et que l'âge mûr essaye longtemps de retenir.

En rentrant dans la maison où il avait laissé Durouleau joyeux et dispos, Prosper se sent ému, il donnerait sans regret la fortune qui vient de lui arriver pour presser encore la main de cet homme qui a pu commettre de grandes fautes durant sa vie, mais dont il n'a reçu, lui, que des témoignages d'amitié

Arrivé dans la chambre qui était la sienne, un autre souvenir devait venir occuper son cœur. C'était là que Camille avait passé la nuit, où il avait été heureux et coupable; mais de cette faute, il espérait toujours que naîtrait son bonheur, et il se disait:

— Après ce qui s'est passé, pourrait-elle jamais consentir à se donner à un autre!... Oh! non... Camille est trop fière pour vouloir tromper quelqu'un. Elle sait combien je l'aime, et maintenant que je puis lui rendre un domaine de son père, maintenant que je suis riche, pourquoi ne deviendrai-je pas son époux.

Prosper reste une partie de la journée dans cette chambre, livré à ses pensées et le cœur plein du souvenir de Camille. Le temps passe très vite pour les poètes et les amoureux; ces gens-là ne s'ennuient jamais quand ils sont seuls, c'est un petit dédommagement de toutes les déceptions qui les attendent.

Et c'est seulement au moment où il va sortir de sa chambre, que Prosper se rappelle une autre personne qui a aussi habitée avec lui; alors ses yeux errent sur les objets qui l'environnent, tandis qu'il murmure:

— Pauvre Jeannette!... elle m'aime bien, celle-là! et je l'ai forcée à me quitter! tandis que l'autre... Notre cœur est donc bien ingrat..., bien dur..., bien déraisonnable! Quand il n'aime pas, rien ne le touche; il demeure froid devant les preuves du plus ardent amour, tandis qu'il s'enflamme, qu'il se consume quelquefois pour un objet dont il ne reçoit que des dédains ou du mépris. Mais si je puis retrouver Jeannette, je veux au moins lui donner des preuves de mon amitié en la mettant pour jamais à l'abri de l'infortune.

Prosper avait déjà son projet; sa résolution était arrêtée; il voulait passer en Angleterre pour y chercher Camille; il ne pouvait croire qu'elle l'eût entièrement oublié. Attribuant son silence à la force des circonstances et non à sa volonté, il se disait aussi que peut-être elle lui avait écrit et que ses lettres avaient été égarées, perdues; la guerre qui existait alors entre la France et l'Angleterre, la rareté, la difficulté des communications, pouvaient en effet donner lieu à ces conjectures. D'ailleurs un amant se rattache à tout ce qui flatte sa passion; il supposera un bouleversement dans le globe, plutôt que de renoncer entièrement à l'espoir d'être aimé. En amour, nous voulons des preuves pour croire à notre malheur, et encore!... Que de gens en ont et ne veulent pas croire! *Oculos habent et non videbunt*, se qui du reste est très heureux.

Prosper se hâte de mettre de l'ordre dans son héritage. Puis, après avoir pris sur lui une forte somme, confié à son notaire ce qui lui reste en numéraire, et laissé sa maison sous la garde des deux domestiques qui avaient servi Durouleau, il part pour Calais, où il espère trouver le moyen de passer en Angleterre.

Avec de l'or, en tout temps, sous tous les régimes, il est bien rare que l'on n'arrive pas à ses fins. Prosper parvient à s'entendre avec le patron d'un léger bâtiment qui se rendait en Écosse. Une belle nuit il s'embarque, et part bientôt de vue les côtes de son pays.

Le principal, pour Prosper, était d'être sorti de France. Une fois en Écosse, il ne lui est pas difficile de se rendre en Angleterre; seulement il s'aperçoit qu'il a bien fait de se munir d'une forte somme, car si l'argent roule en France, en Angleterre il semble s'envoler.

Quinze jours après son départ de Calais, Prosper était à Londres, logé

dans un assez bel hôtel de la cité et parcourant la ville, dans l'espoir d'y rencontrer la fille du comte de Tréviliers.

Mais chaque jour le pauvre amoureux sentait s'évanouir une partie de ses espérances. Comment, en effet, parvenir à trouver ce qu'il cherchait, au milieu d'une ville immense, d'une population nombreuse, et ne baragouinant qu'avec peine quelques mots de la langue qui se parle autour de lui.

Le maître de l'hôtel où logeait Prosper avait la prétention de comprendre et de parler fort bien le français. Lorsque le jeune voyageur était rentré chez lui, en annonçant qu'il venait à Londres pour y chercher des compatriotes, M. Betteson (c'était le nom de l'hôte) lui avait dit qu'il l'aiderait dans ses démarches et le mettrait en mesure de trouver ses amis. Mais, au bout de quelques jours passés dans la cité, comme M. Betteson envoyait à Prosper de la bière quand il demandait du sucre, un beefsteak lorsqu'il voulait une plume, et un tailleur quand il désirait un commissionnaire, le jeune homme fut se loger dans un bel hôtel du brillant quartier de Saint-James.

Là, Prosper trouve un hôte et même des garçons qui parlent assez bien le français, et il s'informe du comte de Tréviliers.

— Si c'est un émigré, lui répond-on, nous en avons beaucoup à Londres, dans tous les quartiers; les uns font de folles dépenses, les autres n'ont pas le sou, et sont fort malheureux; quelques-uns même, forcés pour subsister de recourir à leurs talents, et de professer l'art et la science qu'ils possèdent, cachent par fierté leur nom et leur qualité. Nous ne connaissons pas le comte de Tréviliers; pour avoir de ses nouvelles, il vous faudrait fréquenter les grands cercles de Londres, être reçu dans les salons de quelque lord, ou, ce qui serait mieux encore, tâcher d'être présenté chez quelque grand personnage.

Mais Prosper n'avait aucune connaissance, aucune lettre de recommandation; il était roturier, il avait été imprimeur, il était républicain, il aimait la liberté, la révolution, il se trouvait possesseur de biens nationaux, et tous ces titres-là ne pouvaient pas le faire admettre dans les salons de l'aristocratie anglaise.

Six mois s'étaient écoulés. Prosper avait parcouru tous les quartiers de Londres; il avait visité tous les endroits publics, il allait souvent aux spectacles, aux cercles; il avait dîné chez tous les traiteurs en renom, était

Au même instant la grecque moderne se retourne, lui applique un vigoureux soufflet. — Page 31.

entré boire dans toutes les tavernes, et n'avait jamais aperçu Camille, ni entendu donner à un Français le nom de son père. Le pauvre amoureux était désespéré; déjà plusieurs fois il avait eu l'intention de quitter l'Angleterre, mais il ne pouvait s'y décider, parce qu'un secret pressentiment lui disait que celle qu'il aimait était encore à Londres.

Un matin, il se promenait dans un quartier éloigné du centre de la ville. Il ne cherchait plus, il ne questionnait plus, car déjà dans cette rue, comme dans les autres, il avait demandé le comte de Tréviliers et sa fille, et n'avait reçu que des réponses négatives.

Mais une chaise de poste vient de s'arrêter devant une maison d'assez modeste apparence. Un homme d'une tournure élégante en descend d'abord; à sa mise, à ses manières, Prosper a bien reconnu un Français; ensuite une jeune femme saute hors de la voiture, et cette femme, quoiqu'il n'ait fait que l'entrevoir, son cœur lui dit que c'est Camille qu'il vient enfin de retrouver.

Prosper est resté arrêté dans la rue, à cent pas environ de la voiture, immobile, et les yeux fixés sur cette maison dans laquelle viennent d'entrar les personnes qui semblent arriver de voyage. Il ne sait que faire. Ce bonheur sur lequel il ne comptait plus l'étourdit, l'étonne. Cependant le postillon est remonté en selle. La chaise de poste repart. Alors Prosper revient à lui, et, courant après la voiture, appelle le postillon, et lui montre de loin une pièce d'or. Le postillon arrête ses chevaux. Le jeune homme s'approche, et tâche de se faire comprendre. Depuis six mois qu'il était à Londres, Prosper avait appris assez d'anglais pour savoir se faire entendre. Il demande quels pers pour se descendre de la voiture. Le postillon commence par prendre la pièce d'or qu'on lui présente, puis répond :

— Yes, Travellers..., comte french émigré, venir de Birmingham.

Le postillon a fouetté les chevaux : il est reparti. Prosper n'est guère plus avancé ; cependant il a bien entendu les mots de comte et d'émigré. D'ailleurs il est certain que c'est Camille qu'il a vue ; mais il ne sait à quel parti s'arrêter ; il sent bien que le moment serait mal pris pour se présenter, puisqu'on arrive de voyage. D'ailleurs, il voudrait d'abord voir Camille son père, mais pour cela, il faudrait avoir quelque intelligence dans la maison.

Prosper passe toute la journée à faire sentinelle dans la rue. Sur le soir, une femme, qu'à sa tournure on reconnaît pour une anglaise, sort de la maison. Prosper court après elle, l'aborde, bredouille quelques mots qui ne sont d'aucune langue, parce que dans son empressement de se faire comprendre, il ne trouve plus de mots pour s'exprimer. Heureusement pour lui, la dame à laquelle il vient de s'adresser parle fort bien le français, et lui dit en souriant :

— Je crois qu'il vous serait plus commode de ne pas me parler anglais.

Prosper est enchanté, il embrasserait la dame anglaise, s'il ne craignait de l'effaroucher ; il peut enfin obtenir les renseignements qu'il désire. Mistriss Wilfort, c'est le nom de la dame, lui dit avec beaucoup de politesse :

— Les personnes que vous venez de voir descendre de voiture ont déjà logé chez moi l'année dernière ; je suis veuve, seule avec deux domestiques ; ma maison est assez grande, et j'en ai cédé la moitié à ce Français et à sa fille. C'est un émigré, il se nomme le comte de Trévilliers. Ils ne sont pas riches, à ce que je crois ; ils étaient allés passer plusieurs mois à Birmingham, chez un Anglais de leurs amis. Les voilà de retour, et je pense qu'ils vont reprendre leurs habitudes d'autrefois. Le père sort tous les jours, loue quelquefois un cheval pour aller en promenade : la fille reste presque constamment à la maison. Ils reçoivent les visites de quelques nobles français, émigrés comme eux ; ils causent, ils jouent et ne prennent pas tous le thé..., voilà ce qui me semble le plus surprenant !...

Prosper remercie mistriss Wilfort, qui paraît beaucoup aimer à causer ; et se donnant pour le frère d'une amie que mademoiselle de Trévilliers a laissée en France, dit qu'il ira lui faire une visite lorsqu'elle sera reposée de son voyage, et prie de ne point l'annoncer, parce qu'il tient à surprendre la fille du comte.

Mistriss Wilfort promet le secret ; le jeune homme s'éloigne le cœur rempli de joie. Pour la première fois depuis son séjour à Londres, il voit, il regarde avec plaisir autour de lui. La ville lui paraît plus jolie, les boutiques plus belles, les Anglaises plus gracieuses ; il lui semble n'avoir pas encore aperçu tout cela.

Prosper passe quelques jours à rôder autour de la demeure de Camille. Le comte de Trévilliers sort habituellement sur les une heure de l'après-midi et ne rentre pas avant cinq. Bien certain du moment où il trouvera Camille seule, notre jeune amoureux se décide à se présenter devant mademoiselle de Trévilliers.

Ce jeune homme, que l'on avait si peu de temps auparavant si hardi, si entreprenant, était alors tremblant, timide, et son cœur, agité par la crainte et l'espérance, cherchait en vain à retrouver de l'assurance.

Comment me recevra-t-elle ? telle est la question que Prosper s'est adressée cent fois en se rendant chez Camille. Enfin il arrive chez mistriss Wilfort, et la prie d'avertir en secret la fille du comte qu'une personne qu'elle a connue en France demande à lui parler.

Mistriss Wilfort introduit Prosper dans un salon, et l'engage à y attendre pendant qu'elle ira prévenir mademoiselle de Trévilliers.

Au bout de quelques instants, elle revient et lui dit :

— Cette demoiselle m'a fait beaucoup de questions sur la personne qui la demandait ; j'ai répondu que je ne vous connaissais pas : enfin, elle va venir. Attendez, je vous laisse.

« Mon Dieu ! que de cérémonies ! se dit Prosper, en se jetant sur une chaise ; mais rappelons-nous que nous ne sommes plus en France... ; qu'ici, Camille est redevenue noble..., grande dame !... que les idées républicaines doivent être fort mal accueillies dans la famille d'un émigré..., et que je dois parler avec respect à celle qui ne veut peut-être plus se rappeler l'intimité qui exista entre nous. »

Une porte s'ouvre, et Camille paraît. Depuis son départ de France, ses traits ont pris une expression plus sérieuse, plus sévère ; sa taille s'est développée, sa démarche posée n'est plus celle de la jeune fille qui courait en jouant dans la campagne. Prosper la trouve encore plus belle ; il demeure comme frappé d'admiration à son aspect.

En reconnaissant la personne qui l'attendait dans le salon, Camille a pâli, elle s'appuie contre un meuble, et reste quelques instants sans pouvoir parler.

— C'est vous, monsieur ! dit enfin Camille, et ces mots sont prononcés avec un ton de reproche dont le cœur de Prosper se sent déjà blessé.

— Ma présence semble vous surprendre, mademoiselle, répond Prosper d'une voix tremblante, vous ne m'attendiez donc pas..., vous ? vous pensiez donc que je pourrais vous oublier ! que je pourrais vivre sans vous revoir ! sans savoir quelle était votre destinée !... Vous m'aviez promis de vos nouvelles..., j'ai attendu en vain... ; près de deux années se sont écoulées..., et pas un mot de vous n'est venu calmer mes inquiétudes et rendre un peu de calme à mon cœur. Ah ! si vous saviez combien j'ai souffert !... N'y tenant plus, j'ai quitté la France... Depuis sept mois, je suis à Londres... ; mais enfin, je vous ai retrouvée..., je vous vois..., ah ! je suis encore trop heureux !

Pendant que Prosper lui parle, Camille éprouve une émotion qu'elle s'efforce de maîtriser ; prenant un siège, et faisant signe au jeune homme de s'asseoir près d'elle, elle lui répond d'un ton moins sévère :

— Monsieur Prosper..., si je ne vous ai pas donné de mes nouvelles, c'est que j'ai pensé que... mon devoir était d'oublier entièrement le passé..., d'effacer de ma mémoire des souvenirs... qui me sont trop pénibles... ; Oui, ma raison m'a dit que toute liaison devait être rompue entre nous... Ne croyez pas que cette résolution ne m'ait point été pénible ; mais à quoi

Derrière eux venait Anacharsis qui tenait un parapluie, le ridicule de sa femme et un second châle. — Page 37.

3

servirait de nous revoir ?... Lors même que je vous aimerais, nous ne pouvons être... époux. Oubliez-moi, monsieur, et croyez que je ferai des vœux
pour votre bonheur.

— Que je vous oublie ! s'écrie Prosper, qui avait peine à se contenir en
écoutant Camille, et c'est ainsi que vous me recevez...; il ne faut plus nous
voir...; nous ne pouvons être époux ! Eh pourquoi donc, mademoiselle?...
Je suis riche, maintenant !... je puis assurer votre sort...; je puis vous rendre
le domaine où fut élevée votre jeunesse, que vous regrettiez tant...; il
est à moi, et j'étais si heureux de venir vous l'offrir !

— Comment, monsieur, vous avez acheté le château de mon père ! dit Camille d'un ton presque courroucé. Ah ! vous êtes acquéreur de biens nationaux !... Je vous en fais mon compliment. Cela n'a pas dû vous coûter
cher...; vous aurez payé cela en assignats ! sans doute...; mais si c'est là
votre titre de recommandation près de mon père, je vous préviens qu'il ne
vous vaudra pas une agréable réception.

Prosper demeure confus ; il s'attendait peu à des reproches et ne croyait
pas en mériter : ce n'est qu'au bout d'un moment qu'il peut répondre :

— Je n'ai pas acheté le château de votre père...; comment aurais-je pu
le faire..., je ne possédais rien...; mais... quelqu'un est mort... on me
faisant son héritier. Cette personne avait acquis le domaine..., qui fut le
vôtre..., voilà comment je m'en trouve propriétaire... Si ce fut un tort d'avoir
fait cette acquisition. ., je croyais le réparer en vous rendant ce bien...
Ah ! mademoiselle..., ne m'adressez pas des reproches que je ne mérite
pas..., en devenant votre époux, j'emploierai chacun de mes jours à vous
rendre heureuse..., je n'aurai plus d'autre volonté que la vôtre... Camille,
ne savez-vous pas combien je vous aime...; vous êtes noble et je ne le suis
pas, il est vrai...; mais ne suis-je donc rien pour vous..., et ces préjugés que l'on ne connaît plus en France, doivent-ils mettre ici une barrière entre nous?...

Prosper est tombé aux genoux de Camille; celle-ci regarde avec inquiétude autour d'elle, en s'écriant :

— Relevez-vous..., relevez-vous, je vous en prie... Mon Dieu ! si on venait..., vous me perdriez de reputation.

— Mais donnez-moi donc un mot d'espoir..., de consolation...

— Que puis-je vous dire ?... Je ne suis pas ma maîtresse, je dépends de
de mon père...

— Mais au moins, me permettez-vous de le voir, de lui demander votre
main ?...

— Vous pouvez faire cette démarche....; mais je ne pense pas que vous
réussissiez.

— Vous n'avez donc jamais dit un mot en ma faveur...; vous n'avez
pas parlé au comte de celui qui vous a sauvée, qui a favorisé votre sortie
de France?...

— Pardonnez-moi, je vous ai nommé à mon père comme quelqu'un à
qui j'avais de grandes obligations...; je pense que je le devais pas en dire
davantage..., et sans doute il a maintenant oublié votre nom; mon père
est si distrait ! si occupé des affaires politiques....

— Eh bien ! je le verrai..., j'aurai le courage de lui parler... Mais vous,
Camille, ne lui direz-vous rien pour qu'il m'écoute favorablement ?

— Je n'ai point d'influence sur les volontés de mon père... ; voyez d'abord
ce qu'il vous répondra... Et maintenant, adieu ; s'il nous trouvait ensemble, cela ne pourrait que l'indisposer contre vous.

— Déjà vous quitter, Camille, après une si longue absence ! lorsque j'ai
tant de choses à vous dire..., lorsque j'ai tant de plaisir à vous regarder !...

— Vous ne voudriez pas me compromettre..., me causer des chagrins...

— Oh ! non ! je m'éloigne, je pars...; mais demain je viendrai voir votre
père, demain mon sort sera décidé.

Prosper se lève, s'avance vers Camille, et, emporté par son amour, fait
un mouvement comme pour la presser dans ses bras; mais mademoiselle
de Trévilliers fait un pas en arrière et alors son regard est si imposant,
son front si sévère, que le pauvre garçon demeure interdit, confus; il se
contente de porter à ses lèvres une main qu'on veut bien lui abandonner,
et s'éloigne après lui avoir lancé un dernier regard dans lequel son âme se
peint tout entière.

Prosper rentre chez lui mécontent, inquiet; l'accueil qu'il avait reçu
n'était pas fait pour l'encourager, cependant il cherche encore à se faire
illusion : il se dit que la fille du comte a dû reprendre chez son père cette
sévérité de manières et de langage, mais qu'elle lui a permis de lui demander
sa main, et d'aller s'éloigner..., qu'elle ne l'aimait pas un peu, elle se serait opposée à ce
qu'il parlât au comte. Enfin, il se dit tout ce qu'il cherche, tout ce qu'on
imagine lorsqu'on aime quelqu'un et qu'on ne veut pas lui trouver des
torts.

Le lendemain, après avoir soigné davantage sa mise et cherché à dissimuler ses manières franches et ses formes républicaines sous le costume
d'un dandy, Prosper se rend chez le comte de Trévilliers, avant l'heure
habituelle de sa sortie.

Un domestique à livrée, mais dont les habits sont râpés et rapiécés en
plusieurs endroits, a ouvert à Prosper et lui demande ce qu'il désire.

— Parler à M. le comte de Trévilliers.

Le domestique hésite, se gratte l'oreille et répond :

— Je ne sais pas si M. le comte est visible... Quel nom dois-je annoncer ?

— Dites simplement qu'un Français, qui désire entretenir M. de Trévilliers... de choses qui l'intéressent, lui demande un moment d'entretien.

Le domestique s'en va, revient, fait deux ou trois tours sur lui-même et
se décide enfin à faire sa commission.

Au bout de cinq minutes qui paraissent horriblement longues à notre
amoureux, le domestique revient et lui dit :

— M. le comte voudrait savoir de quelle part monsieur vient... et s'il a
quelque lettre de recommandation ?

— Prosper à peine a maîtriser l'humeur que lui cause le ton impertinent de ce valet, et prenant à son tour un air impérieux, il lui dit :

— Je ne viens de la part de personne... C'est moi, moi, entendez-vous,
qui veux parler à votre maître...

Le ton décidé que vient de prendre Prosper impose au valet qui s'incline
alors d'un air respectueux, et s'éloigne après lui avoir dit à demi voix :

— M. le comte va venir...; mais, voyez-vous..., c'est que nous avons
tant de demandeurs... qui nous ennuient... On est obligé de prendre des
précautions... Attendez, monsieur va venir...

« Que de peines pour approcher les grands ! se dit Prosper en se promenant dans le salon. Mais pardonnons-lui..., il a des créanciers, à ce
que m'a dit mistriss Wilfort. M. de Trévilliers est fort mal dans ses affaires..., alors ne doit-il pas accueillir favorablement un homme qui lui demande sa fille sans dot, et sera très heureux au contraire de partager avec
lui tout ce qu'il possède?... Ah ! s'il en pouvait être ainsi ! »

Le comte de Camille salue le jeune homme, lui indique de la main un
fauteuil, se jette lui-même sur un sofa, d'un regard passe en revue la toilette de Prosper, laisse échapper un mouvement de lèvres qui indique qu'il
y trouve beaucoup de choses à critiquer, et lui dit enfin :

— Monsieur, vous avez demandé à me parler. Vous savez que je suis le
comte de Trévilliers ; moi, avant de causer avec vous, je désirerais savoir
qui vous êtes... C'est la manière anglaise... En société, on vous nomme
sur-le-champ les personnes avec qui l'on se trouve; j'aime beaucoup cette
méthode; elle évite toute espèce de quiproquo.

Prosper se sent intimidé par le ton de l'homme de cour; cependant il
tâche de reprendre son aplomb, et lui répond :

— Monsieur le comte, votre demande est toute naturelle... Je me nomme
Prosper Bressange...

Le comte semble attendre que ces noms soient suivis de quelques qualités, mais en voyant que l'on n'en dit pas plus, il murmure :

— Prosper... Bressange... Et voilà tout?

Le jeune homme sent la rougeur lui monter au visage, mais il baisse les
yeux en répondant :

— Est-ce que mon nom... n'est pas suffisant?...

— Ah! s'il y avait quelques titres après, ça n'aurait pas gâté, je
pense..., quoique maintenant en France ils veulent abolir tout cela... Ah !
mon Dieu !... les pauvres gens, qui veulent supprimer la noblesse ! Je gage
bien qu'ils ne seront pas longtemps sans y revenir. Après avoir proscrit
toute l'ancienne, je vous parie qu'ils en feront une nouvelle... Trou-
vez-moi donc un monde où il n'y ait pas de vanité. Mais ce n'est pas de
tout cela qu'il s'agit. Voyons, mon cher monsieur, qu'avez-vous à me dire?

En prononçant ces mots, le comte s'est renversé en arrière sur le sofa,
et de sa main gauche il joue avec son jabot, tandis que de l'autre il se
caresse le mollet.

— Monsieur le comte, dit Prosper, en me nommant, je croyais d'abord
éveiller vos souvenirs... Je pensais vous rappeler des circonstances... qui
ont dû émouvoir votre cœur.

M. de Trévilliers prend une prise de tabac et secoue son jabot, en disant :

— Vous n'avez rien éveillé du tout, monsieur; expliquez-vous plus clai-
rement, car le diable m'emporte si je vous comprends.

Prosper se recueille un moment et reprend :

— Eh bien ! monsieur, je vais m'expliquer. Vous aviez laissé mademoiselle
votre fille en France ; elle y courait les plus grands dangers... Quelqu'un
a veillé sur elle, l'a constamment protégée contre ceux qui demandaient
son arrestation, et enfin, lorsqu'il n'y avait plus de salut pour elle en
France, a réussi à la faire sauver sous un nom supposée. Celui qui a fait
cela..., c'est moi, monsieur le comte.

— M. de Trévilliers regarde Prosper d'un air moins moqueur et lui répond avec plus de gravité :

— Ah ! c'est vous, monsieur, qui avez tout fait cela !... Camille m'avait en
effet raconté ces circonstances. Eh bien ! alors, recevez mes remercîments
de ce que vous avez fait pour ma fille... Touchez là, jeune homme...

Prosper s'empresse de saisir et de presser cette main qu'on lui présente,
mais que le comte retire bientôt, en disant :

— Du reste, je ne puis vous témoigner autrement ma reconnaissance...,
car je suis riche..., ou à peu près, en ce moment.

— Ah ! monsieur, vous ne pensez pas, j'espère, que je sois venu réclamer un salaire...

— Pardon, monsieur Bressange, je n'ai pas eu l'intention de vous blesser...; mais nous vivons dans un siècle si extraordinaire... Moi, je crois
peu aux belles actions dénuées de tout intérêt. Mais, je vous le répète, je
parle en général... Il y a toujours des exceptions. Je vous renouvelle tous
mes remercîments..., croyez-vous autre chose à me dire?

Prosper sent tout son courage faiblir; le ton du comte ne le mettait pas
à son aise. Cependant le souvenir de Camille vient ranimer son cœur, et il
répond en tâchant de maîtriser son émotion :

— Oui, monsieur le comte, je dois maintenant venir au but de ma visite,
car ce n'était pas pour quêter des remercîments que j'étais venu chez
vous... Un autre motif... bien important pour moi...

— Parlez, monsieur..., je vous écoute.

— Eh bien !... je dois vous avouer, monsieur le comte, qu'ayant eu souvent l'occasion de me trouver près de mademoiselle votre fille, je me suis
me défendre... d'éprouver pour elle un sentiment..., enfin je suis éperdument amoureux de mademoiselle Camille..., et je viens vous supplier de
m'accorder sa main... Je suis riche, monsieur le comte... Je possède en-

viron dix-huit mille livres de revenu... ; ce n'est pas une grande fortune sans doute..., mais je suis jeune..., je puis en travaillant l'augmenter encore... Tout ce que j'aurai sera pour mademoiselle votre fille, et ma seule pensée, mon unique but sera d'assurer son bonheur.

Le comte a écouté avec un admirable sang-froid, cependant sa physionomie est redevenue railleuse ; lorsque Prosper a cessé de parler, il prend une prise de tabac, et lui répond en traînant sur ses paroles :

— Vous êtes jeune..., oui..., je m'en aperçois !... De qui êtes-vous fils, monsieur Prosper ?...

— Monsieur, mon père était un parfait honnête homme, un simple commerçant. Il m'avait laissé quelque fortune..., mais me trouvant orphelin et mon maître à seize ans..., j'eus bientôt dissipé mon patrimoine... Maintenant j'ai vingt-un ans... Les événements au milieu desquels j'ai vécu ont mûri ma raison... Je viens d'hériter..., et je vous jure...

— Très bien..., très bien, d'autres détails seraient superflus. Mon cher monsieur Prosper, savez-vous que si..., il y a seulement huit ans, quelqu'un comme vous fût venu me faire la proposition que vous m'adressez, je l'aurais fait jeter par les fenêtres...

— Monsieur ! s'écrie Prosper en se levant et jetant sur le comte un regard courroucé : mais M. de Trévilliers ne s'émeut nullement, et, lui faisant signe de se rasseoir, continue :

— Je vous dis que j'aurais fait cela il y a huit ans... Asseyez-vous donc... Les temps ont un peu changé mes dispositions... Vous arrivez de Paris, vous êtes tout imbu des principes de la révolution !... vous ne voulez plus reconnaître..., les distinctions du rang, de la naissance... Vous êtes devenu amoureux de mademoiselle de Trévilliers, et parce que vous lui avez rendu quelques services..., sans intérêt pourtant..., à ce que vous m'avez dit, vous avez pensé que vous pouviez me demander sa main, et que je vous l'accorderais... Je vous excuse, parce que tout cela est la suite de ces grands mots de liberté et d'égalité que vous entendez résonner à vos oreilles depuis quelques années. Mais, pour moi, rien ne pourra modifier mes opinions. Ma fille est noble..., elle épousera un noble, du moins tant que je vivrai... Vos dix-huit mille livres de rentes ne sont pas grand'chose !... Mais ceci n'y ferait rien ; vous n'auriez pas un sou que je pourrais vous donner ma fille, si votre naissance égalait la sienne. Vous venez me dire que vous travaillerez pour augmenter votre fortune... Apprenez, monsieur, que je ne veux pas d'un gendre qui travaille... Pardieu ! si je vous laissais faire, vous feriez une épicière de mademoiselle de Trévilliers... Allons, allons, tout ceci n'est qu'une plaisanterie et ne vaut pas la peine que l'on s'échauffe, n'est-il pas vrai, monsieur... Prosper ?

Le pauvre amoureux était accablé ; le ton railleur du comte lui ôtait toute espérance ; il comprenait combien il avait été insensé en venant lui demander la main de sa fille, et pourtant il ne pouvait se figurer que Camille pût se donner à un autre que lui.

Après quelques moments de silence, pendant lesquels M. de Trévilliers a recommencé à se caresser le gras des jambes, Prosper balbutie :

— Pardon, monsieur le comte, l'amour m'avait fait concevoir une espérance... qu'il me faut perdre, je le vois... Oui..., je pensais que pour assurer l'avenir de votre fille..., vous pourriez oublier ma naissance... On m'avait dit que vous vous trouviez dans la gêne..., et...

— Eh bien, monsieur !... qu'importe !... on emprunte, on fait des dettes, on va même en prison, s'il le faut ! et tout cela ne déshonore pas.

— Votre domaine..., aux environs de Melun..., a été vendu..., vous le savez sans doute !

— Oui, je l'ai appris il y a quelque temps... : c'est, m'a-t-on dit, un ancien brasseur..., un nommé Duroulcau, qui avec quelque paquets d'assignats, s'est permis d'acheter ma terre... C'est fort commode !... on est devenu propriétaire à bon marché ! Ces espèces d'acheter mes fermes, mes bois, mes autres domaines !... Mais tout cela aura un terme, je l'espère !... les royalistes auront leur revanche..., et je pense qu'alors tous ceux qui se sont enrichis de nos dépouilles seront expulsés de leurs soidisant propriétés.

Prosper ne dit plus rien ; il baisse les yeux et ne sait plus quelle contenance tenir. Pour la première fois il comprend que le comte ne voie pas d'un bon œil le propriétaire de son domaine.

S'apercevant de l'embarras de Prosper qui reste au milieu de la chambre et ne dit plus rien, M. de Trévilliers se lève, va à lui et, du ton de la plus exquise politesse, le congédie, en lui disant :

— Je pense que nous n'avons plus rien à nous dire ; adieu, monsieur Bressange, croyez bien que je n'oublierai jamais ce que vous avez fait pour ma fille, ce sera le seul souvenir que je conserverai de cet entretien.

Prosper salue sans trouver un mot à répondre, et se trouve bientôt seul dans la rue, sans pouvoir se rendre compte de la manière dont il est sorti de chez M. de Trévilliers.

Le pauvre garçon n'avait plus l'espoir de fléchir le père de Camille, mais il avait déjà pris sa résolution, résultat de sa conversation avec le comte.

A peine de retour à son hôtel, il écrit à M. Dumont, le notaire de Melun, chez lequel il a laissé tous ses titres ; il le prie de lui envoyer sur-le-champ ceux qui concernent la propriété achetée par Durouleau, en y joignant un acte qu'il n'aura plus qu'à signer, et par lequel il pourra céder ce domaine à qui bon lui semblera.

Cette lettre partie, Prosper cherche à se distraire, à s'étourdir, à se livrer aux plaisirs que lui offre le séjour de Londres, et surtout à ne plus penser à Camille. Mais l'amour n'est point de ces sentiments que l'on puisse à volonté bannir de son cœur ; et ce n'est pas surtout à vingt-un ans que la raison doit en triompher ; si toutefois la raison triomphe jamais de l'amour, ce qui me semble au moins douteux.

Le notaire de Melun a envoyé les titres du domaine et l'acte qu'on lui a demandé. Prosper se hâte de signer cet acte par lequel il reconnaît avoir

vendu son château, puis il écrit au père de Camille le billet suivant :

» Monsieur le comte,

« C'est moi qui me trouvais depuis quelques mois avoir hérité de votre » domaine ; mais loin de m'en regarder comme le propriétaire, je pense » aussi, monsieur le comte, qu'il n'a pu cesser de vous appartenir. Reprenez-le donc, je vous renvoie tous les titres de cette terre dont j'ai été un » moment dépositaire, trop heureux de pouvoir encore vous être agréable, » et désirant seulement vous prouver que, tout en étant imbu des princi-» pes de cette révolution que vous blâmez, on n'en a pas moins un cœur » généreux et désintéressé. »

Prosper signe cette lettre, la joint aux autres papiers et envoie tout cela à M. de Trévilliers.

Il a chargé un garçon de l'hôtel de faire sa commission, en le priant d'insister pour remettre le paquet au comte lui-même. Il ne lui a pas dit de demander une réponse, mais il espère qu'on daignera lui en faire une, et il attend avec impatience le retour de son messager.

Le garçon se fait longtemps attendre. Il revient enfin, et il a une lettre du comte pour Prosper ; celui-ci brise vivement le cachet et lit ce billet qui répand au loin une forte odeur de musc et d'ambre :

« Mon cher monsieur Bressange,

» Je suis vraiment touché de la manière noble dont vous agissez avec » moi, et je crois ne pouvoir mieux vous le prouver qu'en acceptant de ren-» trer dans mon bien. Plus tard, j'espère m'acquitter avec vous. Je vous » répète que je le puis vous être bon à quelque chose, vous pourrez tou-» jours disposer de mon crédit.
                                                                         Votre obligé,
                                                     » Le comte DE TRÉVILLIERS. »

Prosper relit plusieurs fois ce billet. Il espérait mieux. Cette phrase : si je puis vous être bon à quelque chose, lui semble presque une raillerie. Cependant il est content de ce qu'il a fait, car il pense que Camille sera instruite de sa conduite, qu'elle ne peut manquer de trouver noble et généreuse ; et il se dit :

« Si M. de Trévilliers ne voulait pas finir par m'accorder la main de sa fille, aurait-il consenti à recevoir de moi l'acte qui lui rend son château ? »

Mais les semaines s'écoulaient, puis les mois vinrent sans que le pauvre amoureux entendît parler de Camille ni de son père.

« On ne songe plus à moi !... se disait-il, je puis bien quitter l'Angleterre. »

Et cependant il ne partait pas ; quelque chose le retenait encore..

Plus de six mois s'étaient passés depuis que Prosper avait vu le comte ; plusieurs fois, poussé par le désir d'apercevoir Camille, il avait été se promener devant sa demeure, mais jamais son espoir n'avait été réalisé ; alors il revenait triste et pensif à son logement et à sa démarche lente, à son air grave et sérieux, on n'aurait pas reconnu en lui un Français ; la passion qui remplissait son âme avait changé son humeur, sa physionomie. Ce n'était plus ce jeune homme gai, tapageur, sans souci ; c'était un amant malheureux, et rien ne donne l'air soucieux comme un amour qui n'est pas partagé.

Un matin, après s'être dit encore qu'il doit quitter l'Angleterre, Prosper a dirigé ses pas du côté de la demeure du comte de Trévilliers. En approchant de la maison, il aperçoit un équipage arrêté devant la porte. Quelque chose lui dit que cette voiture est là pour Camille. Il attend, se tenant à quelque distance. Un quart d'heure s'écoule ; mais enfin on sort de la maison : c'est Camille en grande toilette ; un homme, jeune encore, lui donne la main et l'aide à monter en voiture ; le comte de Trévilliers les suit et s'y place près d'eux, puis l'équipage s'éloigne et Prosper est resté là, interdit, inquiet, ne voyant plus rien et regardant toujours.

Tout à coup, voulant satisfaire sa curiosité, et ne pouvant résister aux pressentiments qui l'agitent, il court à cette porte qu'on vient de refermer, frappe, et arrive comme un fou devant mistriss Wilfort.

L'Anglaise n'a pas encore fini ses révérences, et déjà il lui a dit :

— Madame, de grâce, donnez-moi des nouvelles de mademoiselle Camille de Trévilliers... Depuis si longtemps je ne l'ai pas vue... Elle vient de monter en voiture avec son père... et un monsieur... Quel est donc ce monsieur ?... Est-ce qu'ils vont encore à la campagne ?... mademoiselle Camille était en toilette pourtant.

L'Anglaise termine sa cinquième révérence et répond enfin :

— Monsieur ne sait donc pas le grand événement !... la fille de monsieur le comte est mariée depuis quelques jours... seize jours... non, quinze jours, je le disais bien..., avec le marquis de Clairville... C'est le monsieur que vous avez vu lui donnant la main...

— Mariée !... mariée ! répète Prosper que ce mot a terrifié, Camille est mariée !...

— Oui, monsieur, mademoiselle Camille est maintenant madame la marquise de Clairville... Écoutez donc..., elle avait bien vingt ans... tout près..., c'est l'âge. Je crois que ce matin ils vont faire des visites... ou des emplettes... ou... Eh bien ! vous partez déjà, monsieur ?

Prosper n'écoutait plus mistriss Wilfort ; il savait que Camille était mariée, il n'avait pas besoin de rien entendre de plus. Il est revenu à son hôtel, et là il écrit à Poupardot :

» Mon ami, je vais voyager, courir le monde. Je serai peut-être long-» temps absent, mais je ne reviendrai en France que lorsque je serai » guéri d'une folle passion qui me fait oublier tous ceux qui m'aiment sin-» cèrement. Je ne recommande pas ma petite Pauline, je connais » votre cœur et celui de votre bonne Élisa. Mon notaire vous remettra une » somme avec laquelle vous satisferez les fantaisies, les caprices de l'enfant » que je vous ai confié. Adieu. »

Cette lettre écrite, Prosper adresse cette missive à son notaire de Melun :

« Mon cher monsieur Dumont,

» Faites-moi le plaisir de me faire tenir promptement ce qui vous reste

» de fonds à moi. Quant à ma maison de Melun, vendez-la, et faites-en
» passer le produit au sieur Poupardot, dont je joins ici l'adresse.
» *P. S.* Vous trouverez dans la chambre que j'occupais à Melun deux
» culottes, une bleue et une blanche, dans le tiroir d'une commode. C'est
» tout ce qui me reste de l'héritage de mon parrain, mais j'y tiens ; veuillez
» me les envoyer avec mon argent. »

Cette lettre partie, Prosper fait les préparatifs de son départ, en se disant :
« J'irai... je ne sais où..., je ferai le tour du monde s'il le faut, mais je
l'oublierai !... Ah ! Camille ! Camille !... vous ne m'avez jamais aimé !... sans
quoi... vous auriez fléchi votre père. »

Au bout de quelques semaines, Prosper reçoit de son notaire ce qui lui
reste de ses cent mille livres et les deux culottes de son parrain. C'est avec
cela qu'il se met en voyage.

—

XIV. — LE TEMPS MARCHE VITE. — LE RÉGIME MILITAIRE.

Revenons à Clichy, à cette modeste maison de campagne habitée par les
époux Poupardot. Là, nous reverrons un bon ménage, ce qui est rare ; une
femme douce, soumise et fidèle, ce qui est fort remarquable ! un homme
n'aimant que sa femme, ce qui est miraculeux ! et voyant toujours les
choses en beau..., ce qui expose souvent à se tromper, dans ce monde où
le idéal est si commun, surtout au moral.

Poupardot boitait par suite de ce morceau de mitraille qu'il avait reçu
dans le genou, le treize vendémiaire, mais il était enchanté de la conduite
que la Convention avait tenue alors. Peu de temps après, il était fort satisfait du Directoire, et, lorsqu'arriva le dix-huit brumaire, se trouvant par
hasard à Saint-Cloud au moment où le général Bonaparte faisait marcher
ses grenadiers sur le conseil des Cinq-Cents, le pauvre Poupardot avait reçu
dans la mêlée un coup de sabre qui lui avait emporté les trois quarts de
l'oreille gauche. Il n'était pas revenu chez lui avec ses deux oreilles, mais
cela ne l'avait pas empêché d'approuver l'acte vigoureux par lequel le général Bonaparte venait de se placer à la tête du gouvernement.

Le petit Navet grandissait : son père l'idolâtrait, et ne se fâchait plus
lorsque sa femme l'appelait Auguste, l'ancien calendrier paraissant devoir détrôner le nouveau. Le petit garçon était menteur, gourmand, entêté
et colère, mais le père appelait tout cela du caractère, et disait :
— Mon fils aura de la tête !... j'en suis bien aise, c'est ce qui annonce
les grands hommes. Le génie doit avoir une volonté ferme !
Elisa, tout en n'osant pas contrarier son mari, aurait voulu que son fils
fût élevé de manière à avoir une volonté moins ferme, lors même qu'il eût
dû y perdre un peu de son génie ; mais lorsqu'elle mettait son fils en pé-
nitence, Poupardot courait délivrer l'enfant et lui donnait des confitures.
Système d'éducation plus commun qu'on ne pense, et qui n'en est pas
meilleur pour cela.

Entre les méchancetés de monsieur Navet et les faiblesses de ses parents,
venait se glisser une petite fille charmante, qui chaque jour acquérait plus
de grâces, et laissait voir une nouvelle qualité.

A trois ans, Pauline était jolie, douce et rieuse.

A six ans, elle écoutait déjà d'un air sage les leçons de celle qui lui tenait
lieu de mère, et la bonté de son cœur se laissait voir dans les moindres
occasions.

A onze ans, c'était une petite fille aimable, aimante, sachant prévenir
vos désirs, et cherchant dans les yeux de ceux qui l'entouraient ce qu'elle
pourrait faire pour leur être agréable. Attentive et raisonnable, elle était
en état de comprendre vos peines ; ce n'était pas encore une femme, et ce
n'était déjà plus un enfant.

Picotin et sa femme venaient de temps à autre rendre visite aux habitants de Clichy. Euphrasie ne se mettait plus en Athénienne, la mode
grecque étant passée. D'ailleurs, madame Picotin commençait à prendre un
embonpoint auquel la tunique n'aurait pas convenu, un corset lui était
maintenant indispensable : cependant elle était toujours jolie, et qu'elle
avait gagné en dimension, elle le perdait en... de lui donne une
nouvelle fraîcheur, et sa coquetterie naturelle, la manière dont elle savait
se coiffer, les œillades qu'elle lançait d'une façon toute particulière, ache-
vaient de faire d'Euphrasie une femme fort agréable dans le monde, et dont
les hommes recherchaient avec empressement la société.

Sous le Consulat, Picotin avait renoncé à son commerce de fourrures ; sa
femme, connaissant une foule de militaires de tous grades, espérait, avec
leur protection, faire avoir à son mari quelque fourniture pour l'armée.
On avait promis à ci devant fourreur de lui avoir l'entreprise des sacs de
soldats, et, pour les mieux confectionner, Picotin s'était imaginé d'employer tout ce qu'il possédait en achats de peaux de mouton. C'était avec
cela qu'il espérait enfin faire fortune. Mais sa sémillante épouse s'occupait plus de bals et de conquêtes que du soin de son ménage et de son avenir. Chaque jour un bel et galant officier venait chercher Euphrasie pour
la conduire soit au spectacle, soit à quelque réunion. Picotin voyait venir
chez lui tant de militaires qu'il en était ébloui ; mais il faisait fort bonne
mine à tous ces messieurs, car sa femme lui disait, en prenant le bras de
son cavalier :
— Sois tranquille, Picotin, nous sommes sous un régime militaire, et je
suis enchantée de connaître beaucoup d'officiers, parce qu'avec la protection de ces messieurs, tu ne peux manquer d'arriver.
Picotin remerciait sa femme de tout ce qu'elle faisait pour lui, puis allait
voir Poupardot et lui disait :
— Je suis assuré de faire fortune : j'arriverai. Ma femme travaille pour
cela. Comme elle a compris que nous étions à présent sous un régime militaire, elle s'est mise au régime ; elle voit beaucoup d'officiers, elle va
même au bal avec eux. Et tout cela, afin de m'avoir une fourniture et de
me faire gagner trois cents pour cent sur mes peaux de mouton.

Poupardot ne répondait rien, il se contentait de sourire. Quant à la bonne
Elisa, elle faisait peu attention à ce que disait Picotin ; outre le soin de
son ménage, de son fils et de Pauline, son esprit avait encore à s'occuper
de nouvelles espérances, elle portait dans son sein un nouveau gage de
l'amour de son époux.

On était à la fin de l'année mil huit cent quatre ; le premier consul venait de se faire proclamer empereur. Poupardot, qui avait été à Paris assister aux magnifiques fêtes du sacre, venait de rentrer chez lui à Clichy,
un peu fatigué de son genou ; se grattant l'oreille qu'il n'avait plus, et la
voix enrouée à force d'avoir crié *Vive l'Empereur !*

C'est alors que sa femme mit au monde un second fils, que Poupardot
éleva dans ses bras, en s'écriant :
— Oh ! pour celui-là nous le nommerons Napoléon ! car il serait impossible de lui donner un plus beau nom.

Le second fils de Poupardot, qui venait au monde neuf ans environ après
le premier, reçut donc le nom de Napoléon Poupardot, et la bonne Elisa par-
tagea également sa tendresse entre ses deux garçons, ce qui ne l'empêchait
pas d'avoir toujours les plus tendres soins pour la jeune fille qu'on lui avait
confiée.

Bien du temps s'était écoulé depuis que Prosper avait quitté ses amis et
embrassé la petite Pauline. Pendant son séjour en Angleterre, il avait donné
de ses nouvelles ; mais, depuis la lettre par laquelle il annonçait son intention de courir le monde pour se guérir d'une passion qui faisait son malheur, on n'avait plus reçu un mot de lui. Bien des années s'étaient termi-
nées, bien des événements avaient eu lieu en France, et Prosper n'était
pas revenu dans son pays.

La famille Poupardot s'entretenait souvent de celui qu'elle espérait chaque
jour voir arriver au milieu d'elle. Mais, à mesure que les années s'écoulaient, l'espoir que l'on avait de revoir Prosper se changeait en un souvenir à la fois triste et doux.
— Il est bien long à se guérir de sa passion ! disait souvent Poupardot.
— C'est qu'il aimait bien sincèrement, répondait Elisa.
— A part qu'il ne soit mort dans quelque pays éloigné. S'il vivait encore, il nous aurait donné de ses nouvelles.

Lorsque Poupardot disait cela devant la petite Pauline, la pauvre enfant
détournait la tête et versait des larmes ; car on lui avait tant parlé de son
bon ami Prosper, de son père adoptif, qu'elle l'aimait sans le connaître,
et que chaque jour elle priait Dieu de le faire revenir.

Elisa voyait la douleur de la petite ; alors elle grondait son mari en lui
disant :
— Pourquoi nous faire penser que Prosper est mort ! Tu fais du chagrin
à Pauline qui désire tant le connaître, qui chaque jour me parle de lui.
— Le connaître... mais elle l'a vu... Ah ! il est vrai qu'elle était trop petite pour pouvoir se le rappeler !... C'est lui qui trouverait sa protégée bien
changée. Pauline entre maintenant dans sa douzième année... et Navet...,
je veux dire Auguste, il ne le reconnaîtrait pas..., et mon petit Napoléon...
Que de choses nous aurions à lui montrer ! Ah ! c'est parce qu'il me semble
que lui aussi devrait avoir envie de nous voir, que je conçois des craintes
d'une absence si prolongée !

Lorsque madame Picotin venait chez les Poupardot, il était rare qu'elle
ne demandât pas si on avait reçu des nouvelles de Prosper ; car, malgré les
distractions qu'elle devait trouver dans la société des militaires, elle n'avait
point oublié celui qui avait été son protecteur, le jour où elle avait
voulu se montrer aux Champs-Elysées vêtue en Athénienne, et elle conser-
vait toujours un tendre souvenir de sa promenade en fiacre dans le bois de
Boulogne.

Prosper était donc le sujet ordinaire de la conversation, soit chez Picotin, soit chez Poupardot. Ce dernier n'avait pas non plus des nouvelles de
ses autres amis d'enfance, Maxime et Roger. On savait que Roger avait fait
partie de l'armée d'Italie, qu'il s'était bien battu à Lodi, à Rivoli, à Casti-
glione : qu'il était devenu lieutenant ; mais on ne savait rien de Maxime,
on n'avait plus entendu parler de lui, on ne le rencontrait nulle part.

Un jour, la famille Poupardot était rassemblée dans le jardin de la petite
maison de Clichy. Elisa nourrissait son dernier enfant ; son mari jouait aux
quilles avec son fils Navet qui, par méchanceté ou par maladresse, ne manquait jamais de jeter la boule dans les jambes de son père ; enfin, Pauline
caressait un petit oiseau qu'elle avait élevé, et qui, bien qu'il fût assez
fort pour s'envoler et profiter de la liberté qu'on lui accordait, ne manquait jamais d'aller se percher sur sa petite maîtresse, lorsque celle-ci
s'écriait : Tom ! petit Tom !... venez, venez, vite !... Et vous jugez si la jeune
fille était contente, lorsqu'à sa voix, l'oiseau, qui avait volé sur quelques
arbres éloignés, franchissait vivement l'espace pour revenir se laisser emprisonner par elle.

Tom n'était cependant qu'un modeste pierrot ; mais un pierrot qui n'est
point volage vaut mieux qu'un colibri qui nous abandonne. Les petites filles
comprennent déjà cela.

Tout à coup un étranger en uniforme de hussard entre dans le jardin,
court à Poupardot, l'étreint dans ses bras, l'étouffe à force de l'embrasser,
puis va en faire autant à Elisa, et les deux époux lui rendent ses caresses,
en s'écriant :
— C'est lui ! c'est bien lui !... Te voilà donc enfin !!...

A ces mots, la petite Pauline oublie son oiseau et fait quelques pas pour
courir dans les bras du monsieur qui vient d'arriver, car en entendant
dire : « C'est lui » son cœur a battu de joie, de bonheur, elle ne doute
pas que ce ne soit son protecteur, celui qu'elle attend toujours, et elle court
vers le militaire en s'écriant :
— Ah ! c'est mon bon ami Prosper !
Mais le militaire s'est arrêté, il regarde Pauline qui lui tend les bras et
dit :
— Qu'est-ce que c'est que cette petite ?... encore à vous, mes amis ? sa-

crebleu! vous ne vous êtes pas endormis pendant que je me battais.

— Non, ce n'est point notre fille, dit Poupardot. « Je n'ai que deux garçons..., Navet..., le grand que voici..., un gaillard, les plus belles dispositions, tu verras..., et ce nouveau-né de six mois, auquel, j'ai donné le nom du grand homme, parce que ça ne peut jamais nuire. Cette petite est une orpheline... que nous gardons..., à part, par intérim..., nous te conterons cela.

— Ma pauvre Pauline! dit Elisa, ce n'est pas encore ton bon ami Prosper; c'est Roger, notre ancien ami Roger, dont tu nous as souvent entendu parler, et qui est de retour.

Pauline ne dit rien, sa bouche se serre, la joie qui brillait dans ses yeux disparaît; cependant elle s'efforce de sourire, salue le lieutenant de hussards, puis retourne vers petit Tom, le cœur un peu gros d'avoir été trompée dans son espoir.

— Il y avait onze ans ans que Roger était parti pour la réquisition; depuis ce temps, il avait plusieurs fois changé de corps, s'était souvent battu et n'était point revenu à Paris; maintenant il était lieutenant dans la cavalerie. Ce n'était plus ce jeune homme délicat et pâle qui, en quittant ses amis et sa famille, semblait avoir à peine la force de rejoindre son corps; onze années et le séjour des camps avaient apporté de grands changements; au lieu de cette constitution frêle et délicate qui alarmait les amis du jeune soldat, c'était maintenant un homme robuste, un homme au teint bruni, mais dont toute la personne annonçait la force et la santé. Enfin, le lieutenant Roger, avec ses moustaches noires et ses gros favoris, annonçait un franc hussard, un joyeux militaire, bon vivant, bon camarade; il y avait encore dans ses yeux l'expression du plaisir à l'aspect d'une jolie femme, mais on y aurait cherché en vain son air sentimental d'autrefois.

Quand on a été onze ans loin de ses amis, on a bien des questions à leur adresser: une des premières que fit Roger fut pour s'informer de Maxime et de sa mère, et sa figure devint triste lorsque Poupardot lui répondit:

— J'ignore entièrement ce qu'ils sont devenus.

— Ah! mille escadrons! voilà qui me chiffone, dit Roger, moi qui me faisais un si grand plaisir d'embrasser Maxime!... et je croyais qu'allai un soir chez lui pour lui faire mes adieux... Tu y étais même, toi, Poupardot... Je me souviens que je lui dis alors: Je ne sais quand je te reverrai, Maxime, mais je crois qu'alors il y aura bien du changement. Eh bien! mon pauvre Poupardot, il est arrivé ce changement! j'espère que je ne me suis pas trompé? au lieu d'une république nous avons un empereur, maintenant..., et des victoires dans tous les pays..., de la gloire partout pour les Français!... Ah! triple canonade! si on n'était pas content, à présent, on serait difficile.

—Oh! pour moi, je suis très content! répond Poupardot. Ma femme, par exemple, trouve le sucre et le café un peu chers...; mais les femmes n'entendent rien à la politique. Quant à Maxime, tu sais qu'il ne voulait, qu'il ne rêvait que la république... Je ne suis pas persuadé qu'il soit satisfait du changement qui s'est opéré en France.

— Allons donc! il serait bien difficile! un gouvernement militaire, est-ce qu'il y a rien de plus beau!... est-ce que ce n'est pas toujours sous les grands capitaines que les nations ont été plus glorieuses?... Vois Charles XII, Frédéric II, Gustave-Adolphe!

— Oui..., oui. Oh! je suis parfaitement de ton avis... Je suis fou de la gloire! Je ferai des militaires de mes fils...; à part Navet..., il aime la marine..., il fait des petits bateaux avec des coquilles de noix.

— Et ce jeune homme qui travaillait dans l'imprimerie avec Maxime, ce jeune garçon si étourdi, si tapageur... Prosper, enfin, qu'est-il devenu?

— Oh! ce jeune garçon est devenu trop vite raisonnable... Quand je dis raisonnable, nous ne savons pas ce qu'il est maintenant, car il court le monde pour tâcher de se guérir d'une passion malheureuse.

— Ah bah!... Comment! ce jeune fou...

— Il lui est arrivé bien des aventures... Mais il est riche maintenant; un homme qui l'avait pris en amitié l'a fait son héritier et lui a laissé... un château..., de l'argent..., et à part qu'il n'ait mangé tout cela dans ses voyages... Ma foi, voilà plus de huit ans que nous n'avons eu de ses nouvelles.

— Cette petite fille que vous voyez là-bas est à lui, dit Elisa en montrant Pauline à Roger.

— A lui!... Comment! il a déjà un enfant de cet âge?

— C'est-à-dire, il lui a, parce que sa mère mourant le lui a donnée. C'est la fille d'un banquier hollandais..., M. Derbrouck, qui a péri dans le temps de la terreur... Prosper, n'ayant pu sauver le père, empêcha la malheureuse mère d'aller à l'échafaud, mais il ne put l'empêcher de mourir de chagrin..., et il jura de tenir lieu de père à leur enfant.

— C'est bien, c'est fort bien! dit Roger en caressant sa moustache pour dissimuler son émotion. Je vois que c'est un brave garçon, et je regrette encore plus de ne pouvoir l'embrasser... Et vous autres, pendant que Prosper voyage, vous avez soin de cette petite.

— Il nous a envoyé vingt mille livres, craignant cependant que cet enfant ne nous soit à charge, dit Poupardot; mais son argent est là..., je n'y ai pas touché. Ce sera la dot de Pauline, dans le cas où Prosper ne pourrait lui en donner d'autre...

— Toujours bons, humains! je vous reconnais là, mes amis.

— Ah çà! mais ne nous demandez-vous pas des nouvelles de Picotin?

— Ni de sa femme? ajoute Elisa d'un air malin.

— Ah! j'allais le faire, dit Roger en souriant. Eh bien! qu'est-il devenu, ce brave Anacharsis qui tremblait toujours... A-t-il fait fortune dans les fourrures?... Sa femme est-elle toujours coquette?

— Picotin est maintenant marchand de peaux de moutons; il espère avoir une fourniture pour l'armée. Sa femme est devenue très grasse, mais elle est encore jolie. Quant à la coquetterie, c'est un défaut qui se passe guère chez les femmes, et elles ont raison, à part quand elles vieillissent.

Euphrasie n'en est pas encore là, et elle aime le plaisir avec plus de passion que jamais. Nous nous sommes liés; nous les voyons souvent... Eh!... une idée .. Tu dînes avec nous?

— Parbleu..., j'y compte bien.

— Je vais faire dire à Picotin et à sa femme que nous les attendons à dîner, sans le prévenir que tu es ici... Oh! cela fera un coup de théâtre.

— Très bien imaginé!... Ah! quel dommage que Maxime ne soit pas aussi du repas!... Pauvre garçon! que peut-il être devenu?

Poupardot envoie sur-le-champ une invitation à dîner pour M. et madame Picotin, puis il emmène Roger voir sa propriété, laissant sa femme s'occuper du soin de son ménage, et la petite Pauline renfermant Tom dans sa cage, afin de pouvoir aider la bonne Elisa dans les apprêts du repas que l'on veut faire splendide, parce que l'on est bien aise de fêter le retour d'un ancien ami.

Sur les deux heures, tout était disposé; on n'attendait plus que les convives de Paris. Roger, las de regarder les choux et les salades que contenait le jardin de Poupardot, était revenu au salon, et là, contait ses brillantes campagnes d'Italie, que ses hôtes ne se lassaient pas d'écouter. Enfin la sonnette se fait entendre.

— Voici nos amis, dit Poupardot; je veux voir s'ils le reconnaîtront.

C'étaient en effet les époux Picotin, mais ils n'étaient pas seuls; un jeune officier de la ligne, grand gaillard à la poitrine large et au teint très coloré, donnait le bras à madame Picotin et semblait fier de cet emploi qu'il remplissait avec tout le flegme d'un militaire allant en reconnaissance. Derrière eux venait Anacharsis qui tenait un parapluie, le ridicule de sa femme et un second châle que madame emportait en cas de froid.

Euphrasie entre dans le salon en tenant toujours son officier sous le bras; celui-ci salue gravement, tandis que madame Picotin dit, en faisant un gracieux sourire à la compagnie:

— Bonsoir, mes bons amis; vous le voyez, nous avons accepté sans façon votre aimable invitation, et de plus je me suis permis de vous amener M. le lieutenant Bienlong, militaire distingué, dont j'ai pensé que vous seriez flattés de faire la connaissance.

— Vous avez très bien fait, répond Poupardot. D'ailleurs les amis de nos amis... sont nos amis.

— Ah! elle amène des militaires! murmure Roger, en regardant Elisa d'un air un peu railleur.

— Oh! quand elle n'en amène qu'un, c'est fort heureux! répond madame Poupardot, en dissimulant son humeur.

— Monsieur le lieutenant se trouvera en pays de connaissance pour parler bataille, reprend Poupardot. Voici un officier de hussards qui a fait toutes les campagnes d'Italie.

Picotin salue jusqu'à terre; le lieutenant salue Roger sans un mot, et Euphrasie s'occupe alors à considérer cet officier de hussards qu'elle croit voir pour la première fois; elle pince sa bouche de manière à la rendre fort petite, roule ses yeux d'une façon très éloquente, sourit en montrant ses dents, et ne néglige rien pour paraître jolie; mais Roger, fatigué de tout ce manège de coquetterie, part d'un éclat de rire en s'écriant:

— Comment, mille cartouches! ma petite Euphrasie ne me reconnaît pas! Alors, je vais renouer la connaissance.

En disant ces mots, Roger va embrasser Euphrasie, ce qui fait faire une légère grimace au lieutenant Bienlong dont la main a caresser sa moustache; cependant madame Picotin, qui s'est laissé embrasser de fort bonne grâce, s'écrie naïvement:

— Est-il possible!... C'est Roger!...

— Roger! dit Picotin, notre cher ami Roger! et il court se jeter sur le ventre de l'officier de hussards, qui se borne à lui serrer la main, en lui disant:

— Oui, mes amis, c'est moi..., c'est Roger... que vous n'aviez pas vu depuis onze ans... Poupardot a voulu vous faire une surprise, et il a réussi, car vous ne vous attendiez guère à dîner avec moi.

— Oh! ma foi non! s'écrie Picotin, nous ne pensions guère à toi; n'est-ce pas, ma femme, que tu n'y pensais pas?

Euphrasie a paru d'abord embarrassée se trouvant entre Roger et le lieutenant Bienlong; mais, en femme qui a l'habitude de ces positions, elle ne tarde pas à reprendre tout son enjouement, et s'écrie:

— Mon mari ne dit que des bêtises... Excusez-le, mon cher Roger; certainement nous pensions souvent à vous..., moi, du moins... n'oublie pas un ami... de sa jeunesse... Mais, à coup sûr, nous ne nous attendions pas à vous revoir ici... et c'est une bien agréable dont je ne saurais trop remercier nos chers hôtes.

L'annonce du dîner met fin à ces protestations d'amitié. Le lieutenant Bienlong, qui paraît tenir à faire rigoureusement son service, reprend le bras de madame Picotin pour la conduire à la salle à manger. On se met à table, et Euphrasie a le plaisir de se trouver placée entre les deux officiers. Le dîner est recherché. Chacun y fait honneur, mais le lieutenant surpasse tous les convives par la dextérité avec laquelle il fait disparaître ce qu'on lui offre. Cependant Euphrasie, qui craint sans doute que son protégé n'ose pas se servir suivant son appétit, est constamment occupée à l'exciter à manger. Pendant le dîner, on entend cette conversation:

— Lieutenant, vous mangerez bien encore du bœuf...

— J'en accepterai volontiers.

— Monsieur Bienlong, prenez donc une cuisse de volaille...; vous l'aimez, la volaille...

— J'en accepterai avec plaisir.

— Lieutenant Bienlong, encore une tranche de gigot...; allons, on est sans façon ici...; chez des amis, il ne faut pas faire la petite bouche.

Et le jeune lieutenant, qui a déjà fait disparaître cinq tranches de gigot, en met deux autres sur son assiette, en répondant:

— Je ne suis pas capable de vous refuser, madame,

Et Poupardot se dit en lui-même;

« Mais il me semble qu'il ne la fait pas du tout, la petite bouche. »

— Sacrebleu ! dit Roger à Picotin qui est près de lui, je vais bien à table, mais voilà un lieutenant qui me dégoûte... Dîne-t-il souvent chez vous, ce monsieur-là ?

— Mais..., six fois par semaine au moins, répond Picotin d'un air orgueilleux.

— Je vous en fais mon compliment, mon cher Picotin ; votre femme a des connaissances solides... Peste ! voilà un gaillard qui ne boude pas.

— Il s'entreprendra pour me faire avoir une fourniture et me trouver l'emploi de nies peaux de mouton.

— Oh ! je crois bien qu'il fera quelque chose pour vous.

— Mon épouse se donne aussi beaucoup de mouvement à mon intention auprès des officiers que nous recevons.

— Et il paraît que ça ne la maigrit pas.

— Oh ! elle est de fer, ma femme !... Ce n'est pas comme moi, les révolutions me rendent malade ! pendant la terreur, j'étais continuellement dérangé.

On quitte la table, et la conversation du lieutenant Bienlong, qui s'est bornée, pendant la durée de nouvelles connaissances, « à j'en accepterai volontiers, » se change alors en inclinations de tête plus ou moins prolongées.

Puis, après avoir causé quelque temps et envoyé sur Roger quelques œillades qui sont perdues, Euphrasie se lève, reprend le bras du jeune lieutenant, fait signe à son mari de porter son ridicule, et salue la société en disant :

— Nous allons vous souhaiter le bonsoir, car nous ne sommes pas chez nous, et il faut ensuite que M. Bienlong retourne à la caserne. Adieu, mes bons amis. Monsieur Roger, j'espère que vous viendrez nous voir.

— J'aurai ce plaisir, répond Roger, en répondant au grave salut du lieutenant.

— Venez nous voir, dit Picotin, vous trouverez chez nous des officiers de tous les corps, et si vous entendez parler d'une fourniture...

— Soyez tranquille, mon ami, je penserai à vous...

Les époux Picotin sont partis avec le lieutenant Bienlong. Roger, serrant la main de Poupardot, s'écrie :

— C'est ici que je viendrai avec plaisir passer mes moments de loisir jusqu'à ce que l'Empereur nous envoie de nouveau à la gloire... Quant à madame Picotin, elle a trop de nouvelles connaissances, cela doit nécessairement nuire aux anciennes ; au revoir, mes chers amis.

Et Roger s'éloigne, après avoir encore embrassé Poupardot et sa femme, caressé leurs enfants et donné une petite tape sur la joue de Pauline.

XV. — LA CULOTTE BLEUE.

Roger avait tenu parole, il était revenu souvent chez Poupardot ; la vue de ce bon ménage le délassait agréablement des fatigues de la guerre. Là, il causait de ses anciens amis, de Maxime, qu'il n'avait pu retrouver, et de Prosper, dont on ne recevait aucune nouvelle. Mais l'Empereur qui n'accordait pas de longs loisirs à ses soldats, avait de nouveau pris les armes, et Roger, empressé de rejoindre ses drapeaux, avait quitté ses amis de Clichy, en leur disant :

— Si vous me revoyez, je ne serai plus lieutenant... ; je veux me faire tuer ou avancer ; mais l'Empereur se connaît en hommes, et avec lui il y a toujours des récompenses pour les braves.

— Puissions-nous le revoir ! avait dit Elisa. Ah ! si j'avais un mari militaire, je ne goûterai pas un jour de repos.

— Il reviendra, j'en suis sûr, répondait Poupardot en se frottant les mains. Est-ce que le grand Napoléon n'est pas toujours vainqueur !... Nous reverrons Roger, et il sera peut-être colonel, général..., que sait-on ? ah ! on voit qu'il aime les combats ! Si jamais mon petit Napoléon montrait les mêmes dispositions, certainement je le laisserais partir pour l'armée, à part qu'il n'est pas à la taille... Il ne faut pas gêner la vocation, voilà mes principes... Quant à Navet, je ne sais pas encore ce qu'il fera...

— Moi, ja suis sûr que je vole mes confitures, disait Elisa.

— Eh ! ma chère amie, tous les enfants sont gourmands..., plus ou moins. Si tu n'enfermait pas les confitures, il en prendrait, mais il ne les volerait pas.

Bientôt la nouvelle d'une grande victoire vient encore augmenter l'enthousiasme des Français pour leur empereur ; c'était la bataille d'Austerlitz que Napoléon venait de gagner. A Paris on célébrait par des fêtes ce nouveau triomphe des armes françaises ; il y avait bien peu de familles qui n'eût un de ses membres dans l'armée ; et la gloire d'un mari, d'un père, d'un frère ou d'un petit cousin rejaillissait sur ses parents, et les rendait doublement heureux à la nouvelle d'une victoire.

Poupardot était dans le ravissement ; il voulait chez nous jour emmener sa femme à Paris, et la conduire à quelque spectacle, voir une pièce de circonstance ; mais Elisa préférait rester avec ses enfants, c'est-à-dire avec celui qu'elle nourrissait encore et la jeune Pauline, car M. Navet voulait toujours accompagner son père, et se faisait acheter des gâteaux à chaque boutique de pâtissier devant laquelle il passait.

Picotin et sa femme ne venaient plus à Clichy, Euphrasie ne s'en étant pas tenue à présenter un officier lorsqu'elle venait dîner chez ses amis Poupardot, en avait bientôt amené deux, puis trois, si bien que, pour ne point être exposés à recevoir chez eux un militaire, Poupardot et sa femme avaient pris le parti de prier madame Picotin de ne plus leur présenter de militaires. Euphrasie, tenant plus à ses conquêtes qu'à ses amis, s'était sentie choquée de la recommandation, et avait cessé de revenir à Clichy, défendant à son époux d'y remettre les pieds. Elisa et son mari s'étaient facilement consolés de ce malheur. Il y a des gens qui nous font grand plaisir en croyant nous infliger une punition.

On était au commencement de 1806 ; Pauline entrait dans sa treizième année. Déjà la timidité de l'adolescence venait ajouter aux grâces de la jeunesse ; mais ce n'était point cette prétention ridicule d'une petite fille qui veut avoir l'air d'une demoiselle ; Pauline grandissait d'esprit et de corps, sans que son caractère subît ce changement fâcheux qui accompagne souvent le passage de l'enfance à la jeunesse. Son cœur était toujours aussi bon, son humeur aussi douce, ses goûts aussi simples, et son petit oiseau Tom était toujours son favori.

Une seule chose troublait le bonheur de cette jeune fille. Dès qu'elle avait été en état de comprendre, de sentir, on lui avait parlé de Prosper. Elisa lui avait cent fois répété tout ce que ce jeune homme avait fait pour sauver sa mère de l'échafaud ; comment celle-ci lui avait confié son enfant. Elle lui avait dit la peine, l'embarras de Prosper, qui était venu de Passy à Paris en la portant dans ses bras.

En écoutant les récits d'Elisa, la petite Pauline sentait des pleurs couler de ses yeux. Son cœur éprouvait la plus vive reconnaissance pour cet homme qui aimait tant sa mère. A mesure qu'elle avançait en âge, ce sentiment prenait une nouvelle force. On lui avait appris à aimer, à chérir celui qui devait être son protecteur ; et la jeune fille n'avait qu'un désir, qu'une espérance, c'était de revoir son bon ami Prosper.

Mais cette espérance devenait chaque jour plus faible. Le temps, en s'écoulant sans apporter aucune nouvelle du voyageur, devait faire croire qu'il avait péri loin de son pays et de ses amis. Lorsque Pauline parlait encore de Prosper, Elisa secouait tristement la tête d'un air qui voulait dire : Il n'y faut plus penser ! Et Poupardot disait :

— Ma chère enfant, celui qui devait être ton protecteur est mort sans doute dans quelque lointain pays ; mais nous ne t'abandonnerons jamais... Quand tu seras en âge nous te marierons... Et d'ailleurs, Prosper avait pensé à toi ; tu as vingt mille francs qu'il m'avait envoyés, et que j'ai placés ; cela fera encore une jolie dot..., à part les intérêts.

La petite Pauline soupirait en répondant :

— Ah ! j'aimerais mieux qu'il ne m'eût rien donné, et être sûre qu'il reviendra !

Et chaque matin, chaque soir, en adressant au ciel sa prière, la jeune orpheline ne manquait pas de lui demander le retour de celui qui avait entendu les dernières paroles de sa mère.

Par une belle matinée du printemps, lorsque Poupardot, ayant embrassé sa femme, se disposait à aller promener son fils Navet dans la campagne, le bruit d'une voiture qui s'arrête devant la porte de la maison attire l'attention des époux et de leurs enfants.

Navet a couru regarder par une fenêtre, après avoir brutalement repoussé Pauline, qui avait désiré s'y placer la première, il s'écrie :

— Oh ! ce n'est pas un fiacre ça..., c'est une voiture à trois chevaux...

— C'est une chaise de poste ! dit Pauline.

— Une chaise de poste ! s'écrie Poupardot, voyez donc qui descend ?

— C'est un monsieur en chapeau à trois cornes qui saute en bas..., avec des bottes à revers..., et vient ici.

— A-t-il un uniforme ? demande Poupardot.

— Non..., mais c'est égal..., il a l'air d'un militaire.

— C'est probablement Roger qui revient de l'armée...

— Non, ce n'est pas M. Roger.

— Bah ! tu ne l'as pas reconnu parce qu'il est en bourgeois, mais je gage que c'est lui, moi ; au reste, j'entends monter l'escalier..., nous allons voir ce monsieur, et comme il n'y a pas encore un an que Roger est parti, je le reconnaîtrai cette fois.

La porte du carré est ouverte brusquement. Un homme paraît à l'entrée de l'appartement, et s'arrête en regardant avec attention toutes les personnes qui sont devant lui. Ce nouveau personnage est grand, mince ; ses traits, qui sont assez beaux, semblent altérés par la fatigue et les soucis ; ses cheveux bruns retombent en longues mèches sur chaque côté de son visage ; une cicatrice qui part du front et se termine dans le haut de la joue gauche ne contribue pas peu à donner un aspect singulier à cet homme, dont au premier abord il serait difficile de deviner l'âge. Son costume est aussi original que sa physionomie. Une grande redingote verte qui n'est point boutonnée laisse voir un gilet blanc fermé jusqu'à la cravate, et une culotte bleue qui semble beaucoup trop large pour celui qui la porte, et à laquelle un passe-poil rouge donne un air militaire, des bottes à revers, une cravate noire et un chapeau à trois cornes, dont la pointe est placée en avant, complètent le costume du nouveau venu.

Chacun chez Poupardot regardait celui qui s'était arrêté sur le seuil de la porte, on semblait attendre qu'il s'expliquât ; on ne pouvait deviner ce qu'il attendait pour parler, et cependant on n'osait pas l'interroger. Un sentiment dont on ne se rendait pas compte tenait la en émoi tous les personnages ; mais l'étranger ne paraît nullement s'occuper de la curiosité qu'il fait naître, et il continue tranquillement son examen. Ses yeux se sont tour à tour arrêtés sur Poupardot, sa femme et leurs enfants ; mais lorsqu'ils se fixent sur Pauline, une expression indéfinissable vient les animer des larmes noire et un chapeau à trois cornes, enfin, un cri lui échappe, et il court à la jeune fille qu'il presse contre son cœur, en s'écriant :

— C'est-elle !... c'est ma petite Pauline !... c'est l'enfant qu'on a remis dans mes bras ! Oh ! je ne puis m'y tromper... voilà le sourire de sa mère..., voilà les traits de son infortuné père !... »

En entendant prononcer ces mots, Poupardot et sa femme se sont rapprochés de l'inconnu ; ils le considèrent avec plus d'attention, ils n'osent encore en croire leurs oreilles et leur cœur. Quant à Pauline, sans en comprendre la cause, elle se sent bien, elle se sent heureuse dans les bras de cet homme qui l'accable de caresses.

Enfin, l'étranger tourne la tête vers Poupardot et sa femme, et leur tend la main en leur disant :

— Eh bien! mes amis, vous ne pouvez donc pas me reconnaître?... Ah! je suis bien changé, en effet...; mais mon cœur est toujours le même, et Prosper vous aime autant qu'autrefois.

— C'est lui!... c'est Prosper!... Pauline, voilà celui que tu attendais toujours!... Il est enfin revenu! »

Pendant quelques minutes, ces mots sont les seuls que l'on puisse prononcer au milieu de l'attendrissement qui s'est emparé de tous les cœurs; lorsqu'on est un peu plus calme, lorsque Prosper s'est assis au milieu de ses amis, et qu'il tient sur ses genoux la jeune fille, qu'il ne peut se lasser de considérer, on commence à s'entendre et à se parler.

— Comment, c'est toi! s'écrie Poupardot; mais nous avions perdu l'espérance de te revoir... Tu vivais, et tu ne nous donnais pas de tes nouvelles!...

— Ah! mon cher Prosper, dit Elisa, c'est bien mal de nous avoir si longtemps laissés dans l'inquiétude! Et cette pauvre petite qui, chaque jour, me parlait de vous..., qui, chaque jour, priait le ciel pour qu'il vous ramenât près de nous...

— Et cette culotte à passe-poil..., et cette cicatrice au visage..., est-ce que tu es militaire, maintenant?... Ne pas nous avoir écrit depuis neuf ans bientôt..., c'est affreux!

— Mes bons amis, dit Prosper, avant de me gronder, voulez-vous m'entendre?

— Eh! sans doute! nous ne demandons pas mieux; nous sommes assez curieux de savoir ce que tu as fait depuis si longtemps,

— En ce cas, écoutez-moi.

Prosper regarde encore Pauline, dont les yeux sont fixés sur les siens; il dépose un baiser sur son front, et commence ainsi le récit de ses aventures:

« J'étais allé en Angleterre pour y chercher une personne que j'aimais; cette personne, je l'ai retrouvé; mais je vis alors combien mes espérances m'avaient abusé... Celle que je croyais nommer ma femme se maria à un autre!... C'est alors que, le désespoir dans le cœur, je sentis le besoin de voyager, de courir le monde, de chercher sous d'autres cieux, chez d'autres peuples, des distractions, des sensations nouvelles pour vaincre le mal qui me tuait.

» C'est alors aussi que je t'écrivis, mon cher Poupardot; je ne sais trop ce que je te marquai, j'étais si chagrin! ma tête était brûlante, et auprès de vous, mes bons amis, je n'aurais pas trouvé le repos. Il me fallait alors du mouvement, des aventures, de fortes émotions; il fallait à mon âme ces remèdes violents que l'on administre aux malades dont on n'espère plus rien.

» J'avais sur moi environ quatre-vingt mille livres en bonnes lettres de change sur les premiers banquiers de l'Europe; c'était tout ce qui me restait de ma fortune... de l'héritage de ce bon Durouleau... Cela vous étonne! mais j'en avais déjà donné la plus grande partie à quelqu'un.... ou plutôt, je n'avais fait qu'une restitution.

» Je me rendis en Italie, je vis Venise, Florence, Naples. Je menai le train d'un prince, la vie d'un seigneur: là, je connus tous ces plaisirs que procure l'opulence. J'avais une table bien servie, j'eus bientôt de nombreux amis ..., de ces connaissances qui se jettent à la tête des heureux du jour; de ces gens qui, pour un dîner, un bal, une fête, vous apportent sur-le-champ leur amitié, leurs compliments et leurs sourires. Triste race! que l'on trouve en tous les pays, que l'on estime guère, mais que l'on emploie comme on se sert de jouets, de cartes ou de dés.

» Je passai trois années en Italie: son beau climat, ses femmes passionnées, l'harmonie de la langue et la facilité des mœurs m'avaient distrait de mes chagrins: cependant je sentais le vide de ces plaisirs que je goûtais; je pensais à vous, mes amis, et je me disais: Une journée près de vous, assis devant leur foyer, au milieu de leur famille, vaut mieux que vingt nuits passées dans les festins, les jeux et les danses. Mais pour revenir en France..., où tant de souvenirs m'attendaient, je sentais que je n'étais pas encore assez bien guéri.

» Un jour j'eus l'idée de consulter ma caisse: il ne me restait plus que vingt mille livres, j'en avais dépensé soixante mille en trois années... Pour faire le grand seigneur, ce n'était pas trop, mais pour moi je trouvai que c'était payer les distractions un peu cher. D'ailleurs, en continuant sur le même pied, je n'aurais en encore qu'un an à aller. Je pensais qu'il était temps de m'arrêter.

» C'est alors que les idées d'ambition me vinrent; j'avais senti tous les avantages de la richesse, je conçus le désir de ne revenir en France qu'avec une grande fortune. Je formai les plus beaux projets pour l'avenir... Je n'ai pas besoin de vous dire, mes amis, que vous étiez toujours au premier plan dans les rêves que je faisais. Je pensais aussi à cette chère petite, et je me disais:

» Au lieu de revenir en France après avoir mangé ce que Durouleau m'avait laissé, ne ferais-je pas mieux de tenter la fortune?... Si le sort me sourit, je pourrai à mon retour assurer un sort digne d'envie à cette pauvre petite, dont mes bons amis ont bien voulu se charger.

» Peut-être aussi y avait-il encore une autre pensée au fond de mon cœur, et que je n'osais m'avouer à moi-même!... Car en France, je pouvais rencontrer cette femme qui m'avait dédaigné, et j'aurais voulu pouvoir l'écraser de mon luxe.

» Mon parti fut bientôt arrêté. Je m'embarquai pour les Grandes-Indes, c'est toujours de ce côté que l'on va chercher la fortune. Après une longue traversée j'arrivai à l'île de Java; avec l'argent qui me restait j'achetai du terrain, des esclaves. Je cultivai le sucre et l'indigo, je me livrai avec ardeur au travail. Alors, sans doute, j'aurais pu vous écrire, mais mon projet favori était de vous surprendre un jour en arrivant tout cousu d'or. Je m'aperçus que la fortune ne se fait pas aux Grandes-Indes aussi rapidement qu'on nous le dit. Cependant au bout de cinq années j'avais décuplé

mes fonds... Une entreprise magnifique me fut offerte alors; en mettant mes deux cent mille livres en marchandises qui partaient pour la Chine, je pouvais quadrupler mon avoir... J'aurais été vraiment riche!... Je tentai le hasard... Le vaisseau partit avec mes marchandises... J'attendais son retour pour revenir en France..., il ne revint pas, il périt en chemin!...

» J'avais perdu tout le fruit de mon travail... Je supportai ce malheur avec résignation. Je me dis: Le sort ne veut pas que je revienne riche chez mes amis, eh bien! j'y retournerai pauvre..., et je suis sûr qu'ils me recevront aussi bien!... c'est un avantage que j'ai sur beaucoup de gens. Vous le voyez, je ne tenais pas à l'argent! c'était tout simplement un rêve que j'avais fait.

» Avec ce peu qui me restait, je parvins à payer mon passage sur un bâtiment qui devait me ramener en France; mais cette fois le trajet ne fut pas heureux, et après de gros temps, des tempêtes qui faillirent nous engloutir, nous fûmes forcés de débarquer sur les côtes de la Dalmatie. Je pris encore mon parti en brave; j'ai remarqué que je me conduis mieux dans l'adversité que lorsque la fortune me favorise, c'est toujours un dédommagement.

» Je résolus de faire à pied le reste de mon voyage, j'avais d'ailleurs de fortes raisons pour viser à l'économie. Me voilà donc en route, un bâton à la main et un léger paquet sur le dos, ne connaissant pas les chemins, mais m'en embarrassant peu; rien ne me pressait, et je me disais: j'arriverai toujours quelque part.

» Tout en marchant, je ne sais comment je me trouvai en Autriche, puis dans la Moravie, et alors des bruits de guerre parvinrent à mes oreilles; les pauvres habitants des campagnes que je parcourais m'apprirent que l'Autriche et la Russie se battaient contre la France; qu'à chaque instant les troupes traversaient le pays, et l'on s'attendait sans doute à une grande bataille.

» Je ne pouvais que former des vœux pour le succès de nos armes, car ma valise n'était pas celle d'un guerrier, mes vêtements étaient usés et ma garde-robe ne m'offrait guère de ressources pour réparer le désordre de ma toilette.

» Cependant, depuis mes longs voyages, depuis mon départ d'Angleterre, savez-vous, mes amis, ce que j'avais toujours fidèlement et soigneusement emporté avec moi? Eh bien, c'était ce qui me restait de l'héritage de mon parrain Brillancourt, c'étaient deux culottes, l'une bleue, et l'autre blanche. Vous riez... Ceci vous paraît surprenant, et vous ne comprenez pas, sans doute, que tout en menant en Italie une vie de seigneur, en déposant soixante mille livres dans de folles orgies, j'ai pu songer à conserver deux vêtements si modestes et qui n'ont pas été faits pour moi! Cela est ainsi pourtant, car voyez-vous, mes amis, malgré mes folies, mon goût d'indépendance et mes principes libéraux, je n'en suis pas moins un peu superstitieux, j'attache un grand prix au legs de mon parrain... La culotte rouge m'avait d'ailleurs trop bien servi pour que je n'eusse pas quelque confiance dans les autres. Enfin, en tous les pays où j'avais été, j'avais emporté avec moi ces deux culottes, et alors, me voyant dans un état voisin de la misère, me trouvant surtout fort mal couvert par un pantalon qui était percé en plusieurs endroits, je me dis: Voilà le moment d'avoir recours à mon parrain, mettons une de ses culottes.

» Je dénouai mon paquet en pleine campagne; j'étais dans un endroit solitaire où rien ne me gênait pour changer de vêtement nécessaire. J'examinai les deux culottes: la blanche était en satin, enjolivée de broderies et de paillettes; elle ne convenait guère à la circonstance; mais la bleue était en drap solide et ornée d'un passe-poil rouge qui avait quelque chose de militaire. Je mis la culotte bleue..., c'est celle que je porte encore en ce moment.

» J'avais à peine achevé ma toilette, que des cris de femmes, une nuée de paysans qui fuyaient, m'apprirent que des troupes entraient dans le pays; c'étaient les Russes, me dit-on. Ne me souciant pas de les attendre, je hâtai le pas, je marchai jusqu'à la nuit, et je me trouvai à une demi-lieue de la petite ville d'Austerlitz, devant une maison de plaisance dont les dehors élégants annonçaient la richesse et le bon goût. J'étais exténué de fatigue et de besoin. Autour de moi, je n'apercevais rien que chaumière, pas une seule habitation. Ma foi, ne pouvant demander l'hospitalité au pauvre, je me décidai à m'adresser au riche. Je frappai, car toutes les entrées de cette maison étaient fermées avec soin, ce qui, en temps de guerre, me parut fort naturel. On ne m'ouvrit pas, mais une voix me demanda en français ce que je voulais. Enchanté d'entendre cet idiome, je répondis que j'étais un pauvre voyageur et que je demandais l'hospitalité pour une nuit, dans le coin le plus reculé de la maison. Je n'avais pas achevé, qu'une voix cria de l'intérieur:

» — C'est un Français, ouvrez, Pierre, ouvrez-lui vite.

» On m'ouvrit: je vis un domestique qui était armé jusqu'aux dents, mais qui était tremblant. Après s'être assuré que j'étais seul et sans armes, il me fit entrer, et m'introduisit dans une charmante habitation décorée avec autant de goût que d'élégance. Là, il me dit de m'asseoir et d'attendre; au bout de quelques minutes, je vis arriver un homme d'une quarantaine d'années, enveloppé dans une belle robe de chambre. Ce monsieur, qui semblait avoir été blessé à la jambe et pouvait à peine marcher, s'appuyait sur le bras d'une jeune et jolie femme qui le comblait de marques d'intérêt. Il se plaça dans un fauteuil, et le dialogue suivant s'établit entre nous:

» — Vous êtes Français?

» — Oui, monsieur.

» — Tant mieux, moi aussi. Vous n'êtes pas au service?

» — Non... J'arrive des Indes... Le vaisseau qui portait ma fortune a péri; je reviens à pied..., mais j'ai de la force, du courage; en France, je retrouverai des amis, et cette pensée me soutient.

» — C'est fort bien. Moi, je suis fort riche. Venu dans ce pays par hasard, je m'y suis fixé, parce que j'y ai trouvé cette jolie petite Morave que j'ai épousée et qui fait mon bonheur. Maintenant, vous resterez ici tant que cela vous fera plaisir ; vous y serez traité comme un compatriote, ce qui doit toujours dire comme un frère. Seulement je dois vous prévenir que si des soldats autrichiens ou russes voulaient pénétrer ici, comme je ne les aime pas, et que d'ailleurs je ne veux pas qu'ils approchent de ma femme, mon intention est de me défendre jusqu'à la mort. Cela vous convient-il?

» — Parfaitement.

» — Déjà quelques éclaireurs de l'armée russe ont voulu, il y a deux jours, entrer chez moi. Je n'ai que quatre domestiques ici, et, malgré cela, je leur ai tué plus de quinze hommes... Ils ont cru qu'il y avait un poste de Français dans cette maison et se sont retirés. Malheureusement, j'ai été blessé à la jambe..., ce qui me gênerait s'ils revenaient. N'importe, il faut mourir ou les repousser. D'ailleurs, si je les laissais entrer, en me reconnaissant pour un Français, ils ne me feraient pas de quartier..., et ma femme... Quand je pense que ces misérables... Ah! Et je suis blessé!

» — Monsieur, faites-moi donner des armes et comptez sur moi. Si l'on vous attaque, je vous promets de tenir dignement votre place, et de me faire tuer avant que votre femme reçoive le moindre outrage.

» En m'entendant parler ainsi, le blessé me tendit la main, la pressa fortement dans les siennes, en me disant :

» — Vous êtes un brave! et c'est le ciel qui vous envoie. Au reste, Napoléon n'est pas loin avec son armée, et je ne doute pas qu'avant peu il n'ait battu messieurs les alliés. Maintenant, vous êtes chez vous... Au revoir, je vais soigner ma blessure...

» Mon hôte s'éloigna avec sa jeune et jolie femme. Je n'ai pas besoin de vous dire que je fus comblé d'égards chez ce Français. J'étais depuis deux jours chez M. Derneval, c'était le nom de mon compatriote, lorsque, vers le matin, des coups de fusil tirés dans l'éloignement nous annoncèrent que l'on se battait près de nous. Bientôt un bruit de chevaux se fit entendre, et les domestiques vinrent d'un air d'effroi me dire que des Russes entouraient la maison, et que c'était le même corps qui s'était déjà présenté, et auquel leur maître avait tué beaucoup de monde. Eh bien, leur dis-je, nous allons en tuer encore; les armes, du sang-froid et du courage!

» Au bout de quelques minutes, les Russes nous attaquaient. M. Derneval voulait me seconder, mais il n'était pas en état de se tenir sur sa jambe. Je vis bientôt que nous étions perdus; alors je courus me placer devant la porte de la chambre où la femme de mon hôte s'était cachée. J'avais promis de mourir avant qu'on parvînt jusqu'à elle, je voulais tenir ma parole. J'y étais à peine que des Russes entraient de tous côtés dans la maison. Bientôt j'en avais plusieurs devant moi, et l'un d'eux me dit en mauvais français :

» — C'est toi qui nous as tué des hommes, il y a quelques jours? tu es le maître de cette maison?

» — Oui, oui, dit un autre, c'est un Français..., militaire..., pantalon d'uniforme...

» — Eh bien! répondis-je, que me voulez-vous?

» — Te faire payer cher ta résistance..., t'apprendre à n'avoir pas voulu nous recevoir.

» Aussitôt plusieurs sabres furent levés sur moi. Je me défendis comme un lion : je tuai deux de mes adversaires; mais enfin, un coup de sabre m'atteignit à la tête... Je tombai..., je ne vis plus rien autour de moi.

» Quand je rouvris les yeux, j'étais couché dans un bon lit; mon hôte

Roger.

et sa femme m'entouraient, et M. Derneval me dit, en me pressant la main :

» — Votre courageuse défense a conservé l'honneur à mon épouse, en donnant le temps à nos compatriotes d'arriver... j'ai rapporté cette belle conduite aux généraux français qui sont entrés ici. Ils m'ont chargé de vous assurer qu'ils le feraient connaître à l'Empereur. Sachez que Napoléon a remporté une grande victoire, et que la bataille d'Austerlitz sera placée au nombre de ces belles journées qui immortalisent le vainqueur.

» Depuis quinze jours. Vous avez été fort mal; on a craint pour votre vie; mais le danger est passé; il ne vous faut plus que du repos et des soins. Laissez-vous donc soigner..., vous êtes pour moi plus qu'un frère; car je vous dois mon honneur et le bonheur de presser encore dans mes bras la femme que j'adore.

» Pour toute réponse, je pressai la main de Derneval, et je me laissai soigner. C'était ce que j'avais de mieux à faire. Ma convalescence fut fort longue; car outre cette blessure à la tête, j'avais reçu un coup de sabre au côté, et un coup de lance m'avait presque traversé la cuisse. Je passai donc encore deux mois chez mes nouveaux amis; ils auraient voulu me garder toujours; mais je parlais sans cesse de Paris, de vous, mes amis, et ils comprirent que ce n'était qu'en France que je me trouverais entièrement guéri. Un matin, Derneval vint me trouver et me dit :

» — Vous ne pouvez être heureux qu'à Paris; nous serions des égoïstes, si nous vous retenions plus longtemps. Il y a devant la porte une chaise de poste qui vous attend. Partez, mon cher Prosper; mais souvenez-vous seulement que vous avez en Moravie des amis qui ne vous oublieront jamais.

» J'étais charmé de partir en poste; mais je me trouvais assez embarrassé, car je n'avais plus sur moi que quelques pièces de monnaie qui m'auraient à peine suffi pour payer trois postillons. Je ne sais si Derneval devina ma pensée; mais il vint à moi en souriant, et me dit :

» — Partez sans crainte, vous ne manquerez de rien en route; j'ai pourvu à tout.

» Puis il me pressa dans ses bras; sa femme me donna sa main à baiser, et tous deux me firent de tendres adieux. On avait apporté dans ma chambre des vêtements à choisir; je n'en voulus pas... J'étais bien aise de revenir en France avec ma culotte bleue, qui m'avait aussi porté bonheur. Je montai dans la chaise de poste et j'y trouvai un paquet à mon adresse. Je l'ouvris : il y avait une bourse pleine d'or, un portefeuille renfermant cent cinquante mille livres, et cette lettre que m'écrivait Derneval :

« Acceptez ceci, non comme prix du service que vous m'avez rendu, ces » actions-là ne se payent pas; mais comme un gage de mon amitié. Cette » somme, qui n'est rien pour moi, pourra vous aider à rétablir votre for- » tune. Si vous me refusiez, je penserais que vous ne voulez point me regar- » der comme votre ami. »

» Pendant que je décachetais le paquet et lisais cette lettre, le postillon avait fouetté ses chevaux, et nous étions déjà bien loin de chez Derneval. Que pouvais-je faire? retourner chez mon compatriote, lui rendre ce qu'il m'offrait avec tant de générosité?... Non, car j'avais lu dans son âme, et elle eût été blessée de mon refus. Je pensai qu'il fallait accepter cette nou-

velle fortune que le sort m'envoyait... C'est ce que je fis..., en rendant grâce à l'amitié de ce généreux Français... Et voilà pourquoi vous me revoyez aujourd'hui, mes amis, riche encore, arrivant en chaise de poste.... et avec la culotte bleue de mon parrain. »

Prosper a terminé son récit que chacun a écouté avec le plus vif intérêt ; Pauline surtout n'en a pas perdu un mot ; elle a pâli lorsque des dangers menaçaient son bon ami ; elle a tressailli de joie lorsqu'un événement heureux lui arrivait, et, quand il a fini, elle lui dit avec sa douce voix :

— Et maintenant vous ne nous quitterez plus, n'est-ce pas ?

— Non, chère enfant, répond Prosper en l'embrassant encore ; j'ai assez couru le monde, je puis me reposer. D'ailleurs, quoique je n'aie encore que trente ans, mes dernières blessures ont un peu amorti la fougue de mon sang. Désormais je ne m'occuperai que de votre bonheur, et je partagerai celui de nos amis que je ne sais comment remercier pour tout ce qu'ils ont fait pour vous.

— J'aime beaucoup cela ! dit Poupardot ; et tu voulais sans doute me payer en m'envoyant vingt mille livres. Je les ai placées sur la tête de cette petite. Oh ! si j'avais été dans la peine, je n'aurais pas rougi de les accepter, mais grâce au ciel, je n'en avais pas besoin..., à part que ma fortune soit un peu diminuée..., parce que les assignats sont tout à fait hors de cours... ; c'est égal, j'ai de quoi élever mes deux fils.., tu vois.., Navet et Napoléon... deux gaillards qui iront loin.

— Enfin, mes amis, vous êtes heureux ; c'est tout ce que je désirais, et vous me rendez une jeune fille charmante à la place de l'enfant que je vous avais laissée.

— Est-ce que vous voulez déjà nous la reprendre ? dit Elisa d'une voix émue.

— Non, non..., je ne voudrais pas causer, dès mon arrivée, du chagrin à cette enfant. Nous verrons plus tard, et si toutefois ma société lui convient. Maintenant je ne songe qu'au bonheur de me retrouver en France et près de mes amis. Ah ! donnez-moi de leurs nouvelles... Maxime ?

— On ne sait ce qu'il est devenu !... ou n'a pu découvrir sa demeure.

— Oh ! je la découvrirai, moi, et, à moins qu'il ne soit mort, je le presserai encore dans mes bras. Et Roger ?

— Lieutenant des hussards il y a un an... Il est retourné à l'armée. Je crois avoir entendu dire qu'il avait été fait capitaine. Oh ! nous le reverrons bientôt. — Et Picotin..., sa femme ?

— Picotin vend des peaux de moutons... en attendant une fourniture pour l'armée. Sa femme est très répandue dans la société des militaires. Elle a presque constamment un état-major autour d'elle.

Prosper est quelques moments sans rien dire. On voit qu'il voudrait faire une autre question, et qu'il est embarrassé ; enfin il se décide et dit en hésitant :

— Et... les émigrés ?

— Oh ! ils sont en grande partie revenus en France..., un décret le leur permettait... Déjà quelques-uns sollicitent des places du gouvernement, et l'on voit des gentilshommes de l'ancienne cour qui se mêlent à la nouvelle.

Prosper reste un moment pensif, mais bientôt paraissant chasser d'anciens souvenirs, il s'abandonne au plaisir qu'il éprouve en se retrouvant près de ses amis. C'est surtout de Pauline qu'il est enchanté ; l'air de raison, de douceur, les grâces de la jeune fille, l'étonnent et le charment. Lorsque la bonne Elisa lui dit que l'aimable enfant n'était pas un seul jour

Aussitôt plusieurs sabres furent levés sur moi, je me défendis comme un lion. — Page 40.

sans parler de lui, sans demander au ciel son retour, Prosper sent des larmes mouiller ses yeux, et il se reproche d'être resté si longtemps éloigné de l'orpheline. Mais, en revenant plus tôt, il ne serait sans doute pas revenu riche ; il finit par en conclure que tout est encore pour le mieux.

Après une journée passée chez ses amis, Prosper revient à Paris. Il loue un bel appartement, le fait meubler avec élégance ; il fait surtout décorer avec soin une jolie petite chambre qu'il destine à Pauline. Puis il s'occupe de monter sa maison ; il prend un domestique, une cuisinière et une femme de confiance qu'il trouve convenable de placer comme gouvernante près de l'orpheline.

Tous ces arrangements faits, Prosper, quoique brûlant d'envie d'avoir près de lui celle dont il se regardait comme le second père, hésitait cependant pour redemander la jeune fille à Poupardot ; il craignait d'affliger Elisa, il craignait surtout que Pauline ne s'ennuyât chez lui, et ne regrettât le séjour de Clichy.

Mais, après plusieurs journées passées chez Poupardot, Prosper s'aperçut que monsieur Navet taquinait sans cesse la jeune fille, et que celle-ci, pour ne point causer de querelles dans la maison, supportait, sans se plaindre, mille contrariétés que le jeune homme lui suscitait.

Un jour enfin Prosper, arrivant à l'improviste chez ses amis, trouva Pauline dans le jardin, et les yeux pleins de larmes.

— Qu'y a-t-il, chère petite ? dit Prosper en courant à la jeune fille. Qui peut vous causer des chagrins ?... Qui donc se permet de vous faire pleurer, ici ?

Pauline hésitait, elle ne voulait pas se plaindre, pour ne point faire de peine à Elisa qui souffrait déjà de la méchanceté de son fils Navet. Mais Prosper ne se contentait pas de subterfuges, il voulait la vérité ; et la jeune fille lui avoue, en pleurant, que monsieur Navet vient de tuer à coups de pierre son petit oiseau Tom, qu'elle aimait tant, parce qu'il avait été becqueter un fromage à la crème dont le petit garçon voulait déjeuner.

Prosper prend alors Pauline sur ses genoux, et lui dit :

— Si je vous emmène avec moi, ne vous trouverez-vous point malheureuse ? Vous aurez un joli appartement, une gouvernante, des domestiques... Vous aurez tous les maîtres que vous désirerez, et tous les plaisirs qui conviennent à votre âge. Mais si vous préférez rester chez Poupardot, si vous ne voulez pas quitter ceux qui vous ont élevée en mon absence, vous êtes libre..., et je ne vous en voudrai pas.

Pauline lève ses beaux yeux sur Prosper, et lui répond sans hésiter :

— Mes bons amis Poupardot peuvent se passer de moi, puisqu'ils ont d'autres enfants... Mais vous..., qui êtes seul, vous avez besoin que l'on vous tienne compagnie... Ah ! vous me parlerez de ma mère, de mon pauvre père... ; et je ne m'ennuierai jamais près de vous.

Prosper n'a pas la force de répondre, tant son cœur est ému : mais il court sur-le-champ près des deux époux, et leur dit :

— Mes amis, je viens chercher Pauline... Je voudrais l'emmener avec moi. Elisa regarde la petite fille, pousse un gros soupir, l'embrasse, et lui dit à l'oreille :

— Va, chère petite, tu seras bien heureuse chez lui... ; et là, personne ne te fera pleurer !

Et Poupardot, frappant dans la main de Prosper, lui dit :

— Eh bien, je ne te blâme pas..., parce que Pauline grandit... Mon jeune Navet grandit. Onze ans et demi ! Il annonce les forces d'un Hercule..., et... tout cela est difficile à élever ensemble ! à part les précautions que l'on prendrait !

Le soir même, la jeune fille était établie dans la jolie chambre que Prosper lui avait fait préparer dans son appartement. Une gouvernante respectable avait ordre de ne point la quitter, et les domestiques obéissaient à ses moindres volontés.

—

XVI. — UNE MANSARDE.

Prosper est au comble de la joie de posséder enfin chez lui l'enfant de ceux qu'il aimait tant. Il ne pense, il ne s'occupe qu'à rendre heureuse la jeune fille qui habite maintenant avec lui. Il n'est point de soins, de prévenances, d'attentions dont il ne comble l'orpheline ; à chaque instant de la journée il cherche ce qu'il pourrait faire pour lui être agréable ; il la recommande sans cesse à sa gouvernante ; il ordonne à ses domestiques de veiller à ce que ses moindres désirs soient satisfaits. Une mère ne serait pas plus attentive, un père ne pourrait en faire plus.

Cependant, dans le ton, dans les manières de Prosper, il n'y avait rien qui annonçât l'homme galant ou prévenant près des dames. Son humeur avait toujours été franche et son parler bref ; mais, depuis ses longs voyages, son abord était devenu sérieux, et ses manières étaient quelquefois d'une vivacité qui ressemblait à de la brusquerie.

Au physique, il était assez difficile de savoir s'il était bien ou mal. Il était grand, et tenait sa tête un peu penchée sur le côté ; sa figure, brunie par les voyages, avait pris une expression sévère qui se changeait quelquefois en tristesse. La cicatrice qui atteignait sa joue ne le défigurait pas, mais lui donnait seulement quelque chose d'original ; enfin ses yeux étaient pleins de feu lorsqu'ils s'animaient, ce qui lui arrivait bien vite quand il parlait de quelqu'un qu'il aimait : tel était Prosper Bressange, qui ne ressemblait plus guère au jeune garçon *imprimeur d'autrefois*, mais qui pouvait encore plaire beaucoup ou déplaire entièrement.

Lorsque le protecteur de Pauline avait acheté pour la jeune fille quelque nouveau meuble ou quelque nouvelle parure, qu'il pensait devoir lui être agréable, il lui disait seulement d'un ton brusque :

— Tenez, chère enfant, voilà pour vous.

Et lorsque la jeune fille voulait lui témoigner sa reconnaissance, il l'interrompait en lui disant :

— Vous êtes contente, c'est tout ce qu'il faut.

Et il s'éloignait pour ne point en entendre davantage.

Mais Pauline savait bien trouver le moyen de montrer à Prosper combien elle était touchée de tout ce qu'il faisait pour elle ; la meilleure manière qu'elle eût de lui prouver sa gratitude était de lui faire comprendre qu'elle se trouvait heureuse près de lui, et ne regrettait pas le séjour de Clichy. C'était aussi ce qu'elle s'appliquait à lui faire voir ; cela ne lui était pas difficile, car chez son protecteur, l'orpheline jouissait du sort le plus doux.

Lorsque Prosper rentrait à l'heure du dîner, il trouvait Pauline dans le salon, étudiant le piano qu'elle avait témoigné le désir d'apprendre ; elle se levait, et, courant au-devant de son bon ami, l'accueillait avec un doux sourire. Alors, Prosper pressait tendrement la main de la jeune fille, et lui disait :

— Vous êtes donc contente, mon enfant ; vous ne vous ennuyez pas avec moi ?

— M'ennuyer ici ! répondait Pauline, lorsque vous allez au devant de mes moindres vœux. Ah ! je serais donc bien ingrate ! mais, grâce au ciel, je ne le suis pas, car je vous aime bien, et je me trouve bien heureuse près de vous.

— En ce cas, je le suis aussi, répondait Prosper, car votre bonheur est désormais tout ce dont je dois m'occuper.

Mais en disant cela, Prosper laissait souvent échapper un soupir, et son sourire avait plus de mélancolie que de bonheur.

La petite fille, qui avait une intelligence au-dessus de son âge, s'apercevait que la gaieté de son protecteur n'était pas aussi vraie qu'il voulait le faire croire ; elle s'affligeait quelquefois au fond de son âme, mais elle n'aurait pas osé lui adresser une question à ce sujet.

Prosper sortait une grande partie de la journée ; il voulait retrouver Maxime. C'était du moins pour cela, disait-il, qu'il se mettait si souvent en course ; mais peut-être avait-il encore un autre espoir qu'il ne voulait pas s'avouer à lui-même.

On était au commencement de 1807.

Il y avait déjà quelque temps que la jeune Pauline demeurait chez son protecteur, et son attachement pour lui devenait chaque jour plus vif, car sous un abord sévère et un peu rude, elle voyait bien qu'il possédait une âme de feu pour ses amis, et un cœur sensible pour tous les malheureux.

Prosper aurait voulu donner à sa protégée tous les maîtres de science et d'agréments. Il fallut que la gouvernante lui fît comprendre que trop d'études fatiguaient la jeune fille, pour qu'il se résignât à ne lui laisser apprendre que ce qui lui plaisait. Cependant, au milieu de la famille Poupardot, où l'on avait beaucoup à faire auprès de *messieurs* Navet-Auguste et Napoléon, les études sérieuses avaient été un peu négligées. Pauline écrivait assez mal, et ne possédait pas bien sa langue ; Prosper s'occupa de lui trouver un maître d'écriture et de français.

On avait donné à Prosper plusieurs adresses de professeurs, et il s'était rendu près d'eux, mais aucun ne lui avait encore convenu ; il était difficile sur le choix des maîtres qu'il donnait à Pauline ; il pensait avec raison

qu'on ne saurait prendre trop d'informations sur les personnes que l'on place dans l'intimité d'une jeune fille.

Un jour, Prosper revenait de voir un professeur logé dans un joli appartement du faubourg Montmartre, et dont le ton pédant ne lui avait nullement convenu, lorsqu'en sortant de la maison, une vieille cuisinière, qui l'avait entendu demander le maître de langue française, s'approcha doucement de Prosper et lui dit :

— Monsieur vient de chez le maître de là-haut...? Monsieur s'est-il arrangé avec lui...?

— Non, répond Prosper en regardant la vieille femme ; mais pourquoi me faites-vous cette question ? est-ce que vous avez un autre professeur à m'indiquer ?

— Oh ! oui, monsieur, que j'en connais un autre !... et c'est un homme bien méritant !... et quoiqu'il ne *fesse* point d'embarras..., ça n'empêche pas qu'il ne soit bien *éduqué*... s'il n'avait pas *s'tévu* des malheurs...

— Est-ce que c'est lui qui vous a appris le français ? dit Prosper en jetant un regard railleur sur la cuisinière.

— Oh ! non, monsieur ; moi, je *m'ai* appris *soi-même*, quand j'ai le temps ! Mais le professeur que je voulais vous enseigner vient chez mes maîtres ; il fait l'éducation de leur petit qu'a neuf ans..., et c't enfant, qui ne faisait que des bâtons il y a trois mois, écrit à présent comme vous et moi, et parle ! que c'en est effrayant ! et tout ça pas cher... douze francs par mois, et des leçons tous les jours, à l'insu du dimanche.

Prosper, qui n'avait aucune confiance dans la recommandation de la cuisinière, allait s'éloigner sans en écouter davantage, lorsque celle-ci ajoute :

— Et puis, monsieur, ce pauvre professeur ! il soutient sa mère..., qui est paralytique... Tout ce qu'il gagne, c'est pour la soigner, et dame, ils ne sont pas heureux avec tout ça !

Prosper s'arrête, revient vers la cuisinière, et lui dit :

— Le nom, l'adresse de ce professeur ?

— Attendez, monsieur..., le nom... mon Dieu ! je ne m'en souviens plus trop..., je l'appelle toujours le professeur ou le maître du petit..., mais pour son adresse, je la sais, j'y suis *l'été* un jour que moi' jeune bourgeois ne pouvait pas prendre leçon, vu qu'il allait à Saint-Cloud, jouir de la foire. C'est pas bien loin d'ici qu'il demeure ce professeur, tout en haut des Martyrs, numéro soixante-six..., dans le haut... ; par exemple il est logé au cinquième, dans les mansardes... Ah ! dame ! c'est pas comme celui de c'te maison...

— Rue des Martyrs... soixante-six..., il suffit, ce ne vous rappelez plus le nom ?

— Attendez donc... ça commence par un B..., comme Mathurin ou Claude.

— C'est bien, merci... ; je trouverai.

Prosper laisse là la cuisinière chercher le nom qui lui échappe, et se dirige aussitôt vers la rue des Martyrs. Il n'a pas de peine à trouver la maison qu'on lui a indiquée. Il entre dans une allée sombre, y cherche en vain un portier, et se décide alors à grimper les cinq étages, en ayant toutefois la précaution de tenir une rampe fort nécessaire, vu l'obscurité de l'escalier.

À chaque palier, les marches devenaient plus hautes et plus raides ; arrivé au cinquième étage, c'est une véritable échelle de meunier. Prosper hésite, en se disant :

« Ce pauvre diable a donc bien peu d'élèves, pour être logé si mal..., cela ne me donne pas grande confiance dans ses talents... ; mais voyons cependant, quelquefois le mérite est comme la vertu, on ne devinerait pas où il va se nicher. »

Prosper monte l'échelle de meunier et se trouve devant une porte où il y a un loquet : il s'arrête :

« Ce doit être là, se dit-il. Pauvre maître d'écriture !... Les professeurs de danse ne sont pas logés si haut !... Mais les Français ont l'habitude de payer les gens qui les amusent plus cher que ceux qui les instruisent. »

Il frappe à la porte ; une voix vieille et cassée lui répond de l'intérieur :

— Touchez le loquet et entrez.

Prosper a ouvert la porte, et il se trouve dans une chambre mansardée, où l'on aperçoit pour tous meubles un lit de sangle, un vieux buffet en noyer, une table et quelques chaises ; mais tout cela est d'une extrême propreté qui en fait presque disparaître l'aspect misérable. Dans un coin obscur de cette chambre, une vieille femme était assise dans une grande bergère qui semblait neuve, et dont l'aspect confortable contrastait avec les autres meubles du logis. Prosper, qui n'avait pas d'abord aperçu la vieille femme, s'approche d'elle son chapeau un lit disant :

— Pardon, madame, je demande un professeur d'écriture et de langue française... dont on n'a pu me dire le nom... Est-ce ici qu'il demeure ?

— Oui, monsieur, répond la pauvre femme assise dans la bergère ; oui, c'est bien ici... mon fils qui est le professeur dont on vous a parlé... Il ne tardera pas à rentrer, si vous vouliez vous asseoir... Pardonnez-moi si je ne vous donne pas moi-même une chaise..., mais, depuis six ans, j'ai entièrement perdu l'usage de mes jambes !...

La voix de la paralytique a résonné jusqu'au cœur de Prosper ; il cherche où il a déjà entendu ces accents qui lui causent une émotion qui l'étonne. Tout en prenant une chaise et s'asseyant auprès de la vieille dame, il la regarde avec attention.

— Nous sommes logés un peu haut, monsieur, reprend la vieille, et vous avez pris la peine de monter... Mais les logements sont si chers à Paris..., et les maîtres d'écriture ne gagnent pas beaucoup... Il est vrai que mon fils est si modeste..., cependant il a du talent ; cet éloge peut paraître suspect dans la bouche d'une mère... mais vous verrez, monsieur, qu'il n'est point exagéré... ; et avec cela tant de vertus !... de qualités... C'est lui qui a soin de moi ; il se prive de tout pour que sa pauvre mère malade ne manque de rien ! Pauvre garçon ! c'est lui qui couche sur ce lit de sangle. Moi j'ai un lit fort bon avec deux matelas et un sommier dans la petite chambre à côté..., c'est lui qui a voulu cela... Tenez..., cette bergère... si bonne et si belle, il me l'a encore achetée, il y a deux mois, afin que je sois bien assise... Je l'ai grondé..., mais bah ! il n'était plus temps... Est-ce que vous ne voulez pas l'attendre, monsieur ?

Pendant que la bonne dame parlait, Prosper s'était levé, c'est pourquoi elle craignait qu'il ne voulût partir ; mais au lieu de s'éloigner, il s'approchait de la paralytique, la regardant toujours avec plus d'attention, puis il était devenu tremblant, il avait senti ses jambes fléchir et des larmes avaient coulé sur ses joues, tandis que, s'appuyant sur le dos de la bergère, il balbutiait en approchant une de ses mains de celles de la bonne dame :

— Mais..., votre fils..., son nom me revient maintenant..., ne se nomme-t-il pas... Maxime Bertholin ?...

— Oui, monsieur..., oui... Ah ! vous saviez son nom...

— Si je le sais !... Ah ! n'a-t-il pas toujours été gravé dans mon cœur... C'est vous, ma bonne mère Bertholin !... C'est... vous !... je vous retrouve donc enfin !

Prosper avait pris la bonne femme par la tête, et il l'embrassait comme un fils embrasse sa mère. Celle-ci, tout étonnée, et ne concevant rien à ces marques de tendresse de la part d'un homme qu'elle ne reconnaît pas, s'écrie :

— Oui, monsieur, je suis la mère Bertholin ; mais vous... qui nous connaissez..., qui donc êtes-vous ?...

— Qui je suis !... Ah ! en effet..., depuis treize ans..., vous ne pouvez me reconnaître... Mais vous n'avez pas oublié Prosper..., ce jeune imprimeur à qui vous recommandiez si souvent d'être plus sage...

— Prosper !... vous !... toi !

Et la vieille femme embrasse elle-même celui qu'elle reconnaît enfin, en s'écriant :

— Ah ! que mon fils sera content !

— Et moi donc ! dit Prosper en essuyant ses yeux ; il y a assez longtemps que je le cherche !... Mais pourquoi se cacher ainsi..., vivre comme un loup..., ne plus aller voir ses amis... Poupardot, sa femme, qui auraient eu tant de plaisir à vous revoir ! Pourquoi nous laisser pleurer sa mort ?... Ce n'est pas bien cela... Je sais que j'en ai fait à peu près autant, moi... Mais Maxime, un garçon si sage, si raisonnable, il ne pouvait avoir les mêmes raisons que moi.

— Tu me connais, mon cher Prosper, pourquoi mon fils n'a pas été voir ses amis !... Mais tu ne connais donc pas le caractère de Maxime ? tu ne te souviens donc combien son cœur est fier !... Lorsque mon fils perdit, en quatre-vingt-quatorze, la place qu'il occupait dans une imprimerie, nous trouvant fort embarrassés pour vivre, il accepta un petit emploi qu'on lui proposait à Limoges ; nous parvînmes ; là, nous vécûmes tant bien que mal pendant cinq ans. Maxime était alors gai et heureux, car à cette époque la République était grande et triomphante. Au bout de cinq ans, ayant perdu son emploi, nous revînmes à Paris ; Maxime, n'ayant pas de place, se mit à donner des leçons d'écriture et de français ; nous vivions assez doucement, lorsque, après une longue maladie, je demeurai privée de l'usage de mes jambes. Maxime dépensa et vendit presque tout ce que nous possédions pour me bien soigner..., et c'est ce qui nous a réduits à l'état de gène..., je pourrais presque dire de misère, dans lequel nous sommes tombés. Mais mon fils travaille le plus qu'il peut et ne se plaint pas lorsqu'il croit que je ne manque de rien. Plusieurs fois je lui ai parlé des Poupardot..., de ses anciens amis, je l'engageais à les aller voir ; mais alors il m'a répondu : Ma mère, lorsqu'un homme qui est dans la gène va voir ses amis qui sont riches, il a presque l'air d'aller leur demander des secours, ceux-ci peuvent lui en supposer la pensée lors même qu'il ne l'a pas ; comme je ne veux pas que l'on ait de moi cette idée, comme je ne veux recevoir de secours de personne, tant que je serai aussi pauvre, je me priverai du plaisir d'aller voir mes amis.

— Diable d'homme, va !... avec ses principes sévères !... Ainsi, mère Bertholin, moi, qui suis riche en ce moment, il ne me permettra donc pas de l'obliger ?

— Non, mon cher Prosper, il n'acceptera rien... Il serait capable de se fâcher si tu insistais.

— En ce cas, je suis bien enchanté de vous avoir trouvée la première... Tenez, ma bonne mère, prenez cette bourse..., cet or... Ah ! j'espère que vous serez moins fière que votre fils... que vous ne me priverez pas du plaisir de vous obliger...

En disant cela, Prosper mettait une bourse renfermant cinquante louis sur les genoux de la bonne femme, et celle-ci, tout en considérant cet or dont elle a tant besoin, soupire et lui dit :

— Mais, monsieur..., tu es trop bon..., j'ai cet or..., quand mon fils le verra..., que veux-tu qu'il lui dise ?... il se fâchera s'il devine la vérité.

— Vous lui ferez une histoire... Parbleu, les femmes ne sont jamais embarrassées. Vous direz... Ah ! une idée excellente ! que vous avez gagné à la loterie... douze cents francs pour douze sous ! On ne fait que crier cela dans les rues...

— Mais je ne puis marcher, et par conséquent descendre pour acheter un billet de loterie...

— Est-ce que les vendeurs de billets ne montent pas quand on les appelle ?... Est-ce que vous n'avez pas quelque voisine obligeante, d'ailleurs ? Allons, allons, c'est arrangé, c'est fini, vous avez gagné à la loterie.

— Mon bon Prosper.

— Chut ! silence..., ne parlons plus de cela..., on monte l'escalier... C'est Maxime..., ce doit être lui, mon cœur l'a deviné... Ne lui dites rien... Oh ! il ne me reconnaîtra pas non plus.

C'était Maxime en effet. Les années qui s'étaient écoulées depuis que son ami l'avait perdu de vue n'avaient apporté que peu de changements

dans sa personne. C'était toujours cette belle figure grave et un peu sévère, seulement elle était plus pâle, plus maigre qu'autrefois, et sur ce front jeune encore, qui portait l'empreinte des soucis et du malheur, les cheveux commençaient déjà à devenir rares.

Apercevant un étranger près de sa mère, Maxime le salue en lui disant :

— Puis-je savoir ce qui me procure la visite de monsieur ?

— Ce que je veux ? dit Prosper après avoir pendant quelques instants fixé en silence ses yeux sur son ancien ami, ce que je veux ?... oh ! ma foi l'embrasser d'abord.

En disant ces mots, il court à Maxime et le serre dans ses bras. Celui-ci le regarde à son tour avec attention, et s'écrie bientôt :

— Tu es Prosper ?

— Tu me reconnais donc ?

— Je connais ta voix..., ton regard...; car pour le reste, j'avoue que j'aurais pu m'y tromper... Cette cicatrice... Est-ce que tu es militaire ?

— Non...; mais ça n'empêche pas de se battre quand l'occasion s'en présente... Je te retrouve donc enfin !... Depuis treize ans bientôt... Que d'événements depuis ce temps !

Maxime soupire et secoue tristement la tête en répondant :

— Oui..., en effet, il y a eu bien des changements !

— Tu soupires, Maxime ; tu as l'air chagrin en disant cela... Est-ce que tu ne partages pas l'enthousiasme que font naître toutes ces belles victoires remportées par l'Empereur ?... Est-ce que tu n'es pas sensible à la gloire de ton pays ?

— Oh ! tu ne peux pas supposer cela, Prosper ; personne plus que moi ne s'intéresse à la gloire de ma patrie ; mais avant que nous eussions un empereur, nous étions vainqueurs aussi, nous triomphions à Lodi, à Arcole, à Rivoli..., et notre république n'était pas détruite alors... Pour moi, Prosper, le général de l'armée d'Italie était bien plus grand que votre empereur. Mais laissons ce sujet..., ne parlons plus politique... Nous cesserions peut-être de nous entendre. Conte-nous tes aventures... Dis-nous ce que tu as fait depuis que nous ne nous sommes vus.

Prosper s'assied entre Maxime et sa mère, et leur fait un récit fidèle de ses aventures, de ses amours, de ses voyages ; il passe rapidement, cependant, sur tout ce qu'il a fait pour sauver madame Derbrouck. Lorsque Maxime apprend que la fille du malheureux Hollandais existe, que c'est pour elle que Prosper cherchait un maître de langue, il serre avec effusion la main de son ami, en lui disant :

— Ah ! tu es toujours le même...; la tête légère..., mais le cœur excellent !...

— Ma tête est maintenant beaucoup plus raisonnable, répond Prosper en souriant. Tu me fais trop d'honneur en me croyant encore si étourdi... Il me semble que je n'en ai plus la mine.

— Oh ! cela ne fait rien... Je te connais... Je gage que tu penses encore à cette petite comtesse... qui s'est moquée de toi, qui ne t'a jamais aimé.

— Qu'elle ne m'ait jamais aimé, c'est possible, mais elle ne s'est pas moquée de moi, puisqu'elle ne m'a pas donné d'espérance... Au reste, je te jure que je ne pense plus à elle.

— Tu mens, tu y penses toujours... J'ai vu cela en t'écoutant, et, si tu la retrouvais, tu serais capable de faire encore quelque folie pour elle...

— Et quel folie ai-je donc faite ? Est-ce parce que j'ai rendu à son père sa terre..., seule ressource qui lui restât, alors que tous ses autres biens étaient en séquestre ?

— Non, je ne te blâme pas de cette action ; mais enfin Durouleau t'avait laissé de la fortune, tu l'as dépensée..., perdue... Le hasard t'en a envoyé une autre, tâche de garder celle-là.

— Ce Maxime est toujours le même... il ne flatte pas ses amis... Sois tranquille, homme austère !... on se conduira avec sagesse. Ah ça, consens-tu à venir donner des leçons à ma jeune orpheline, à l'enfant de ces braves gens que nous aimions tant ?

— Si j'y consens !... Ah ! c'est un bonheur que tu me procures... La fille de cette infortuné Hollandais est pour moi un objet d'amour et de vénération.

— C'est très bien, mais comme on ne vit pas avec cela, je t'offre cent francs par mois..., est-ce assez ?

— Tu es fou ! mes meilleurs élèves ne m'en donnent que vingt-quatre. Je ne veux pas en recevoir davantage...

— Si tes autres élèves sont des ladres, des cancres, cela ne me regarde pas. Tu auras cent francs...

— Je n'en recevrai que vingt-quatre, ou je me priverai du plaisir que je goûterais en devenant le professeur de cette chère enfant.

— Quel entêté !... Mon cher Maxime, tu es terriblement volontaire ! J'ai remarqué qu'il fallait toujours faire à ta guise. N'importe..., on fera ce que tu veux ; mais, dis-moi, ta superbe fierté t'empêchera-t-elle aussi d'accepter quelquefois mon dîner, et de consentir à t'asseoir à la table de ton ami ?

Maxime sourit et secoue la main de Prosper en lui répondant :

— Non..., non..., je dînerai chez toi..., quelquefois..., avec grand plaisir.

— Ah ! c'est fort heureux ?... Et je pense que tu ne seras pas fâché d'y rencontrer Poupardot et sa femme ?...

— Non sans doute, au contraire...

— Ah ! c'est très bien !... Alors je vais courir leur annoncer que je t'ai retrouvé... Ils seront si contents !... car nous t'aimons tous, vois-tu, et nous ne sommes pas si fiers que toi, nous ne craignons pas de le laisser voir. Il me tarde aussi de dire à Pauline son nouveau professeur : j'ai connu ses parents : qu'il demeurait à Paris dans la même maison que ces infortunés. Cette pauvre petite ! elle entre à peine dans sa quatorzième année. Mais tu verras quel ange !... Déjà la raison, la sensibilité d'une femme, avec la douceur, la candeur d'un enfant.

— Pauvre enfant! dit la mère Bertholin. Quand je l'ai vue, sa mère la nourrissait encore... A coup sûr, je ne puis pas la reconnaître... Mais j'aurais été si heureuse de l'embrasser... Hélas! c'est impossible..., je ne puis sortir d'ici!...

— Eh bien, maman Bertholin, je vous amènerai Pauline, et vous embrasserez cette chère enfant...

— Quoi, Prosper..., vous auriez la bonté...

— La bonté!... et n'est-ce pas un plaisir que je procurerai à Pauline?... Voir une personne qui a aimé, qui a connu sa mère!... Ah! elle me remerciera d'avoir pensé à l'amener ici.

— Mais... monter ce vilain escalier..., venir dans cette mansarde pour voir une vieille paralytique...

— Regarde-t-on à la beauté d'un logement, doit-on compter les marches de l'escalier, quand on va voir ses amis? Vous êtes vieille et infirme, ce sont deux raisons pour qu'on vous aime et qu'on vous respecte... Oh! soyez tranquille!... ma Pauline n'est pas une bégueule; elle sera heureuse de venir chez vous... Adieu, maman Bertholin; adieu, mon cher Maxime... Ah! je suis si content... Il me semble que j'ai encore dix-huit ans... Il faut que je coure..., que je marche... Je ne puis pas tenir en place... Au revoir, au revoir, mes bons amis.

Prosper embrasse la vieille femme sur les deux joues. Il serre Maxime dans ses bras, puis il sort de la mansarde en riant, en chantant, comme cela ne lui était pas arrivé depuis bien longtemps.

XVII. — PICOTIN DANS SON MÉNAGE. — RÉUNION D'ANCIENS AMIS.

Le premier soin de Prosper, en sortant de chez Maxime, est de courir près de sa petite protégée. Pauline prend tellement part à ses moindres peines, elle lui témoigne un attachement si vrai, qu'il est certain qu'elle sera heureuse de savoir qu'il a retrouvé cet ami dont il parlait si souvent. Il s'empresse donc d'aller lui faire part des événements de la matinée. La jeune fille saute de joie en apprenant qu'elle aura pour professeur quelqu'un qui pourra lui parler de ses parents; et, lorsque Prosper lui demande si cela lui sera agréable d'aller voir la vieille mère Bertholin, elle court prendre son chapeau et son châle, en s'écriant :

— Oh! tout de suite! partons, allons-y bien vite.

— J'étais certain, ma chère petite, que vous me répondriez ainsi, dit Prosper, et que, pour voir cette pauvre vieille dame qui désire tant vous embrasser, vous ne craindriez pas de monter un cinquième étage..., d'aller dans une mansarde, enfin.

— Craindre d'aller dans une mansarde!... Ah! si je pensais comme cela, j'aurais un mauvais cœur! et vous ne le croyez pas!... N'est ce pas, mon bon ami?

— Non, non, bien au contraire. Nous irons voir madame Bertholin; mais d'abord, je dois aller chez nos amis de Clichy. Je dois leur apprendre aussi à eux que Maxime est retrouvé. Poupardot en sera si content! Venez avec moi, Pauline; nous allons prendre une voiture pour aller à Clichy engager la famille Poupardot à venir dîner ici demain avec Maxime, ensuite nous nous rendrons près de la maman Bertholin.

La jeune fille est enchantée d'accompagner son bon ami; en un instant sa toilette est terminée. Une voiture les emmène, et ils arrivent bientôt à la maison de Poupardot.

Là, une nouvelle surprise attendait Prosper; à peine a-t-il mis le pied dans la nouvelle demeure de ses amis, qu'un militaire, qui était assis près d'Elisa, se lève, court à lui, et l'embrasse de manière à l'étouffer, en s'écriant :

— Le voilà donc ce cher Prosper!... Ah! mille cartouches! moi aussi j'étais à Austerlitz, et j'ai entendu parler de la belle conduite de ce Français qui s'est fait presque massacrer en défendant presque seul, contre un escadron de Russes, la maison d'un de ses compatriotes!... Mais je ne me doutais pas que ce brave était Prosper..., ce jeune imprimeur que j'ai connu si fou! si étourdi!... Me reconnaissez-vous?...

— Oui, oui..., vous êtes Roger... parti pour la réquisition de l'an II de la république...

— Et aujourd'hui capitaine, mon ami; Ah! mille bombes, ça marche sous l'Empereur..., on avance rapidement!... Je l'avais dit à nos amis lorsque je les quittai..., il y a près de deux ans! si je reviens, je ne serai plus lieutenant. J'ai tenu parole!... Ah! quel beau règne, mon ami, quelle belle époque pour la France! quel dommage que vous n'ayez pas embrassé le métier des armes, vous seriez officier supérieur! j'en réponds!

— Tout le monde ne peut pas être militaire! dit Poupardot.

— Si fait! si fait! sous le règne de Napoléon tous les hommes doivent avoir envie d'être soldats..., il n'y a que ça pour parvenir.

— Messieurs, dit Prosper, j'ai une nouvelle à vous apprendre, qui, j'en suis certain, vous fera grand plaisir...

— Quoi donc? s'écrie Roger, est-ce que nous allons commencer une nouvelle campagne?

— Est-ce que l'on va rembourser les assignats? dit Poupardot; j'en ai dans mon secrétaire pour quatre-vingt mille francs... Ma femme veut toujours se faire des papillottes avec; mais je lui dis: Attends..., on ne sait pas... Je les ai trop à part...

— Il n'est pas question de tout cela! mais d'un de vos anciens amis, d'un homme que nous aimons tous...

— Maxime?

— Ah! j'étais sûr que votre cœur le nommerait. Oui, c'est Maxime que j'ai retrouvé..., que j'ai vu.

— Il serait possible!... Où est-il..., mille escadrons!... que j'aille l'embrasser?...

— Où est-il, s'écrie Poupardot, que nous allions nous jeter dans ses bras?

— Où il est? dans une pauvre mansarde où il soutient sa mère devenue paralytique. C'est le hasard, ou plutôt la Providence qui me l'a fait découvrir, en cherchant un professeur de langue française pour ma jeune orpheline. Du reste, il est toujours le même, aussi fier, aussi sévère dans ses principes. Savez-vous pourquoi il ne venait pas nous voir? sa mère me l'a dit à moi : c'est parce qu'étant pauvre, il craignait que nous lui supposassions le désir d'être secouru..., la pensée qu'il venait nous emprunter de l'argent. Et aujourd'hui il n'a consenti à donner des leçons à Pauline qu'à condition que je ne lui payerais pas plus cher que ses autres élèves.

— Je le reconnais là, dit Roger, c'est un homme taillé d'après l'antique.

— Je ne crois pas qu'il fasse fortune sous aucun gouvernement! murmure Poupardot.

— Malgré cela! messieurs, quoique Maxime! ne puisse rougir de sa misère, il lui serait peut-être pénible de vous recevoir tous dans son réduit..., mais demain il viendra dîner chez moi, et j'espère que vous voudrez bien y venir aussi.

— De grand cœur, mon brave, dit le militaire en frappant dans la main de Prosper, tandis que Poupardot s'écrie :

— Si nous acceptons! nous retrouver avec Maxime!... mais ce sera un jour de fête!... Nous irons tous..; nous emmènerons nos enfants..., n'est-ce pas Elisa..., à part que ça gêne notre ami...

— Me gêner! dit Prosper, songez que chez moi vous devez vous regarder comme chez vous... A demain donc..; je vous quitte, car Pauline et moi nous avons encore une visite à faire. Au revoir, capitaine; au revoir mes chers amis.

Prosper prend congé de ses amis, et Pauline le suit, après avoir tendrement embrassé la bonne Elisa, qui lui a demandé tout bas si elle était toujours heureuse, et à laquelle elle n'a répondu qu'en lui racontant tout ce qu'elle doit à son protecteur fait pour elle.

C'est maintenant chez la bonne mère Bertholin que Prosper va conduire l'orpheline, et, pendant toute la course du fiacre se mène rue des Martyrs, il dit à la jeune fille :

— Je n'ai pas cru devoir donner l'adresse de Maxime, j'aurais craint d'être indiscret..; d'ailleurs ses amis se trouveront avec lui, et s'il veut qu'ils aillent la voir, il le leur dira lui-même. Voyez-vous, ma chère petite, quand les gens un peu fiers sont dans le malheur, c'est une grande marque d'amitié de leur donner des preuves qu'on ne permettant d'aller les voir..; mais tout le monde ne comprend pas cela ainsi.

On arrive à la demeure de Maxime. Prosper prend la main de Pauline pour la guider dans l'escalier noir et tortueux qu'il faut gravir avant d'arriver à la mansarde. La jeune fille ne remarquait pas le nombre de marches qu'il fallait monter; elle était tout émue en songeant qu'elle allait voir des personnes qui avaient connu ses parents.

Ils arrivent enfin au cinquième. Prosper tourne le loquet de la porte et fait entrer Pauline. La vieille mère Bertholin était dans sa bergère, et son fils écrivait devant une table. En voyant entrer la jeune fille, Maxime s'est levé, il fait quelques pas vers elle, puis s'arrête pour la contempler d'un air respectueux.

— Voici la fille de M. Derbrouck, dit Prosper.

La vieille dame semble toute saisie; deux ruisseaux de larmes coulent sur ses joues, tandis que ses yeux ne peuvent se lasser de regarder Pauline. Maxime n'est guère moins ému que sa mère, en voyant l'enfant de ce couple infortuné, victime du règne de la terreur. Et la jeune fille, partageant l'effet que sa présence inspire, reste immobile au milieu de la chambre, cherchant à sourire à ces personnes qui la contemplent, mais ne trouvant aussi que des larmes dans ses yeux.

Enfin, la maman Bertholin lève les bras et les étend vers Pauline, en lui disant d'une voix entrecoupée par les sanglots :

— Voulez-vous..., mon enfant..., voulez-vous...

La pauvre vieille n'avait pas la force d'en dire plus, mais la jeune fille l'a comprise, et elle court aussitôt l'embrasser en s'écriant :

— Oh! oui, madame!... oui..., et je vous aimerai bien aussi.

La jeune fille reste quelques moments dans les bras de la bonne vieille, qui ne peut se lasser, de la regarder, de l'embrasser encore. Maxime s'est avancé ensuite et il prend la main de Pauline qu'il porte respectueusement à ses lèvres, en disant :

— Nous sommes heureux, mademoiselle, de revoir l'enfant de cet homme si honorable, de cette dame si bonne, si bienfaisante, dont nous avions le bonheur d'être voisins. Votre père, chère demoiselle, périt à cette époque malheureuse où la révolution s'était changée en terreur, où des hommes sanguinaires en souillèrent les plus belles pages. Quelque jour sans doute, en écrivant les événements de la révolution, on parlera de M. Derbrouck, et comme il avait eu le malheur de recevoir chez lui Hébert et d'autres fougueux jacobins de ce temps, on le jugera mal et on lui attribuera des sentiments qui ne furent jamais les siens; mais c'est presque toujours ainsi que l'on écrit l'histoire!... Si cela arrive, ne vous affligez pas, mademoiselle; tout ceux qui ont connu monsieur votre père savent que c'était un honnête homme et non point un conspirateur, et si vous allez jamais visiter la Hollande, je parle, vous y trouverez sa mémoire vénérée et son nom cher à tous les concitoyens.

Pauline a écouté Maxime avec une religieuse attention, et lorsqu'il a cessé de parler, elle lui dit :

— Je vous remercie, monsieur, de ce que vous venez de me dire sur mon père; je n'avais pas besoin de cela pour chérir sa mémoire, mais il est toujours si doux d'entendre dire du bien de ses parents!

— Chère petite! s'écrie la vieille mère Bertholin, c'est la voix de sa mère!... et comme elle lui ressemble!... son nez..., ses yeux... Pauvre dame!... quand je me la rappelle!... Elle entrait chez nous, mon enfant, elle venait me dire quelquefois bonjour..., s'informer de l'état de ma santé...; elle aussi ne dédaignait pas la demeure modeste des pauvres gens !... Oh ! elle était si aimable..., si gracieuse..., mon Dieu ! mon Dieu ! et mourir si malheureuse !

— Allons, ma mère, allons..., c'est assez, dit Maxime ; vous voyez bien que vous faites pleurer cette chère demoiselle...

— Oh ! c'est égal, dit Pauline, j'aime mieux pleurer et qu'on me parle de maman !...

— Oui, mais moi je ne veux pas que l'on pleure davantage, s'écrie Prosper ; voyons, essuyons nos yeux. Nous venons de chez Poupardot, mon cher Maxime, ils ont été enchantés d'avoir de tes nouvelles !... Mais tu ne sais pas qui j'ai rencontré chez eux..., un capitaine de hussards..., qui arrivait à l'instant..., Roger...

— Il serait possible ! Roger est ici !

— Eh oui, et tu le verras demain, ils dînent tous chez moi. Ah ! quel dommage que ta bonne mère ne puisse être des nôtres !

— Il n'y faut pas songer, mon cher Prosper, dit la bonne dame, mais je suis toujours contente quand je sais que mon fils est heureux, et demain je serai joyeuse, en le sachant au milieu de ses anciens amis.

— Et nous boirons à votre santé, maman Bertholin, oh ! nous ne vous oublierons pas.

Prosper et Pauline passent près d'une heure chez les habitants de la mansarde, et lorsqu'ils partent enfin, c'est en se promettant de se revoir bientôt, car la jeune fille a demandé à la pauvre paralytique la permission de revenir quelquefois l'embrasser, et on pense bien que la maman Bertholin ne la lui a pas refusée.

Prosper a ramené Pauline à leur logement où il donne déjà des ordres à ses domestiques pour le repas du lendemain. Ensuite il sort de nouveau, car il vient de concevoir un projet, et, chez lui, de la pensée à l'exécution, il n'y a jamais un long intervalle.

Prosper s'était dit :

« Demain, je réunis chez moi trois anciens amis... trois compagnons de ma jeunesse ; mais ne pourrais-je pas avoir avec eux d'autres personnes que nous connaissions également alors ? Depuis que je suis de retour à Paris, je n'ai pas encore revu Picotin et sa femme ; souvent j'ai pensé à eux, mais d'autres soins m'ont fait oublier de les voir. Picotin n'était pas un homme d'un grand mérite, il s'en faut ! mais, après tout, le pauvre Horatius-Coclès était un bon garçon qui n'avait que le défaut de trembler toujours et de se laisser mener par sa femme. Quant à Euphrasie, si sa conduite a continué d'être légère, je ne dois pas oublier qu'elle donna du lait à ma petite Pauline, lorsque je vins à Paris avec cet enfant sur mes bras ; ensuite, lorsqu'elle était habillée en Athénienne et que je la sauvai des outrages de la populace en l'emmenant au bois de Boulogne..., elle se montra aussi fort reconnaissante de ce que j'avais fait pour elle... Décidément, je serais un ingrat de ne pas les voir. Je vais me rendre chez eux, et j'inviterai Picotin et sa femme à venir dîner demain chez moi. »

Et voilà pourquoi Prosper était sorti de nouveau et s'était rendu rue aux Ours ; car il se rappelait parfaitement où était située la boutique de fourrures qui appartenait à Picotin.

Mais depuis longtemps Euphrasie et son époux avaient quitté la rue aux Ours. A la place où était jadis la boutique du marchand de fourrures, Prosper trouve un épicier ; il est un peu déconcerté, cependant il entre et demande ce qu'est devenu le fourreur qui habitait dans cette maison.

Le garçon épicier regarde Prosper, tire la langue à deux bonnes qui viennent d'entrer dans la boutique, et répond :

— Un fourreur ! je ne connais pas ça, je n'en ai jamais vendu ici.

Prosper s'adresse alors à l'épicière, qui n'en sait pas davantage, mais qui appelle son père : le père arrive, et après avoir longtemps caressé son menton, s'écrie :

— Ah ! oui... un fourreur... C'était avant moi..., dans cette boutique...

— Justement ; et où est-il allé se loger en sortant d'ici ?

— Je ne sais plus... Ah ! si..., rue Saint-Honoré, contre celle de l'Arbre-Sec.

— Infiniment obligé.

Prosper se rend à l'endroit qu'on lui a indiqué ; il aperçoit en effet la boutique d'un fourreur : il entre, croyant trouver Euphrasie ou son mari au comptoir, mais il n'y voit que des visages inconnus ; et lorsqu'il demande M. Picotin, on lui répond :

— Il y a déjà longtemps qu'ils nous ont cédé leur fonds... M. Picotin ne vend plus que des peaux de mouton... Voici son adresse... : c'est au faubourg Saint-Germain.

Prosper se rend au faubourg Saint-Germain, à l'adresse qu'on lui a donnée. Il demande M. Picotin, négociant en peaux de mouton, et on lui répond : Il a déménagé, il y a un an ; il loge maintenant au Marais, rue des Enfants-Rouges, près du marché.

— Sapredié ! se dit Prosper, ces gens-là ne font donc que déménager ; cela ne me donne pas bonne opinion de leur commerce. N'importe ! je n'en aurai pas le démenti. Allons au Marais.

Arrivé rue des Enfants-Rouges, Prosper parvient enfin à trouver la demeure du marchand de peaux de mouton, et le portier de la maison lui dit : — Au quatrième ; montez ; M. Picotin est chez lui.

— Ah ! Dieu soit loué ! dit Prosper en montant rapidement un escalier fort mal entretenu, et qui semble répondre au reste de la maison. Parvenu au quatrième étage, sur une plaque en cuivre placée sur une porte :

Anacharsis Picotin tient des peaux de mouton et généralement toutes les peaux qui concernent son état.

« Il est toujours aussi fort sur la rédaction de ses annonces, » se dit Prosper en tournant le bouton de la porte.

En entrant chez le marchand de peaux, on se trouvait d'abord dans une

pièce carrée, qui avait dû être une salle à manger, et de laquelle on paraissait avoir voulu faire un bureau. On avait coupé la moitié de la chambre par une cloison à grillage, laquelle avait une ouverture comme dans les bureaux où l'on fait des payements. D'ailleurs, sur le grillage on avait collé une bande de papier blanc sur laquelle on lisait le mot *Caisse*, écrit en lettres longue de six pouces. Mais, de l'autre côté du grillage, tout paraissait en désordre ; on apercevait sur un bureau un grand-livre tout ouvert, et après lequel on paraissait avoir l'habitude d'arracher des demi-pages ; une écritoire couverte de poussière et quelques plumes gelées dans l'encre, un canif sans lame, et quelques feuilles de papier tachées d'huile ; dans un coin, à terre, on voyait un paquet de peaux de mouton, et la marchandise semblait fort détériorée ; enfin, sur la cassette ferrée représentant la caisse, on avait oublié un pot de chambre qui n'était pas vierge.

Après avoir jeté un coup-d'œil sur ce bureau, Prosper se hâte de pousser une porte qui est en face du grillage et donne dans une autre pièce.

Il se trouve alors dans un salon, qui est devenu une chambre à coucher et que l'on paraît aussi convertir en cuisine ; car, dans la cheminée où un grand feu est allumé, on a mis la broche et une marmite. Cette pièce, dont les meubles seraient assez beaux, s'ils n'étaient pas sales ou cassés, est encombrée de chiffons de femmes : il y en a sur le lit, sur chaque chaise. Là, c'est une robe ; ici, un jupon ; plus loin, des savates et une collerette ; sur une commode, un pot de pommade, un peigne et une paire de bas. Au milieu de ce désordre, un homme en veste, en casquette, semble avoir l'intention de faire le ménage, car il tient d'un main un balai, de l'autre un plumeau, et sous son bras une écumoire.

Prosper n'a pas besoin de regarder longtemps cet homme pour le reconnaître. Picotin était peu changé : les personnes qui ont pour toute physionomie un air bête très prononcé le conservent intact en vieillissant.

En voyant entrer dans la chambre un homme qu'il ne reconnaît pas, Picotin se met vivement à épousseter sur les meubles, en s'écriant :

— Madame n'y est pas !... on ne paye pas aujourd'hui... c'est elle qui a les clefs de la caisse... ; revenez un autre jour...

Prosper ne bouge pas ; il ne peut s'empêcher de sourire en voyant quel emploi Euphrasie a donné à son époux.

S'apercevant que le monsieur qui est entré reste là malgré ce qu'il vient de lui dire, Picotin prend son balai et tâche de faire beaucoup de poussière en répétant :

— Madame Picotin est sortie..., on ne paye pas aujourd'hui !... c'est elle qui a les clefs de la caisse... ; il est inutile que vous attendiez !... elle ne rentrera qu'à minuit.

— Et si je désire parler à monsieur aussi bien qu'à madame ? répond Prosper en s'avançant.

— Oh ! alors... Mais moi... je n'ai pas les fonds..., je ne m'occupe plus des affaires de la caisse...

— Eh ! qui diable te parle de ta caisse, mon pauvre Picotin ; voyons, regarde-moi..., cherche bien dans ta mémoire..., est-ce que tu ne veux pas reconnaître quelqu'un qui se plaisait jadis à te faire endêver..., quelqu'un que tu tins assis sur tes genoux au spectacle..., aux Français, lorsque c'était le Théâtre de la République..., pendant la première représentation d'*Epicharis et Néron* ?...

Picotin se frappe le front, pousse un cri de surprise, et court secouer la main de Prosper, en lui disant :

— Ah ! j'y suis... ; oh ! sapristi ! j'y suis... ; vous êtes Prosper Brossange, le jeune garçon imprimeur... ; ci-devant ! Mais si vous ne m'aviez pas dit tout ça, je ne vous aurais jamais reconnu !... Ah ! êtes-vous changé ! Dieu ! êtes-vous vieilli..., c'est étonnant !

— Non, mon cher Picotin, cela n'a rien d'étonnant... J'avais dix-huit ans alors..., aujourd'hui je suis dans ma trente et unième année... L'homme n'est plus le même que l'étourdi.... le gamin, et surtout lorsqu'il a mené une vie active et orageuse...

— Ah ! vous avez été orageux... Moi, me trouvez-vous bien changé ?

— Ma foi, non ! tu as toujours l'air que tu avais autrefois... Et ta femme ?

— Ah ! elle est allée se promener à cheval... avec deux cuirassiers de nos amis... Mais je ne vas pas tarder à revenir... ; ils vont rentrer dîner ; c'est par frime que je disais qu'elle ne reviendrait qu'à minuit. Il faut même que je prenne garde à mon roti..., diable ! c'est un morceau de filet, et, s'il était brûlé, ma femme me donnerait une fameuse danse... J'ai peur aussi que mon pot-au-feu n'aille trop vite... Je vas goûter le bouillon... Il faut dîner avec nous..., Prosper..., ça fera plaisir à Euphrasie, j'en suis sûr... ; elle parle souvent de vous... ; et ça ne nous dérangera pas.

Tout en disant cela, Picotin est allé retourner le rôti, puis il goûte le bouillon, secoue la tête d'un air mécontent, va chercher une carafe et en vide la moitié dans la marmite en murmurant :

— Il est encore bien assez salé..., d'ailleurs ça en fera davantage, et nos amis les cuirassiers aiment beaucoup la soupe...

— Tu es donc devenu cuisinière et femme de ménage ? dit Prosper en regardant faire Picotin.

— Dame ! mon cher ami, il faut bien faire quelque chose..., le commerce va si mal !... ma femme ne veut pas prendre de bonne..., elle prétend que je leur fais des yeux libertins... C'est elle qui tient les écritures... alors, moi, je tiens le balai et la brosse..., ça m'occupe... Ha çà, vous dînez avec nous, n'est-ce pas ?

En disant ces mots, Picotin ayant repris la carafe, paraissant décidé à la vider entièrement dans la marmite, si la réponse était affirmative.

— Non, non, cela m'est impossible, répond Prosper ; c'est moi qui viens vous engager à dîner pour demain, toi et ta femme. Tu trouveras chez moi Maxime Bertholin, Poupardot et sa femme ; enfin Roger, qui est maintenant capitaine de hussards... J'espère que voilà de bonnes raisons pour ne pas me refuser.

— Ah! parbleu! quand même il n'y aurait que vous..., ça me ferait toujours plaisir de dîner en ville..., je ne m'amuse déjà pas tant ici... Je passe ma journée à faire le ménage, ensuite la cuisine..., ensuite c'est la vaisselle à laver... Ah Dieu! ah Dieu! Mais je ne sais pas si je pourrai... ma femme a demain une partie d'arrangée... elle va voir manœuvrer un régiment..., ensuite elle ramènera cinq officiers...

— Si ta femme ne peut pas venir, tu viendras, toi..., je l'espère..., Tiens, voilà mon adresse sur cette carte...

— A coup sûr, ça m'arrangerait..., je serais bien content de revoir Maxime..., je le croyais entièrement mort!... Roger, j'ai dîné avec lui..., il y a dix-huit mois...: mais c'est un bon garçon!... je le reverrai avec plaisir... Malheureusement Euphrasie ne veut pas que je sorte; d'ailleurs, il y a un énorme fricot à faire...; c'est bien embarrassant...

En ce moment on entend du bruit dans la première pièce, et bientôt une voix de rogome crie à tue-tête :

— Holà! eh! la maison!... le marchand du mouton! j'espère qu'il y a du monde aujourd'hui.

Picotin devient pâle et tremblant, tout en murmurant entre ses dents :

— Ah! fichtre! c'est encore M. Machis, le charcutier.:. Quelle scie que cet homme-là!... ça va être amusant...

— Il y a du monde là-dedans? dit Prosper, qui entend cogner et taper dans la pièce d'entrée.

— Oui, oui; je sais ce que c'est..., c'est pour affaire... Ils arrivent tous quand je fais le dîner... Je vais le renvoyer celui-là.

Picotin passe dans la première pièce où il parle bas à la personne qui vient d'arriver; mais comme celui-ci répond en criant de toutes ses forces, l'époux d'Euphrasie voit qu'il est inutile de chercher à dissimuler, et bientôt Prosper entend le dialogue suivant :

— Sacredié! monsieur Picotin! j'espère que ce sera pour aujourd'hui, et que je ne serai pas encore venu pour rien...

— Je suis bien fâché, monsieur Machis, mais vous avez du malheur..., vous arrivez toujours quand ma femme n'y est pas...

— Vous vous fichez pas mal de moi! savez vot' femme qu'est sans cesse en course...; d'ailleurs, j'ai pas besoin d'elle..., payez-moi, et que ça finisse...

— Mais vous ne comprenez donc pas, monsieur Machis, que je ne peux pas vous payer, puisque j'ai pas d'argent?...

— Toujours vot' même colle !... ça ne prendra plus... Elle est jolie vot' caisse !... est-ce que vous payez avec la monnaie qui est dans le pot que je vois là !.. Voyons, finissons-en... Je vous ai fourni de la charcuterie..., vous m'avez fait un bon de soixante-trois francs..., et il y a six semaines que vous me remettez au lendemain pour me payer... Sacredié! est-ce qu'on fait revenir un homme quarante fois pour soixante-trois francs?

— Dame! quand on a pas d'argent...

— Alors on ne mange pas des petits pieds truffés et des dindes farcies... Tu vas me payer, nom d'un nom! ou je t'égrugé !...

— Aye !... aye !.., lâchez donc!...

Prosper se hâte de passer dans l'autre pièce. Il était temps; M. Machis tenait son débiteur à la gorge, et ne semblait pas disposé à lui faire quartier. Prosper jette soixante-trois francs sur le bureau, en disant :

— Voilà votre argent, monsieur; prenez et allez-vous-en.

Le charcutier lâche Picotin, compte l'argent, le met dans sa poche, et donne le billet, en disant :

— A la bonne heure! v'là comme on traite les affaires...; c'est payé, c'est fini; j'y pense plus... Sans rancune, monsieur Picotin

— Oui! le plus souvent! dit Picotin en regardant M. Machis s'éloigner; sans rancune! quand il m'a fait sortir une langue aune aune !... Sans vous, mon cher Prosper, on me détruisait... Que ne vous dois-je pas, mon ami !... c'est-à-dire, c'est soixante-trois francs !

— Tu ne me dois rien du tout! ne parlons pas de ça! je suis seulement fâché de voir que tes affaires ne sont pas florissantes...

— Ah ! il est vrai que ça va assez mal..., ces fournitures qu'on devait me faire avoir n'arrivent pas ! et puis d'ailleurs je ne sais pas trop ce que je fournirais! je n'ai plus rien..., que quelques peaux de mouton; dont ma femme veut que je fasse des culottes... Elle prétend que ça me donnera un air anglais.

En ce moment la voix d'Euphrasie se fait entendre dans l'escalier, ainsi que le bruit des bottes de messieurs les cuirassiers.

— Voilà ma femme! dit Picotin d'un air effaré, et aussitôt il court se mettre à genoux devant la cheminée, tournant le rôti et regardant dans la marmite.

— Ce carré est horriblement salé! crie Euphrasie qui vient d'entrer dans la première pièce. Je suis sûre que M. Picotin ne le balaye jamais... Tous les chiens de la maison y font des infamies... En vérité, je ne sais pas à quoi s'occupe mon mari.

Prosper, qui est resté debout dans la seconde pièce, voit bientôt paraître une dame d'un assez robuste embonpoint, vêtue d'une espèce d'amazone en drap vert taché de graisse à plusieurs endroits, et auquel, sur la poitrine, il manque plusieurs boutons; coiffée d'un chapeau rond en feutre, lequel chapeau est surmonté d'une vieille plume jadis verte, et devenue jaune à force d'être balancée dans l'air; tout est posé sur l'oreille d'une manière très provocante, et tenant à la main une cravache avec laquelle, en entrant, elle semble s'apprêter à fouetter quelqu'un.

Prosper aurait eu de la peine à reconnaître Euphrasie, s'il l'avait rencontrée ailleurs que chez elle. L'amazone s'est arrêtée en apercevant un monsieur planté au milieu de la chambre, et qui la regarde d'une drôle de façon. Elle s'approche, l'examine à son tour avec attention, puis, poussant un cri, elle court se jeter dans ses bras en disant :

— C'est Prosper!

Les deux cuirassiers arrivent à l'entrée de la chambre et s'arrêtent en voyant leur amazone qui tient dans ses bras un monsieur qu'elle embrasse d'une manière fort tendre; quant à Picotin, il est toujours à genoux devant la cheminée et tourne son rôti, en disant :

— Hein !... est-elle contente de vous revoir!... Oh! je vous l'avais dit..., elle parlait si souvent de vous !

— Vous êtes la première qui m'ayez reconnu, dit Prosper en se dégageant des bras d'Euphrasie.

— Oh! mais, moi, cher ami, c'est que j'ai du cœur... Vous avez une cicatrice qui vous change un peu...; c'est égal, entre dix mille je vous aurais reconnu... Et l'amazone se tournant alors vers les deux militaires, leur fait la révérence, en disant :

— Messieurs, je vous présente un ancien ami..., et véritable ami.

Les cuirassiers portent la main à leur casque, tandis que Picotin s'écrie :

— Croirais-tu, Euphrasie, que Prosper ne veut pas dîner avec nous?...

— Ah bah !... et pourquoi donc? dit l'amazone.

— Parce que cela m'est impossible, ma belle dame... Je vous laisse, car on m'attend chez moi... Pourrais-je vous dire un mot avant de partir?

— Comment donc! mais deux, dix..., tant que vous voudrez, cher ami!

Et Euphrasie suit Prosper dans le prétendu bureau; là, celui-ci lui fait son invitation pour le lendemain. L'amazone fait siffler sa cravache, en s'écriant :

— Ah ! mille diables ! que c'est contrariant ! Demain, je vais à la manœuvre d'un régiment, et j'ai engagé cinq officiers à dîner... Ah dame !... A moins de les mener dîner chez vous avec moi.

— Non, cela ne se peut pas, répond vivement Prosper, je n'ai pas de place; ma salle à manger est trop petite. Remettons la partie; ce sera pour une autre fois. Adieu, ma chère madame Picotin.

— Ah! qu'il est bête !... Appelez-moi donc Euphrasie..., méchant!

— Vous avez du monde, je vous laisse.

— Ah çà! vous reviendrez nous voir, j'espère... Vous penserez à moi..., qui ne vous ai jamais oublié..., ingrat!

— Oui, oui, oh! je vous reverrai... bientôt... Portez-vous bien!

Et Prosper se hâte de sortir, en se disant : « Décidément je suis charmé que madame Picotin ne soit pas du dîner de demain, et je ne remettrai plus les pieds chez elle, car j'ai la conviction que son amitié chez moi; car je m'aperçois que la société d'Euphrasie serait fort peu convenable pour ma chère Pauline. Quand on a chez soi une fleur, il faut tâcher de n'y point laisser pénétrer de ces souffles malfaisants qui peuvent l'étioler. »

Le lendemain, tout avait un air de fête chez Prosper, qui voulait dignement recevoir ses amis; et Pauline, qui avait fait une jolie toilette, remplissait déjà avec grâce le rôle d'une maîtresse de maison.

Maxime arrive le premier, Poupardot vient ensuite avec sa femme et ses deux fils qui, pour leurs premières paroles en entrant, s'écrient : « Va-t-on dîner? »

Maxime embrasse Elisa et son mari, il embrasse même les deux enfants, quoique monsieur Navet ait l'air fort maussade parce qu'il n'apercevait pas de couvert mis, et que son petit frère laisse voir un besoin continuel de se moucher. Mais Poupardot est toujours enthousiasmé de ses fils, et il les montre à Maxime en lui disant :

— Ah çà! tu seras leur professeur; c'est convenu. Je te confie leur éducation, et tu auras des élèves qui te feront honneur..., j'en suis sûr; à part les dispositions qu'ils montrent.

— Je leur enseignerai volontiers le peu que je sais, dit Maxime; mais d'abord en voilà un qu'il faut laisser grandir... Quant à l'autre, s'il veut bien apprendre...

— J'aime mieux dîner... Est-ce qu'on ne dîne pas? répond monsieur Navet en se balançant sur une chaise.

— Vois-tu le petit farceur? s'écrie Poupardot en riant. Oh ! il a des traits d'esprit étonnants.

L'arrivée de Roger interrompt cette conversation. Le capitaine va se jeter au cou de Maxime, et cette fois la reconnaissance est plus longue et plus touchante, car il existait une amitié plus intime entre Roger et Maxime qu'entre celui-ci et Poupardot. Les deux amis ne peuvent se lasser de se regarder, de se serrer la main, de se rappeler des événements passés.

L'heure du dîner était arrivée, et l'on allait se mettre à table, lorsque la sonnette annonce encore quelqu'un. Bientôt on voit entrer Picotin, vêtu d'un habit extrêmement râpé, et qui salue humblement la société, en disant :

— Me voilà; ma foi, tant pis !... ma femme grondera si elle veut... Je me suis échappé. Je n'ai pu résister au désir de bien dîner... avec d'anciens amis... Où est donc M. Maxime?... Ah! le voilà !... Ah! Dieu, est-il changé aussi !... Ah! voilà le capitaine Roger. Bonjour, capitaine; vive l'Empereur !

Maxime va secouer la main de Picotin, puis Prosper engage ses convives à passer dans la salle à manger. On se met à table, et l'on commence par boire à l'amitié et au bonheur de se trouver réunis. L'amphytrion était heureux et fier de pouvoir traiter ses anciennes connaissances. Il n'avait rien négligé pour que le repas fût splendide et délicat. On y fait honneur, tout en se livrant au plaisir de se rappeler de vieux souvenirs. La conversation est générale, et il n'y a point de mystère, de secrets entre ces hommes qui ont été bien des années sans se revoir. Cependant leurs opinions politiques ne sont pas les mêmes. Maxime regrette la république, Roger vante l'empire, Poupardot est toujours satisfait du présent, et Prosper semble craindre pour l'avenir; mais leur discussion ne se change pas en querelle, parce qu'ils ont tous quatre le cœur droit et honnête, et qu'ils s'estiment mutuellement.

Quant à Picotin, sa seule opinion paraît être de bien dîner. Il trouve la cuisine de Prosper meilleure que celle qu'il fait, et semble vouloir manger et boire pour plusieurs jours.

La petite Pauline était placée près d'Elisa, et paraissait heureuse de la joie qui brillait dans les yeux de son protecteur. Poupardot, tout en se mêlant à la conversation de ses amis, s'occupait beaucoup de ses fils, et disait à chaque instant : « Navet mange joliment !... Quel gaillard ! il tient bien sa place à table ; et mon petit Napoléon ! voyez donc comme il est sage ! »

Roger, que ces réflexions semblaient impatienter, ne peut s'empêcher de se pencher vers Maxime et de lui dire à l'oreille :

— Ne trouves-tu pas comme moi, Maxime, qu'il est ridicule de donner le nom d'un grand homme à de pareilles mioches, que c'est profaner ce que l'on devrait respecter, et que, pour s'appeler Napoléon, il faudrait en avoir le droit ?

— Ta réflexion est assez juste, dit Maxime ; mais voilà le tort de bien des gens : dans leur enthousiasme, ils nuisent aux personnes et aux choses qu'ils aiment le plus.

— Je propose de boire à l'amitié ! dit Picotin qui est déjà un peu gris, et ne paraît pas vouloir s'arrêter en chemin. Le toast est accepté.

Bientôt Prosper en propose un autre ; il lève son verre en disant :

— A la santé de la mère de Maxime, de la bonne dame Bertholin, que ses infirmités empêchent d'être avec nous.

On porte avec empressement cette santé, et Picotin emplit son verre, en s'écriant :

— A la santé de la bonne..., bonne et vieille Bertholin... Vive l'Empereur !

Au dessert, la conversation devient encore plus animée. Prosper parle de ses voyages, Roger de ses campagnes, Maxime de l'époque du Directoire, Poupardot de ses assignats et de ses bons garçons. Picotin écoute en fonctionnant toujours avec sa fourchette, mais de temps en temps il prend la parole pour proposer une santé en l'honneur de l'amitié.

Pauline a quitté la table avec madame Poupardot qui a emporté son petit garçon au moment où il commençait à s'endormir ; quant à monsieur Navet, il veut rester avec les hommes, et continuer de manger tant qu'il y aura quelque chose sur la table.

La conversation des anciens amis se prolonge jusqu'à près de onze heures. Mais, alors, monsieur Navet, qui depuis quelque temps ne mangeait plus, s'approche de son père et se met à pleurer en s'écriant :

— Papa, j'ai mal au ventre !

Aussitôt Poupardot se lève, en disant :

— Tu as mal au ventre, mon gaillard ?... Diable !... mais au fait, il est tard..., bientôt onze heures... ; il est bien permis d'avoir mal au ventre à onze heures, quand on mange depuis cinq,... Mes chers amis, on ne s'ennuie pas avec vous ; mais je crois qu'il est temps de se quitter... Allons, Elisa, mets ton chapeau, ton châle..., vivement....Navet a mal au ventre.

Les autres convives suivent l'exemple de Poupardot, ils se lèvent et se disposent à partir. Picotin seul n'a pas bougé ; Roger s'approche de lui en s'écriant :

— Eh bien, Picotin, viens-tu ? est-ce que tu veux tenir table toute la nuit ?

Picotin essaie de se lever, et retombe sur sa chaise en balbutiant :

— Me voilà..., me voilà..., c'est que je ne retrouve plus ma serviette.

On s'aperçoit alors que M. Picotin est complètement gris. Cependant, à l'aide de ses amis, il parvient à se remettre sur ses jambes, et Roger s'empare de son bras en lui disant :

— Allons, mille bombes ! appuie-toi sur moi... Je vais te reconduire, sans quoi je pense que tu aurais de la peine à regagner ton logis.

— Je te servirai de second, dit Maxime.

On dit adieu à Prosper et l'on part. Poupardot se met avec sa famille dans un fiacre, Maxime et Roger s'en vont à pied, tenant chacun un bras de Picotin, qui trébuche à chaque pas, et dit à ceux qui le soutiennent :

— Mon bon Maxime..., mon brave capitaine..., c'est drôle... ; je suis tout étourdi... Vous ne le direz pas à ma femme..., n'est-ce pas?... ça ne m'arrivera plus...

— Sois tranquille mon pauvre Picotin, elle n'en saura rien...

— Merci, capitaine... Vive l'Empereur !...

Picotin étant arrivé à sa demeure, Maxime et Roger le quittent et s'en retournent ensemble. Ils se promènent longtemps, causant avec chaleur, et se disputant quelquefois pour opinions politiques ; mais lorsqu'ils se séparent enfin, ils sont toujours bons amis, et c'est avec la plus franche amitié qu'ils se serrent la main.

—

XVIII. — LA FEMME DU GÉNÉRAL.

Pauline devenait grande, et continuait d'être aimable et bonne. Maxime lui avait enseigné ce qu'il suffit à une femme de savoir pour parler purement et ne pas être une pédante. Prosper lui donnait tout ce qui pouvait lui être agréable pour se parer ; la jeunesse de l'orpheline s'écoulait heureuse et calme près de celui qui ne songeait qu'à son bonheur.

Cependant la fortune de Prosper n'était pas inépuisable. Il menait fort rondement les cent cinquante mille francs qu'il avait rapportés en France. Il avait un bel appartement, deux domestiques, une femme attachée spécialement au service de Pauline ; il lui donnait des bijoux, lui apportait sans cesse de ces riens charmants inventés pour plaire aux femmes et ruiner les hommes. Enfin, il aimait à recevoir souvent ses amis, et forçait de temps à autre la bonne maman Bertholin à gagner à la loterie, puisque c'était le seul moyen qu'il pût employer pour améliorer le sort de Maxime.

A coup sûr, c'était une douce vie ; mais, pour le continuer longtemps

il aurait fallu à Prosper un revenu qu'il n'avait pas. De temps à autre Maxime lui disait :

— Tu ne fais ni affaire ni commerce ; tu n'as point de place, et tu dépenses beaucoup d'argent ; ta position est donc bien assurée, ta fortune bien établie ? Si je te fais cette question, tu sais qu'elle ne m'est pas dictée par une sotte curiosité, mais uniquement par l'intérêt que je te porte.

Prosper souriait ; il pressait la main de Maxime, et lui répondait :

— Sois tranquille ! ne t'inquiète pas de moi..., je ne suis plus un étourdi, je suis très rangé.

Mais quelquefois, lorsqu'il était seul, il se rappelait les avis de Maxime, et se disait :

« Il a raison... Cet argent que j'ai ne durera pas éternellement... Je devrais penser à l'avenir... C'est surtout pour Pauline que je voudrais avoir de la fortune ; car dans quelque temps il faudra songer à la marier..., il faudra lui donner une dot... Pauvre enfant, je désire tant qu'elle soit heureuse ! aucun sacrifice ne me coûtera, s'il est nécessaire pour assurer son bonheur... Lançons-nous dans les affaires ou cherchons un emploi..., et, en attendant, soyons économe. »

Et après s'être dit cela, Prosper sortait et pensait à toute autre chose ; puis, comme son coffre-fort était encore loin d'être vide, s'il apercevait dans une boutique une étoffe ou un bijou qui parût de bon goût, il l'achetait et courait le porter à Pauline, qui le grondait sur sa générosité :

— Mon bon ami, lui disait-elle, vous me donnez trop de choses..., vous dépensez trop pour moi... Je n'ai pas besoin d'avoir tant de robes..., de bijoux... Ne suis-je pas assez parée, quand vous me trouvez bien ; assez heureuse, quand je suis avec vous ?

Alors Prosper déposait un baiser sur le front de l'orpheline, et lui disait :

— Ma chère amie, je veux que vous ayez tout cela, car vos parents étaient riches ; sans les événements de la révolution, vous auriez de la fortune, vous posséderiez une superbe propriété que votre père avait achetée en Touraine !... Mais, puisqu'on vous a confiée à moi, je dois savoir que possible vous donner ce que vous auriez eu. D'ailleurs, quand je vous apporte quelque chose que je crois devoir vous plaire, je suis si content, que ce serait mal à vous de vouloir me priver de ce bonheur.

Le moyen de refuser quelqu'un qui donne de la sorte !... Il y a des gens qui gâtent un cadeau par la manière dont ils le font : il y en a d'autres qui en doublent le prix.

Picotin n'était par revenu chez Prosper depuis le jour où il y avait si bien dîné ; on présumait que sa femme lui avait infligé une correction pour s'être permis de dîner en ville sans elle ! mais ce qui faisait grand plaisir à Prosper, c'est qu'il n'avait plus entendu parler d'Euphrasie qui, probablement, était piquée de ce qu'il n'était pas retourné la voir. Il était d'autant plus satisfait de n'avoir pas eu la visite de madame Picotin, que la passion de cette dame pour les militaires ne connaissait plus de bornes ; on l'avait rencontrée plusieurs fois à la promenade donnant le bras à un tambour-major, et plus tard à un pompier.

On était en 1811, Pauline avait dix-huit ans ; elle était charmante, non pas tant par la régularité de ses traits, que par l'ensemble de sa physionomie, où une expression douce et tendre donnait à son visage quelque chose de mélancolique qui là rendait encore plus intéressante.

Maxime ne lui donnait plus de leçons ; mais il venait souvent la voir. Il aimait à causer avec elle d'histoire ou de philosophie ; le jugement vrai et l'esprit de cette jeune fille le charmaient. Puis, lorsqu'un événement douloureux, mais trop facile à prévoir, était arrivé ; lorsque Maxime avait perdu sa vieille mère, Pauline l'avait pleurée avec lui, et, pour adoucir son chagrin, les seules fois qu'elle le voyait, elle s'entretenait avec lui de la bonne maman Bertholin.

Bien des personnes croient qu'il ne faut pas parler devant nous des êtres que nous chérissons et que nous avons perdus : ces gens-là me font l'effet de ceux qui ont peur des morts, et fuient bien vite un ami, une épouse, une sœur, qui vient tant ôt nous fermer les yeux !... Quand on craint tant une image chérie, c'est qu'on est bien pressé de l'oublier ! Les personnes qui aiment bien se consolent en se souvenant.

Souvent Prosper considérait Pauline en silence, frappé de sa grâce, de ses attraits, il se disait : « C'est un ange, et elle fera le bonheur de celui qui l'épousera... Si elle allait dans le monde, je suis persuadé qu'elle ferait quelque brillante conquête, qu'elle trouverait un excellent parti ;... mais elle n'y va pas... Chez Poupardot, ils ne voient personne ; et ici je ne reçois que mes anciens amis. Diable ! pour l'épouser, il faut cependant qu'on la voie ! »

Lorsque l'orpheline s'apercevait que son protecteur avait les yeux fixés sur elle, ses joues se coloraient ; elle paraissait émue, embarrassée ; ensuite une grande pâleur succédait à sa rougeur, et quelquefois l'ouvrage qu'elle tenait s'échappait de ses mains.

Depuis 1807, Roger, qui était allé se battre en Espagne, en était revenu colonel ; mais il avait reçu une blessure dont il n'était pas bien guéri, et avait obtenu la permission de venir se reposer quelque temps à Paris. Prosper, qui le voyait souvent, vint le trouver un matin et lui dit :

— Mon cher colonel, je viens vous consulter sur quelque chose qui m'intéresse ; car Maxime me gronde et me sermonne toujours. L'orpheline qui me fut confiée, a maintenant dix-huit ans ; elle est grande, remplie de grâces et d'attraits ; elle a de plus un bon cœur et toutes les qualités que l'on recherche dans une femme. Il y a si peu de jours pour qu'elle soit heureuse ; mais, depuis quelque temps, il me semble qu'elle devient mélancolique, que son sourire n'est plus franc comme autrefois... A son âge, les jeunes filles ont de nouvelles idées, de nouveaux désirs ; j'ai pensé qu'il fallait la marier, et que ce serait peut-être le moyen de lui rendre sa gaîté.

— Marier une jeune fille me semble une idée fort juste, répond Roger en s'étendant sur un fauteuil ; mais que veux-tu que je fasse dans cette affaire ?... Est-ce que tu as envie que j'épouse mademoiselle Derbrouck ? Certes elle est jolie, aimable, elle mérite bien que l'on soit amoureux d'elle; mais, mon ami, j'ai vingt ans de plus qu'elle, et, quoique à trente-huit ans un homme puisse encore faire un très bon amoureux, moi, je ne vaux plus rien du tout!... Je suis déjà fatigué par mes campagnes, usé par mes blessures, et il me fallait faire la cour à une femme, je serais un vrai conscrit!... non, le mariage ne me va pas! j'aime mieux fumer ma pipe, causer avec un ami en buvant du champagne, et aller me battre encore aussitôt que je serai entièrement guéri.

— Colonel, dit Prosper en souriant, je n'ai jamais songé à vous faire épouser ma Pauline!

— Eh bien, alors, que veux-tu donc?... explique-toi.

— Je désirerais trouver pour mademoiselle Derbrouck un mari jeune, beau, spirituel, bon..., riche...

— Ah! tu ne veux que ça!...

— Il me semble que Pauline mérite bien un homme accompli.

— C'est possible; mais on ne trouve pas souvent ce qu'on mérite; va toujours.

— Pour trouver un mari à Pauline, il faut aller dans le monde : on fait des connaissances que l'on reçoit ensuite chez soi. Eh bien! je ne vais nulle part, moi, que chez Poupardot; car ce n'est pas dans une salle de spectacle que je chercherai un mari... Mais vous, colonel, vous êtes reçu dans de grandes maisons; vous allez dans le monde enfin..., voulez-vous m'y mener quelquefois avec vous?

— Très volontiers, mon cher ami; quand on a sur le visage la balafre que tu portes, on doit être bien reçu partout. Tiens, pas plus tard que ce soir, si tu veux, je vais chez le général Bloumann; c'est un alsacien, un vieux grognard de l'Empereur, qui a gagné tous ses grades sur le champ de bataille; aussi c'est un excellent homme, pas fier..., un peu jureur, un peu sans façon dans ses paroles... Oh! il ne sait pas ce que c'est que les cérémonies; il te recevra avec grand plaisir, ainsi que sa femme, madame la générale, qui est aimable..., pas bégueule du tout..., qui a dû être fort jolie, qui est encore très bien..., l'éducation un peu négligée, mais vous recevant de tout cœur. Le général donne souvent des soirées, des dîners, des bals; eh bien! là, tu trouveras peut-être ce qu'il faut à la demoiselle.

— Merci, mon cher colonel; ce soir je viens vous prendre, et je vais avec vous.

— A huit heures..., heure militaire.

— C'est convenu.

Le soir, Prosper, après avoir fait une grande toilette, va dire adieu à Pauline. Celle-ci, qui n'a pas l'habitude de voir son protecteur mis avec autant d'élégance, lui dit en souriant :

— Est-ce que vous allez au bal, mon bon ami?

— Non, ma chère Pauline, si j'allais au bal, je vous aurais offert d'y venir avec moi.

— Je vous remercie; mais je vous aurais refusé.

— Oh! vous dites cela! je n'en crois rien.

— Vous savez bien que je n'aime pas le monde, les grandes réunions..., que je me trouve parfaitement heureuse de la vie tranquille que je mène près de vous.

— Et moi, je trouve que vous ne devez pas l'être... A votre âge..., il y a mille choses que l'on désire..., et que l'on n'ose pas demander.

— Que voulez-vous que je désire? vous êtes si bon pour moi!

— Oh! je m'entends... D'ailleurs depuis quelque temps, je vois bien que vous n'êtes plus aussi gaie, que vous soupirez souvent...; c'est que vous vous ennuyez...

— Mais non, mon ami, je ne m'ennuie pas..., oh! je vous jure que ce n'est pas cela.

— C'est donc autre chose alors?

— Mais non, je n'ai rien..., je suis heureuse..., et c'est très mal de croire que je m'ennuie!... mon Dieu!... croire que je m'ennuie!...

Pauline avait les larmes dans les yeux; elle suffoquait, elle ne pouvait plus parler. Prosper lui prend la main, et lui dit en souriant :

— Vous êtes un enfant..., je n'ai pas voulu vous faire de la peine! mais laissez-moi m'occuper du soin de votre bonheur

La jeune fille baisse les yeux et se tait. Prosper la quitte et se rend chez le colonel Roger, qui le toise des pieds à la tête, et s'écrie :

— Mille escadrons ! sais-tu, Prosper, que tu es encore fort bien !...

— Vous trouvez, colonel?

— Quel âge as-tu?

— Trente-cinq ans.

— Tu es encore d'étoffe à faire des passions, c'est surtout cette balafre qui doit séduire les femmes... Je suis bien vexé de d'avoir as-trappé un coup de sabre sur la figure.

— Colonel, vous avez reçu assez d'autres blessures, pour n'avoir pas besoin de celle-là.

— Mais, à propos, Poupardot m'a dit une fois, en causant, que tu avais quitté la France pour te distraire d'un amour malheureux... Et ta passion, l'as-tu revue ici?...

La figure de Prosper se rembrunit, son front devient soucieux, et il répond en soupirant :

— Non..., non... Je ne l'ai pas revue... Je n'en ai pas entendu parler... nulle part!... aucune nouvelle... Ah! tenez, colonel..., ne touchons pas cette corde-là..., cela me fait mal!...

— Pardon, mon ami, je suis fâché de t'avoir dit cela!... mais je croyais, moi, que c'était une affaire vidée!... Nous autres militaires, vois-tu, nous n'avons pas l'habitude de faire durer un amour si longtemps. C'est fini, oublions cela et rendons-nous chez le général.

Le général Bloumann habitait un joli hôtel du faubourg Saint-Honoré. Les deux amis montent un escalier à rampes dorées et recouvert de tapis; ils entrent dans une antichambre très-éclairée; là, une espèce de chasseur est planté contre la porte du salon; il est chargé d'annoncer les personnes qui arrivent.

Roger lui dit : « Annoncez le colonel Roger et M. Prosper Bressange »

Au nom de Prosper Bressange le chasseur fait un mouvement et une singulière grimace, mais les deux amis n'y ont pas fait attention. Cependant le domestique s'est hâté d'ouvrir la porte, et tirant sa voix de sa tête, annonce les nouveaux venus.

Le colonel introduit Prosper dans un superbe salon où il y a déjà beaucoup de monde. Des femmes élégantes, des militaires, des artistes et des savants; les uns causent debout, les autres sont assis près des dames; deux tables de jeu sont déjà établies, et l'on aperçoit dans une autre pièce un piano et des personnes qui font de la musique.

Le général Bloumann est un homme de cinquante ans, grand, fort, portant d'énormes moustaches noires, mais dont la figure est franche et agréable. Roger lui présente Prosper, en lui disant :

Bientôt paraît une dame d'un assez robuste embonpoint, vêtue d'une espèce d'amazone. — Page 48.

L. DEGHOUY

— Général, je me suis permis de vous amener mon ami Prosper Bressange..., dont je vous ai parlé quelquefois.

— Vous avez bien fait, colonel..., Touchez là, monsieur Bressange; vous portez sur votre front un signe qui ne plait beaucoup... Ah! !..... c'est que je me connais en coups de sabres, j'en ai donné et reçu quelques-uns; vous avez eu cela aux environs d'Austerlitz, je connais cette histoire... J'y étais, moi, à Austerlitz, ah! b......, il y faisait chaud.

— Général, est-ce que madame n'est pas ici... Je voudrais lui présenter mon ami.

— Si... si..., elle est là-bas... dans l'autre pièce... Ils chantent je ne sais quoi!... de vieilles rangaines!

— Est ce que madame est musicienne? demande Prosper.

— Ma femme! Ah! prout!... musicienne comme ma pantoufle! Je ne lui ai jamais entendu chanter que : *Trempe ton pain! Marie, trempe ton pain dans ma sauce !* Mais elle écoute les autres... Il faut que tout le monde s'amuse... Je ne connais que ça! Ah! voilà un ancien camarade.

Le général ayant quitté les deux amis pour aller recevoir un officier qui arrivait, Roger dit à Prosper :

— Que penses-tu du général?

— Il paraît aussi franc que rond dans ses discours. J'aime ces hommes-là..., ils vous mettent tout de suite à l'aise.

— Oh! c'est un brave! et un excellent homme. Maintenant viens saluer madame, et puis tout sera dit, tu seras aussi libre ici que chez toi.

Prosper suit son interlocuteur dans la pièce où l'on faisait de la musique, d'où il était difficile d'entendre annoncer les personnes qui arrivaient.

Au milieu de plusieurs jeunes dames qui causaient et risaient près du piano, était une grande femme mise avec plus d'élégance que de goût, dont la figure, sans être distinguée, était encore jolie et plaisait surtout par une expression de franchise et d'aménité. Roger s'avance vers cette dame et lui présente Prosper, en lui disant :

— Voilà un de mes bons amis que je me suis permis d'amener chez vous, madame, et qui sera bien flatté de faire votre connaissance.

L'épouse du général, car c'était elle, se lève et fait une révérence un peu gauche à Prosper, en disant :

— Mais c'est nous qui serons charmés... Colonel, que vous très bien fait..., si monsieur voulait prendre quelque chose...

— Mille remerciements, madame, répond Prosper, en cherchant dans sa mémoire où il a déjà vu la figure de la femme du général. De son côté, en entendant la voix de Prosper, celle-ci semble toute saisie; une vive émotion se peint dans les regards qu'elle attache alors sur la personne qu'on vient de lui présenter, elle paraît chercher aussi à se rappeler ses traits.

Roger, voyant son ami immobile devant madame la générale, fait un demi-tour sur lui-même et retourne dans le premier salon. Les jeunes dames qui sont là vont au piano faire de la musique. Prosper se trouve donc dans une partie de l'appartement seul près de la maîtresse de la maison, qui le regarde d'une façon singulière, et que lui-même est persuadé d'avoir déjà vue quelque part.

C'est la femme du général qui se décide à parler la première :

— Monsieur, dit-elle d'une voix émue, la manière dont je vous regarde doit vous paraître bien... *sans gêne*..., mais c'est que... il me semble que je vous ai déjà vu... autrefois...

— Je crois aussi... vous connaître déjà, madame...

— Votre nom, monsieur?

— Prosper Bressange...

L'épouse du général devient tremblante et peut à peine balbutier :

— Prosper!... c'est vous..., c'est toi!...

— Mais vous-même...

— Jeannette! jadis à Melun, chez M. Dubouleau...

— Jeannette! c'est vous! il se pourrait!...

— Oui, c'est moi... Ah! je suis heureuse de vous revoir!...

Le général, qui entre dans le salon de musique, empêche cette conversation de continuer; il s'approche de sa femme, en lui disant :

— Eh bien, Jeanne, tu causes avec monsieur... Ah! bigre! il a une bonne estafilade au front... Qu'est-ce qu'on fait par ici?... Chante-t-on un peu..., rit-on?... Je n'aime pas beaucoup vos gargouillades de grands morceaux... Parlez-moi de la *mère Godichon*,.. voilà un air gai, qui met en train; ou bien encore : *Quand je remue, tout remue, tout remue!* C'est çà qui est joli en chœur...

Les dames rient beaucoup des refrains que chante le général. Bientôt Jeannette est entourée de monde; elle ne peut plus causer en particulier avec Prosper, mais elle le suit des yeux et semble ne pouvoir se lasser de le regarder.

Prosper va voir jouer, il écoute faire de la musique; mais tout en paraissant prendre part à ce qui se passe autour de lui, ses yeux se portent souvent sur l'épouse du général. Il n'est pas encore revenu de sa surprise, et voudrait bien échanger quelques mots avec Jeannette. De son côté, celle-ci cherche toutes les occasions possibles pour se rapprocher de Prosper, mais comme maîtresse de maison, elle est presque toujours entourée de monde, et forcée de s'occuper des personnes qui sont chez elle.

Cependant, vers la fin de la soirée, le général est à une table de jeu, il y a déjà beaucoup de monde de parti, et dans le salon de musique il n'y a plus, près du piano, qu'un monsieur et une dame qui paraissent aussi vouloir causer très bas. Alors Prosper qui va, par discrétion, s'éloigner de ce couple, aperçoit au fond de l'appartement une porte s'ouvrir, puis Jeannette qui paraît là et lui fait signe de venir.

Prosper obéit à cette invitation, et il se trouve bientôt dans un joli petit boudoir où la femme du général est seule; il s'assied près d'elle sur un divan, Jeannette lui prend les mains qu'elle serre avec tendresse dans les siennes en disant :

— C'est vous, Prosper!... vous n'êtes pas mort!... et je vous revois enfin... Ah! c'est à présent que je suis bien heureuse !...

— Ma chère Jeannette... ah! pardon, madame, si je me permets encore de vous donner ce nom!...

— Oh! appelez-moi toujours ainsi... Est-ce que vous croyez, parce que je suis devenue la femme d'un général, que je veuille oublier ce que j'ai été?... Oh ! non. Je suis une parvenue, mais au moins je ne m'en cache pas.

— Mais comment se fait-il donc?...

— Ah! oui, je conçois votre surprise..., vous ne vous attendiez pas à retrouver dans un riche hôtel... cette pauvre fille que vous avez chassée..., à qui vous avez défendu de vous suivre...

— Chassée!... Ah! ce mot cruel... et si je vous ai défendu de me suivre, les événements prouvent que j'ai bien fait..., car, avec moi, Jeannette, vous ne seriez pas arrivée à cette position où vous êtes maintenant.

— Ne vous fâchez pas... Je n'ai pas voulu vous adresser de reproches...,

Prosper est fier en regardant la jeune fille qui porte une élégante robe de bal. — Page 51.

4

quoique j'aie eu alors bien du chagrin. Écoutez-moi ; en peu de mots, vous saurez toute mon histoire. Lorsque je vous quittai sur le grand chemin, je ne retournai pas chez M. Durouleau ; oh! ma résolution était bien prise de n'y plus aller. Je marchai longtemps au hasard ; je ne savais à quel parti m'arrêter. Tout à coup une idée me vint. Je me dis : Quand les jeunes gens sont trahis par leurs maîtresses, ils s'engagent et vont à l'armée pour oublier leur amour : eh bien! moi aussi, je vais partir pour l'armée ; je ne me ferai pas soldat, mais je me ferai vivandière. Mon parti étant pris, je me mis en route, et marchai jusqu'à ce que j'eusse rejoint un corps de l'armée française. Alors j'achetai ce qui était nécessaire pour ma nouvelle profession, et je devins vivandière. Dans ce nouvel état, vous devez bien penser que je fis des conquêtes..., que l'on me fit la cour..., car enfin j'étais gentille, quoique vous l'eussiez oublié...; mais je n'écoutai personne ; je pensais toujours à vous. Et, bien qu'entourée d'amoureux, je restai sage; car une femme peut toujours l'être, quand elle le veut, de même que, lorsqu'elle le veut aussi, elle fait le contraire en dépit de toutes les précautions que l'on prend pour s'assurer de sa fidélité. Ma réputation de vertu m'attirait l'estime des officiers de l'armée. Bref, M. Bloumann, qui était alors capitaine, devint amoureux de moi. Je ne l'écoutai pas plus que les autres ; mais il me proposa de l'épouser, et j'acceptai, après lui avoir avoué pourtant que j'avais déjà aimé quelqu'un de tout mon cœur. Mais cet aveu, en prouvant ma franchise ne que je lui dis, ne fit qu'augmenter son amour. Aujourd'hui, mon mari est devenu général, et il m'aime toujours autant ; moi, je n'oublierai jamais ce que je lui dois. Je suis fidèle, parce que c'est mon devoir. Mais je puis bien être heureuse de vous retrouver, et je puis vous dire : embrassez-moi, car il ne doit pas y avoir de mal à embrasser son ancien ami.

En disant ces mots, Jeannette tend son visage à Prosper qui l'embrasse de tout son cœur. Un léger bruit, semblable aux pas d'une personne qui s'éloigne doucement, se fait alors entendre, Jeannette se lève, et dit à Prosper :

— Il m'avait semblé qu'on nous écoutait... Retournez au salon, mon cher Prosper, car depuis que je vais dans le monde, j'ai appris qu'on y voit du mal dans les actions les plus innocentes, et il ne faut pas que l'on s'aperçoive que nous avons eu un entretien secret...; mais désormais je serai bien heureuse, car je vous ai retrouvé, je vous ai embrassé, et maintenant j'espère que je vous verrai quelquefois.

Jeannette et Prosper se séparèrent. Celui-ci rentre au salon de jeu par la pièce où l'on fait de la musique, et la femme du général ne tarde pas à reparaître par un autre côté.

Peu d'instants après, Roger et son ami prennent congé du général ; celui-ci serre la main à Prosper en lui disant :

— Vous êtes de ces hommes qui me plaisent..., un b..... à poils, dans mon genre. J'aime mieux ça que toutes ces mirlifleurs!... quand vous voudrez venir, vous me ferez plaisir, et à ma femme aussi, n'est-ce pas, Jeanne ?

Jeannette se contente de sourire en saluant. Prosper s'éloigne avec le colonel ; il le remercie de la soirée agréable qu'il lui a fait passer, mais ne juge pas nécessaire de lui parler de la liaison qui existait autrefois entre lui et l'épouse du général.

Le lendemain de cette soirée, il était à peine six heures du matin, Prosper dormait encore, lorsqu'il se sent réveillé par un domestique, qui lui secoue le bras, en lui disant :

— Pardon, monsieur, si je vous éveille..., mais voilà une lettre que vient d'apporter un domestique tout galonné..., un chasseur, je crois, et il a dit qu'il fallait absolument vous la donner sur-le-champ.

Prosper se frotte les yeux, prend la lettre, et lit le billet suivant :

« Je vous attends à six heures et demie, à la porte Maillot ; j'aurai mes » pistolets, prenez les vôtres, si vous voulez. Il est inutile de vous dire le » sujet de notre querelle, vous devez le comprendre. Vous êtes un brave, moi aussi ; » nous n'avons pas besoin de témoins. J'aurai seulement mon domestique, » amenez le vôtre. Si, ce que je ne suppose pas, vous ne veniez point à ce » rendez-vous, je serais obligé de vous donner de ma botte dans le der- » rière quand je vous rencontrerais... Le général BLOUMANN. »

Prosper ne comprend rien à cette provocation, mais il s'habille à la hâte, dit à son domestique de prendre ses pistolets et de le suivre ; monte avec lui dans un fiacre, et se fait conduire au lieu du rendez-vous.

En chemin, se rappelant son entretien de la veille avec la femme du général, Prosper présume que celui-ci en aura été probablement instruit et est extrêmement jaloux. Cependant cet entretien n'avait eu rien de criminel, et, avant d'en venir à se battre, Prosper se flatte que son adversaire lui permettra de s'expliquer.

La voiture s'arrête à l'entrée du bois de Boulogne ; Prosper aperçoit de loin un fiacre qui est déjà au lieu du rendez-vous, marchant à grands pas et d'un air impatient. Son chasseur est derrière lui.

Prosper s'avance vers le général, en disant :

— Pardon si je vous ai fait attendre, général..., mais je me suis pressé autant que possible.

— Vous voilà, il n'y a rien à dire... Gagnons ce fourré là-bas..., nous y trouverons une place convenable...

Et le général se remet à marcher. Tout en le suivant, Prosper reprend la parole.

— Général, vous voyez que je me suis rendu à votre invitation.

— Je n'en doutais pas, monsieur.

— Mais cependant, avant de nous battre, je voudrais bien savoir pourquoi, et je vous assure que je ne le comprends pas.

— Peuh! Les paroles sont inutiles entre gens de cœur ; on agit, ça vaut mieux.

— Mais encore, général, faudrait-il savoir le motif...

— Ah! vous vous fichez pas mal de moi..., avec votre air de ne pas savoir!... Allons, sacrebleu! finissons-en...; tenez, ici..., on est bien...

Dix pas de distance... ; votre pistolet ou un des miens... Mon chasseur frappera dans sa main... ; à la troisième claque, nous tirerons ensemble... Ça y est-il ?

— Mais, général, nous pourrions d'abord nous expliquer...

— Je vous dis que des paroles ne signifient rien... Ah! f...., placez-vous! ou je croirais que vous avez peur.

Prosper ne réplique plus, il prend un des pistolets de son adversaire et attend ; le général compte à peu près les pas, se place et dit à son chasseur :

— Allons, frappe trois fois dans ta main.

Le chasseur ne se fait pas répéter cet ordre, il semble au contraire mettre beaucoup d'empressement à l'exécuter. Au troisième coup, les deux adversaires tirent ; Prosper est atteint dans le côté. On entend un cri de joie, mais ce n'est pas le général qui l'a poussé.

M. Bloumann se tourne vers son chasseur et lui dit :

— Tu vas aider le domestique de monsieur à porter son maître dans la voiture... Au revoir, monsieur Prosper Bressange ; quand vous serez guéri, nous recommencerons.

Le général s'éloigne. Le domestique de Prosper court chercher la voiture. Alors le chasseur s'approche du blessé, et, se penchant vers lui, lui dit en ricanant :

— C'est une revanche du coup de pistolet que tu m'as tiré dans la jambe...

— Goulard!... murmure Prosper, en regardant le chasseur.

— Oui, Goulard!... qui a dit hier au général qu'il t'avait surpris embrassant sa femme... Eh! eh! eh!

Prosper n'a pas la force de répondre, ses forces l'abandonnent ; il s'évanouit.

Lorsqu'il reprend ses sens, il se retrouve dans son lit ; Pauline est à ses côtés, le visage baigné de larmes ; il lui tend la main, et lui sourit.

— Ne vous affligez pas, chère petite, ma blessure est peu de chose..., la perte du sang seule m'a fait perdre connaissance..., mais je suis certain que je serai bien vite rétabli.

— Oh! pourvu que cela soit vrai!... mais je ne croirai que le médecin.

Le médecin arrive, et après avoir pansé le blessé, rassure également la jeune fille en lui disant qu'il n'y a aucun danger à redouter, et que quinze jours pourront suffire pour une entière guérison.

Alors seulement Pauline peut sourire, et prenant la main de Prosper, elle la porte sur son cœur, en lui disant :

— Ah! si vous étiez mort, je vous aurai bien vite suivi!...

— Chère enfant!... combien je suis sensible à votre attachement.

— Si vous y étiez sensible, vous n'exposeriez pas ainsi votre vie ; et pourquoi donc vous êtes-vous battu?...

— Pourquoi?... mais je vous jure qu'il me serait fort difficile de vous le dire.

Le bruit de la sonnette interrompt cet entretien. Le domestique accourt en disant :

— Le général Bloumann demande à voir monsieur...

— Oh! mon Dieu! s'écrie Pauline, votre domestique m'a appris que c'est avec ce général que vous vous êtes battu..., est-ce qu'il vient encore pour cela?

— Rassurez-vous, dit Prosper en souriant, ce serait trop se presser ; je ne suis pas encore en état de recommencer... Laissez-moi recevoir le général..., je vous en prie.

Ce n'est pas sans peine que Pauline consent à s'éloigner. A peine a-t-elle quitté la chambre de Prosper que le général entre, et, courant au blessé, lui prend la tête et l'embrasse à plusieurs reprises en s'écriant :

— Ah! sacré mille canonnades!... mon pauvre Prosper!... brutal que je suis!... Je sais tout maintenant... Jeanne, qui ne savait pas même notre duel... (je ne lui avais rien dit), m'a tout conté quand je suis rentré... Votre reconnaissance hier..., votre entretien dans son boudoir... Et ce gredin de Goulard, un drôle que j'avais sorti de la misère!... il s'était présenté chez moi comme une victime de la révolution..., j'en avais eu pitié..., et c'est lui qui m'avait fait d'infâmes rapports ; mais je l'ai mis à la porte avec accompagnement de coups de pi-ds... Je vous réponds qu'il ne pourra pas s'asseoir de longtemps. J'espère que la blessure est peu de chose..., vous ne m'en voulez plus...; ma maison est désormais la vôtre... Allons, sacrebleu! embrassez-moi...

Prosper embrasse le général, en lui disant :

— Votre femme est digne de tout votre amour, général, et c'est pour cela que j'aurai toujours pour elle la plus sincère amitié.

— Eh! je le sais bien...; il ne faut plus parler de ça... Tapez là-dedans...! et dès que vous serez rétabli, promettez-moi de venir dîner avec nous.

Prosper le promet, et le général s'éloigne enfin, en sifflant l'air de la *mère Godichon*.

XIX. — UNE RENCONTRE AU BAL.

Pendant tout le temps que Prosper est obligé de garder le lit, Pauline le soigne avec la plus tendre sollicitude ; une sœur, une fille, n'auraient pas une affection plus touchante, et le blessé dit quelquefois :

— En vérité, ma chère Pauline, vous me ferez presque trouver du chagrin à guérir... Vous me gâtez ; lorsque je ne vous aurai plus près de moi, j'éprouverai trop de privations.

— Et pourquoi ne m'auriez-vous plus près de vous? murmurait la jeune fille.

— Quand vous serez mariée, c'est votre époux qui réclamera la plus grande part dans vos affections..., et il aura raison.

A cela Pauline ne répondait rien, mais ordinairement elle s'éloignait et était quelque temps sans revenir près de son protecteur.

Le général est venu plusieurs fois voir Prosper; dès que celui-ci est guéri, il l'emmène chez lui et le fait dîner avec sa femme. Il lui donne les témoignages de la plus entière confiance; mais Prosper n'en abuse pas, et, quoique n'ayant pas l'intention d'être plus qu'un ami pour Jeannette, il a soin de ne jamais la voir qu'en présence de son mari. Cette conduite délicate lui acquiert toute l'amitié du général, qui, tout en ayant de la confiance, aime autant qu'on ne la mette pas à l'épreuve.

Pauline entrait dans sa dix-neuvième année; le général, qui l'a vue chez Prosper, engage celui-ci à l'amener à ses réunions, et Jeannette a joint ses instances à celles de son mari. Prosper voudrait aussi que l'orpheline allât dans le monde, et souvent il la sollicite pour qu'elle consente à l'accompagner chez le général, mais la jeune fille refuse toujours.

— Pourquoi voulez-vous que j'aille dans ces nombreuses sociétés? dit Pauline. Je me trouve si heureuse comme je suis!... Je n'ai pas besoin, moi, de faire d'autres connaissances.

Une fois cependant Prosper la prie avec plus d'instances que de coutume pour qu'elle l'accompagne à un bal que donne le général. Craignant de fâcher son bienfaiteur en se refusant toujours à ses désirs, Pauline cède et consent à aller à ce bal avec lui.

Prosper veut que la fille du banquier hollandais paraisse avec éclat dans le monde, et, pour cela, sans consulter Pauline, il lui achète une parure brillante; il a soin de ne garder que peu de chose pour lui, afin d'assurer le bonheur de Pauline. Lorsque le jour de la fête est venu, lorsque l'heure arrive de se rendre chez le général, alors Prosper est fier en regardant la jeune fille, qui porte une élégante robe de bal avec autant de grâce et d'aisance que si elle avait été toute sa vie dans le grand monde.

Il y a foule dans les salons du général, mais Pauline peut être rangée dans le nombre des plus jolies femmes que l'on y rencontre. Jeannette accueille avec empressement la jeune orpheline; elle connaît l'attachement que Prosper lui porte, et c'est un motif pour qu'elle l'aime aussi.

— Votre pupille est fièrement bien, dit le général à Prosper. Vous avez envie de la marier, je crois?

— Oui, général; mais je voudrais être sûre qu'elle sera toujours heureuse.

— Ah! bte! ce serait un jeanfesse, celui qui ne ferait pas le bonheur d'un si joli petit paquet de roses. A-t-elle quelques noyaux?...

Prosper réfléchit un moment. Il possède encore une soixantaine de mille francs; décidé à ne garder que peu de chose pour lui, afin d'assurer le bonheur de Pauline, il répond:

— Général, elle aura cinquante mille francs de moi..., elle en possède déjà une vingtaine.

— Eh ben! c'est pas si chien, ça. Nous lui trouverons un mari, un bon gaillard solide..., dans mon genre... J'en fais mon affaire... En attendant, il s'agit de faire sauter ce soir toutes ces petites femmes-là... Ah! voilà notre ami le colonel Roger... Colonel, vous allez danser, j'espère?

Roger, qui vient d'arriver, salue le général et tend la main à Prosper en disant:

— Général, je ne danse plus qu'au son du canon.

— Allons! encore un coup est déjà dans les infirmes! s'écrie le général. Corbleu! messieurs, il faut pourtant faire danser ces dames... J'en ai là une foule... Diable me brûle si j'en connais la moitié!...

— Voyons donc toutes ces beautés, dit Roger en passant son bras sous celui de Prosper, lorsque le général s'est éloigné. Viens..., allons passer la revue... Ta jeune fille danse, tu n'as pas besoin, je pense, de rester planté à côté d'elle.

— Non, sans doute, dit Prosper; d'ailleurs madame Bloumann a bien voulu me dire qu'elle se chargeait de Pauline. Mais je veux aussi, colonel, qu'au lieu de passer les dames en revue, je préférerais faire celle des hommes pour savoir si, dans tous ceux que je vois, il y en aurait un digne de ma jeune orpheline.

— Laisse donc ta demoiselle choisir elle-même, elle saura mieux ce qui lui convient.

En disant cela, Roger entraînait Prosper. On dansait dans plusieurs pièces. Le général avait mis tout son appartement à la disposition de la société, et, malgré cela, la foule était si grande, qu'il fallait quelquefois rester longtemps dans une pièce avant de pouvoir circuler dans une autre.

Le colonel examinait chaque femme, faisait ses remarques un peu militairement, et passait à une autre. Prosper se contentait de sourire, et ne regardait pas toujours celle dont Roger lui parlait.

Tout à coup le colonel s'arrête en disant: — Ah! mille escadrons! en voici une qui est bien... Ce n'est plus de la première jeunesse, mais c'est encore très beau. Quelle belle tenue! l'air un peu fier... Cette femme-là devait être ravissante à vingt ans... Voyons, Prosper, quel âge lui donnes-tu, toi?...

— A qui? demande Prosper.

— A cette dame qui ne danse pas..., qui est assise là..., contre la cheminée..., et qui semble regarder tout le monde d'un air assez dédaigneux.

Prosper porte avec indifférence les yeux sur la personne qu'on lui indique; mais bientôt, en examinant cette dame, il sent son cœur battre avec force; un tremblement soudain s'empare de son être, et il s'appuie tellement sur le bras du colonel, que celui-ci lui dit:

— Qu'est-ce donc? Est-ce que tu vas tomber?...

— Non, colonel, répond Prosper qui peut à peine parler, tant est grande son émotion. Non..., mais cette dame...

— Une trentaine d'années, n'est-ce pas?

— O mon Dieu! s'il était possible...

— Je ne vois pas ce qu'il y aurait là d'étonnant... Au reste, elle me semble plus si bien, parce qu'elle a l'air un peu trop moqueur.. Je gage

qu'elle critique tout ici... Eh bien! que diable as-tu donc à trembler ainsi?...

— Ce que j'ai! mais cette femme... Ah! colonel... C'est celle que j'aimais tant..., celle que j'ai tant de peine à oublier!...

— A l'émotion que tu manifestes, j'ai peur que tu ne l'aie pas oubliée du tout... Ah! c'était là ta passion... Crebleu!... tu n'avais pas mauvais goût.

— Oh! oui..., c'est Camille..., toujours belle!... fière..., superbe...; cette pâleur répandue maintenant sur ses traits leur donne un nouveau charme...

— Ah! elle se nomme Camille...

— Oh! je la reconnais... Mais moi, je suis bien certain qu'elle ne me reconnaîtra pas... Colonel, de grâce, informez-vous au général... Tenez, la voilà justement qui passe près de vous.

Roger arrête le général, et lui désignant la dame que Prosper croit reconnaître, lui demande qui elle est?

— Est-ce que je connais toutes les donzelles qui sont ici ce soir! dit le général. Mais celle-ci m'a été amenée par la baronne de Montaurey..., une grande cavale..., qui est tout en jaune là-bas..., et qui est folle de la danse, quoiqu'elle ait passé la quarantaine. Faites danser madame de Montaurey, colonel, dévouez-vous, et elle causera tant que vous voudrez de son amie et de bien d'autres; la baronne est bavarde comme un régiment de pies.

Roger n'avait pas dansé depuis longtemps; mais, pour obliger Prosper, il se dévoue: il va engager madame de Montaurey: on l'accepte, et, après une contredanse dans laquelle il a brouillé son époque ayant rompu à peu près tout ce qu'ils avaient. C'est à peine s'il reste à sa veuve de quoi vivre décemment. Mais elle n'en est pas moins fière,et, pour la décider à venir au bal chez un général de l'empire, il a fallu que la baronne son amie employât mille supplications. Voilà tout ce que je sais... Es-tu content?

— Merci, colonel...

— Et maintenant, est-ce que tu vas rester toute la soirée planté dans le même coin?

— Mon cher Roger..., laissez-moi un moment... Je veux voir... si elle me reconnaîtra.

— Ah! je comprends; tu veux filer la reconnaissance.

— Soyez assez bon pour aller près de Pauline... Vous lui direz... que je suis au jeu..., que je la rejoindrai bientôt.

— Suffit! suffit... Tiens, j'ai envie de faire danser mademoiselle Derbrouck, à présent que je la connais en train!... C'est drôle, le goût de la danse vous prend comme une envie... d'éternuer.

Roger a quitté Prosper; celui-ci parvient à se glisser derrière la chaise occupée par Camille, qui cause alors avec la baronne son amie, et laisse échapper parfois quelques rires un peu moqueurs. Mais madame de Montaurey quitte Camille pour aller danser. Alors Prosper se rapproche de la marquise de Clairville, et lui dit à demi-voix:

— Et vous, madame, vous ne dansez pas?

Camille tourne la tête du côté de Prosper, le toise d'un air sévère, et lui répond assez sèchement:

— Non, monsieur; je suis venue ici pour regarder, mais non pas pour amuser les autres.

— Et pourtant, madame, vous faites encore l'ornement de ce bal, et après quinze années..., dans la veuve du marquis de Clairville, je retrouve mademoiselle de Trévilliers aussi belle qu'autrefois.

La marquise regarde de nouveau Prosper, et cette fois c'est un air plus aimable qu'elle lui dit:

— Vous me connaissez, monsieur?

— Oui, madame..., et depuis longtemps.

— Veuillez donc me dire alors où nous nous sommes rencontrés... Votre voix..., oui, votre voix m'est connue..., mais vos traits...

— Oh! vous n'en avez pas sans doute conservé le souvenir... D'ailleurs les années..., les voyages..., et, plus que tout cela peut-être, un chagrin profond dont je ne pouvais triompher a dû bien changer mes traits.

Camille écoutait Prosper avec attention; à chaque parole qu'il prononçait, elle semblait lui marquer plus d'intérêt; enfin, elle le regarde encore, et balbutie:

— Il me semble que je rêve!... Ah!... je me trompe, n'est-ce pas? Celui que je veux dire... est mort depuis longtemps...

— Cela vous ferait donc bien de la peine, madame, si Prosper Bressange existait encore...

— Ah!... c'est vous?

— Oui, madame..., oui..., Camille... Ah! pardon... le temps qui s'est écoulé s'effaçait de ma mémoire... Je vous retrouve aussi belle... Mon cœur bat comme autrefois..., et j'allais encore vous dire que je vous aimais...

La marquise éprouve une vive émotion; mais elle s'efforce de la cacher, et répond à voix basse:

— Monsieur..., taisez-vous, je vous en supplie...; ce n'est pas dans un bal que l'on peut parler du passé..., vous pourriez me compromettre...

— J'en serais désolé, madame...; mais ne voudrez-vous pas me permettre de vous revoir..., ne m'accorderez-vous pas un moment d'entretien ?.....

Camille semble réfléchir un moment; enfin elle répond bien bas:

— Venez chez moi..., rue de Grenelle, faubourg Saint-Germain, contre la rue du Bac...

— Vous me permettez d'aller vous voir ! répond Prosper ivre de joie, ah ! merci... merci mille fois !...

Mais la marquise, qui craint qu'on ne remarque la joie de Prosper, feint alors de rire, en disant très-haut:

— Qui..., moi..., danser la gavotte ! oh ! par exemple, vous êtes fou, monsieur, vous n'y pensez pas !

Le quadrille finit ; madame de Montauroy revient près de son amie et Prosper s'éloigne, mais le bonheur brille dans ses yeux, et en ce moment il n'y a pas d'homme aussi heureux que lui.

C'est dans ces dispositions qu'il se dispose à retourner près de Pauline, mais le général qui passe près de lui l'arrête, en lui disant:

— Eh bien, mon brave, comment trouvez-vous notre bal?

— Charmant, général, délicieux !... jamais je ne me suis tant amusé.

— Ah ! c'est que vous aimez le cotillon, vous..., et il y en a de toutes les couleurs ici... Mais savez-vous que votre orpheline fait des conquêtes..., on est à la queue pour la faire danser...

— Vraiment, général...

— Je crois que nous avons déjà son affaire... Tenez, voyez-vous ce jeune homme là-bas..., un beau blond, joli garçon..., qui porte la main à son jabot...

— Je le vois...

— C'est le fils unique d'un fournisseur..., et ils ont du foin dans leurs bottes, les fournisseurs... C'est le jeune Alfred Ramincourt ; eh bien ! il a déjà dansé trois fois avec votre pupille, et puis il est venu à moi, il m'a pris dans un coin et m'a dit : Ah ! sacré f....., général, la jolie personne !.... Il ne me l'a peut-être pas dit justement comme cela, mais ça vous rend son idée...; puis il m'a demandé qui elle était. Quand il a su qu'elle était orpheline et ne dépendait que de vous qui vouliez la marier, il m'a serré la main comme en forcené en s'écriant : Général, je vous en prie, présentez-moi chez M. Bressange. Je lui ai répondu : Nous verrons cela..., et sans avoir l'air de rien, je lui ai dit ce que la marquise aurait en dot... Hein ! comme je vous fais marcher ça au pas redoublé, moi !

— Merci, général, ce parti me paraîtrait en effet très bon..., et si ce jeune homme convient à Pauline...

Mais déjà le général n'écoute plus Prosper, il va dans une autre pièce, en criant:

— Ila ça, où donc passent les glaces ! je n'en peux pas attraper une..., il y a un tas de maraudeurs qui les saisissent au passage... Il faut que je mette ordre à ça !

Prosper voulait se rapprocher de Pauline, qui le cherchait des yeux au milieu de la foule ; elle l'aperçoit enfin, lui sourit et lui fait signe de venir auprès d'elle. Il va se rendre à son désir, mais en ce moment l'orchestre donne de nouveau le signal de la danse. Cette fois, c'est Roger qui vient prendre la main de Pauline, le colonel avait tellement pris goût à la danse, qu'il ne manquait plus un quadrille, ce qui faisait beaucoup rire le général, qui disait en le regardant danser:

— Ah ! bigre, il mon parquet n'était pas solide ! comme le colonel disparaîtrait à chaque entrechat qu'il fait !

Pauline se livrait au plaisir de la danse, et paraissait éprouver cette satisfaction que doit goûter la femme la plus modeste, lorsqu'elle se voit l'objet des suffrages universels. Prosper se félicite de l'avoir amenée chez le général, et passe dans une autre pièce pour tâcher de voir encore Camille. Il y était depuis quelque temps et le quadrille venait de finir, lorsque la femme du général s'approche de lui et prend son bras, en lui disant:

— Venez..., venez vite, votre chère enfant se trouve indisposée...

— Comment, Pauline..., elle dansait tout à l'heure avec Roger.

— Oui, oui, elle dansait, mais elle n'a pu finir..., c'est la chaleur peut-être... Je l'ai conduite dans ma chambre..., elle pleure..., ce doit être nerveux...

Prosper se hâte de suivre Jeannette. Il pénètre dans la chambre écartée où l'on a conduit Pauline, afin qu'elle soit loin de la foule. Roger est auprès d'elle ; le pauvre colonel tient un flacon et de l'eau sucrée, il est désolé de cet événement et ne cesse de répéter:

— C'est fait pour moi, cela !... nous dansions si bien !... mademoiselle est légère comme une plume... Elle ne paraissait pas malade du tout..., nous causions..., je lui contais une foule de choses..., et puis tout à coup je la vois qui pâlit..., qui pâlit..., et si je ne l'avais pas soutenue, je crois qu'elle serait tombée!

Prosper regarde Pauline ; elle est en effet d'une pâleur effrayante ; ses yeux ont un expression triste, morne même ; elle les détourne vivement en voyant paraître son protecteur.

— Qu'avez-vous, ma chère Pauline? dit Prosper en voulant prendre la main à la jeune fille, mais celle-ci la retire aussitôt en répondant:

— Je me sens bien souffrante.... je désirerais m'en aller...; cependant je ne veux pas vous priver des plaisirs de ce bal..., restez...; madame me donnera un de ses gens pour me reconduire...

— Y pensez-vous, Pauline... que je reste ici lorsque vous êtes souffrante !... non, non..., nous allons partir... Il y a des voitures en bas, sans doute?

— Oui, oui, dit Jeannette ; mais ma chère amie, si vous aviez voulu attendre un peu, cela se serait dissipé peut-être...

—Oh !... non, madame..., je préfère rentrer...

La bonne Jeannette enveloppe avec soin la jeune fille dans un immense châle, puis Prosper l'emmène et monte avec elle dans un fiacre. Pendant le trajet, il adresse plusieurs fois la parole à Pauline, pour savoir comment elle se trouve ; mais celle-ci ne lui répond que par monosyllabes, et, arrivée à leur demeure, elle s'empresse de se retirer dans son appartement.

—

XX. — CAMILLE ET PAULINE.

Le lendemain du bal, Prosper, inquiet de la santé de Pauline, s'empresse de se rendre près d'elle. Il la trouve pâle, ayant les yeux rouges comme si elle avait beaucoup pleuré, et paraissant en proie à de tristes pensées ; cependant à son aspect elle s'efforce de sourire et lui dit encore :

— Mon Dieu ! je suis bien désolée que pour moi vous ayez quitté ce bal où vous vous amusiez tant!... Vous le voyez, je porte malheur. Désormais ne m'emmenez plus dans le monde ; laissez-moi ici..., cela vaudra mieux.

— Je suis fâché de vous entendre parler ainsi, dit Prosper. J'espérais que vous vous étiez amusée chez madame Bloumann. Chacun vous a trouvée charmante, ma chère Pauline ; je n'ai reçu pour vous que des compliments.. J'espérais que vous auriez pris goût à la société.

— L'épouse du général a été remplie d'attentions pour moi... Ah ! je l'aime bien, cette dame là...; mais malgré cela..., je préfère ne pas aller dans le monde.

— Quelle singulière idée !... Parce que vous vous êtes trouvée indisposée ?

— Oh ! ce n'est pas cela...

— Et soupçonnez-vous ce qui vous a fait mal?... est-ce une glace?... est-ce la chaleur?... la danse?...

Un sourire amer se montre sur les lèvres de Pauline qui murmure : «Non, ce n'est pas cela... »

— Personne, j'espère, ne vous a rien dit de désagréable et qui ait pu vous affliger?...

— Oh ! non, personne... Mon Dieu ! vous avez raison, c'était sans doute la chaleur.

Pauline baisse les yeux et ne dit plus rien. Prosper, plus tranquille sur sa santé, la quitte, et prenant un cabriolet, se fait conduire au faubourg Saint-Germain, à l'adresse que lui a donnée Camille.

La maison où demeure la marquise de Clairville a une apparence fort modeste, et le portier dit à Prosper de monter au quatrième au-dessus de l'entresol.

« Elle est logée presque aussi haut que Maxime ! se dit Prosper en montant l'escalier. Il paraît qu'en effet son mari ne lui a laissé que bien peu de chose... Pauvre Camille ! elle, élevée dans l'opulence..., habituée à toutes les jouissances du luxe, de l'aisance..., vivre de privations peut-être !... Et moi qui dépense si largement ce que j'ai ! »

Prosper est arrivé devant la porte de madame de Clairville. Une domestique vient lui ouvrir : c'est une personne âgée, dont la mise propre, mais extrêmement simple, annoncerait plutôt une femme de ménage qu'une femme de chambre. Prosper pénètre dans une petite pièce de huit pieds carrés, qui représente un antichambre, et demande s'il peut voir madame de Clairville.

La domestique s'informe de son nom et lui dit :

— Je vais voir si madame la marquise est visible... Veuillez attendre dans le salon, monsieur.

Puis elle ouvre une porte et Prosper entre dans une autre pièce un peu plus grande où il y a deux mauvais fauteuils, une bergère, quatre chaises et quelques vieux tableaux de famille.

« Tout cela ne m'annonce pas de l'aisance, se dit Prosper en regardant autour de lui. Mais, malgré cela, c'est toujours le même ton de cérémonie, c'est toujours à une marquise que je vais parler. »

Au bout de quelques instants, une autre porte s'ouvre et Camille paraît. Elle était vêtue d'une robe noire fort simple, mais la grâce avec laquelle elle la porte, l'air noble qu'elle conserve dans le plus modeste négligé, font disparaître la simplicité de son costume ; on n'est frappé que de sa beauté et de ses manières distinguées.

Camille reçoit Prosper avec une politesse aimable quoiqu'un peu réservée ; elle le fait asseoir et lui dit :

— Si ce n'est point une indiscrétion, monsieur, je serais bien curieuse d'entendre le récit de vos aventures. Depuis tant d'années que nous ne nous sommes vus..., vous devez en avoir eu beaucoup ?

Prosper ne demande pas mieux que de la satisfaire. Il lui fait le récit de ses voyages, et, tout en lui disant ce qu'il a éprouvé, laisse souvent échapper quelques mots qui rappellent que son unique but était toujours de chasser de son cœur une passion qui faisait son désespoir. Mais alors Camille ne fait pas semblant d'entendre, ou elle ramène vite l'entretien sur un autre objet.

Prosper ayant terminé son récit, dit à la marquise :

— Si je ne craignais à mon tour d'être indiscret, madame, je vous demanderais aussi... quelques mots sur vous... Depuis quinze ans je vous ai perdue de vue..., et pourtant je n'ai pas été un moment sans m'intéresser à votre bonheur.

— Moi, monsieur, dit Camille, je n'ai rien que de fort simple à raconter. Peu de temps après vous avoir vu en Angleterre, j'épousai M. le marquis de Clairville... je le connaissais peu, mais mon père désirait cette union. Nous revînmes en France lorsqu'il fut permis aux émigrés d'y rentrer. Mon père mourut un an après notre retour ; enfin, il y a cinq ans ; je perdis aussi mon mari... Voilà tout, monsieur.

— Et votre... position..., madame..., est-elle telle que vous n'ayez aucun vœu à former? dit Prosper en hésitant beaucoup; mais Camille se hâte de lui répondre d'un ton fier et presque fâché :

— Oui, monsieur, ma position est convenable... Sans doute je pourrais être plus riche..., tenir un autre train de maison; mais il me suffit à moi de n'avoir besoin des secours de personne.

Prosper se tait, car il s'aperçoit qu'il faudrait peu de chose pour blesser cette femme qui conserve toujours la même fierté. Cependant il s'étonne que, dans leur conversation, elle ne lui ait adressé un mot de gratitude pour sa conduite avec son père, relativement à sa terre près de Melun.

Après avoir passé près de Camille deux heures qui lui ont semblé fort courtes, Prosper prend congé de la marquise, en lui demandant la permission de la revoir, ce qu'elle lui accorde assez gracieusement.

Un mois s'écoule. Prosper va souvent chez madame de Clairville, elle le reçoit toujours avec beaucoup de politesse, mais elle conserve un ton réservé et cérémonieux qui semble lui défendre d'être plus auprès d'elle qu'une simple connaissance, et lorsqu'il est prêt à lui rappeler que leur liaison a été plus intime, un regard sévère de la marquise arrête sur ses lèvres les épanchements auxquels son cœur voudrait se livrer.

Prosper espérait retrouver Camille plus tendre, plus sensible; il aurait voulu surtout qu'elle le jugeât digne de sa confiance et ne lui déguisât pas avec soin sa situation fâcheuse.

Un matin, ayant trouvé la domestique seule, et voyant que cette femme a les yeux rouges et gros, il parvient, à force de prières et en lui mettant une pièce d'or dans la main, à la faire parler.

— Si j'ai pleuré, monsieur, dit la domestique, c'est que madame se tue à travailler afin d'avoir assez pour vivre..., et pour se mettre comme il convient à une personne de son rang...; elle passe des nuits à broder; c'est moi qui reporte l'ouvrage... Mais aujourd'hui on n'en avait pas à me donner...; madame est sortie pour s'informer..., pour trouver de l'ouvrage ailleurs... Vous entendez bien qu'elle ne dit pas que c'est pour elle !... Oh ! elle s'en cache bien..., et si elle savait que je vous ai avoué cela, moi, elle me chasserait tout de suite.

Prosper promet à la domestique d'être discret, mais déjà son parti est arrêté, et, le lendemain, en se rendant chez Camille, il est bien résolu à savoir enfin ce qu'il doit espérer.

Madame de Clairville reçoit Prosper avec sa politesse accoutumée; sa physionomie est aussi aimable, aussi calme qu'à l'ordinaire; on ne devinerait pas, à la voir, les embarras pécuniaires de sa position; elle a fait signe à Prosper de prendre un siège, mais celui-ci se place plus près d'elle que d'habitude, et, la regardant fixement, lui dit enfin :

— Eh bien, madame, serons-nous toujours l'un pour l'autre de froides connaissances?... N'y a-t-il rien qui doive nous rapprocher..., et le passé est-il entièrement mort dans votre souvenir?

La figure de Camille devient sérieuse et sévère, ce n'est qu'après un assez long silence qu'elle répond :

— Monsieur, lorsque le passé peut faire rougir notre front, n'est-ce pas un devoir de l'oublier?

— Rougir !... toujours ce mot ! s'écrie Prosper. Ah ! madame, vous m'avez bien puni d'une faute..., qui n'avait pas été préméditée !... Faudra-t-il donc que sans cesse elle me ferme votre cœur; et mon amour n'a-t-il pas été assez sincère, assez constant, pour que vous y soyez sensible?... En Angleterre, votre père repoussa ma demande avec dédain..., il vous maria au marquis de Clairville... Je n'ai pas besoin de vous dire tout ce que je souffris en apprenant votre mariage! mais alors vous dépendiez de votre père. . Je pouvais croire que..., même en ayant pour moi une pensée, vous deviez obéir à M. de Trévilliers. Aujourd'hui, votre père n'existe plus, vous êtes veuve, vous êtes entièrement libre, qui donc..., si ce n'est vous, peut m'empêcher de vous parler de mon amour?...

— C'est qu'il me semble, monsieur, que ne devant plus être amis, il est au moins inutile de nous entretenir d'un sentiment qui ne doit plus exister...

— Ne plus exister !... Ah ! Camille..., car je veux encore une fois vous appeler de ce nom chéri !... Eh ! pourquoi donc ne serions-nous que deux amis ?... N'êtes-vous pas toujours belle..., charmante..., faite pour plaire comme autrefois..., n'ai-je pas conservé un cœur aussi brûlant, une âme aussi passionnée?... Oh! oui..., je le sens!... cet amour que vous m'avez inspiré..., il n'a pas changé..., il sommeillait au fond de mon cœur, mais un de vos regards suffisait pour le réveiller.

— Monsieur ! s'écrie Camille d'un air irrité, qu'espérez-vous donc ? A quoi tendent vos paroles?...

— Ne jetez pas sur moi ces regards de colère !... Ce que je veux, madame..., ce qui ferait mon bonheur..., ce serait de devenir votre époux...; vous êtes libre... accordez-moi votre main...

Une vive émotion se peint sur les traits de Camille... son sein est agité; elle détourne la tête pour ne point rencontrer les regards que Prosper attache sur elle, on dirait qu'un vif combat se livre au fond de son cœur; elle répond enfin :

— Non..., non..., cela est impossible... Je ne puis accepter, monsieur...

— Vous me pouvez accepter ! dit Prosper en se levant. Il suffit, madame, maintenant je ne puis plus avoir le moindre doute sur vos sentiments..., car c'est vous..., vous seule, qui repoussez mon amour. Désormais je ne vous importunerai plus par mes visites.

— Cependant, monsieur..., mon estime vous était acquise.

— On n'accepte pas l'amitié d'une femme qui a dédaigné notre amour..., du moins c'est ainsi que je pense, moi; ma position près de vous serait trop pénible, je sens que toutes relations doivent cesser désormais entre nous deux. Adieu, madame; soyez heureuse..., ce sera le vœu constant que je formerai.

En achevant ces mots, Prosper salue Camille; celle-ci est très émue, elle fait un mouvement comme pour se lever et retenir Prosper, mais elle retombe sur sa chaise, et laisse s'éloigner celui qui depuis tant d'années brûlait pour elle du plus tendre amour.

Prosper est parti brusquement. Cette fois il ne s'abandonne pas au désespoir, car la marquise vient de blesser son amour-propre; ce qu'il maudit, c'est sa faiblesse; ce qu'il regrette, c'est d'avoir encore mis aux pieds de Camille un amour qu'elle a rejeté.

« Cette femme ne m'a jamais aimé ! se dit-il, j'en ai bien la preuve aujourd'hui...; et moi! moi, j'ai passé ma vie à maudire le sort qui me séparait d'elle !... Oh ! c'est fini ! bien fini !... Oui, mais tant que je la saurai dans la peine, je ne pourrai l'oublier, et d'ailleurs je ne dois pas souffrir que celle qui fut l'idole de ma jeunesse use ses nuits dans les veilles..., fatigue ses yeux par un travail forcé... Un secours de ma part..., elle le refuserait..., mais si elle ignore que cela vient de moi... Ah ! je me rappelle..., en causant, elle m'a parlé de quelques débiteurs de son mari dont elle n'avait pu rien obtenir..., c'est cela. »

Prosper entre chez un écrivain public, et lui dicte le billet suivant :

« Madame,

» Un ancien débiteur de M. de Clairville, étant aujourd'hui en mesure
» de payer sa dette, vous prie de recevoir les vingt mille francs ci-inclus.
» S'il ne signe pas sa lettre, c'est qu'il rougit de ne point s'être acquitté
» plus tôt. »

Prosper emporte cette lettre, retourne chez lui, prend vingt mille francs en billets de banque, fait un paquet du tout, et le soir, s'adressant à un commissionnaire sûr, se rend avec lui devant la demeure de Camille, lui fait remettre le paquet au portier de la maison, avec ordre de le monter sur-le-champ chez madame de Clairville.

Prosper se sent plus heureux, plus calme, après avoir exécuté son généreux dessein.

« A présent, se dit-il, ne pensons plus qu'à Pauline..., ne nous occupons plus que d'elle. Depuis quelque temps, elle est triste..., rêveuse..., c'est depuis cette soirée chez le général..., Eh! mais, quelle idée ! s'il avait remarqué là quelqu'un..., ce jeune Alfred, qui a si souvent dansé avec elle... Eh! oui, ce doit être cela... Quand une jeune fille soupire, quand elle perd sa gaieté, c'est presque toujours l'amour qui en est cause... De qui pourrait-elle être amoureuse?... nous ne recevons personne...; et d'ailleurs, le changement que j'ai remarqué en elle ne date que de ce bal... Imbécile que je suis !... n'avoir pas deviné cela plus tôt!... Ah ! je ne pensais qu'à Camille..., cette femme me faisait oublier tout le reste..., et même ma chère Pauline, dont j'ai juré de faire le bonheur. »

Prosper se hâte de se rendre près de Pauline; il la trouve triste et silencieuse. C'était en effet depuis la soirée donnée par le général que l'humeur de la jeune fille semblait changée. Elle était devenue plus communicative; elle savait bien que son protecteur sortait presque tous les jours, mais elle ne lui faisait plus de questions comme autrefois; elle semblait au contraire éviter avec lui un entretien; enfin, elle tâchait toujours de l'accueillir avec un sourire, mais ce n'était pas non plus son gracieux regard d'autrefois.

Prosper va s'asseoir près de l'orpheline, qui est occupée à travailler; il s'empare d'une de ses mains, qu'il lui retire doucement en lui disant :

— Cela m'empêche de travailler...

— Eh bien ! ma chère amie, je présume que rien ne vous presse, dit Prosper en s'emparant de nouveau de la main de Pauline, tenez..., mon enfant, vous me boudez un peu..., et vous avez raison...

— Je vous boude?... je ne vous comprends pas, répond la jeune fille, en rougissant jusqu'au blanc des yeux.

— Je veux dire que depuis quelque temps je me suis moins occupé de vous... Je vous ai plus rarement tenu compagnie... Il ne faut pas m'en vouloir..., quelque chose absorbait mes pensées..., je vous conterai cela un jour, ma chère Pauline..., car vous êtes mon amie, vous, ma meilleure amie! Cependant, de votre côté, vous n'êtes plus la même; votre gaieté semble être évanouie..., vous ne causez plus avec moi comme autrefois.

— Moi... mais... vous vous trompez, je vous assure, répond Pauline d'une voix mal assurée.

— Non..., et c'est du bal du général Bloumann que date votre changement... C'est également de ce jour que moi-même..., mais ce n'est pas de moi qu'il faut nous occuper, c'est de vous seule. Si vous étiez plus confiante, ma chère amie, si vous vouliez me dire les secrets de votre cœur, il me serait plus facile peut-être de vous rendre votre gaieté d'autrefois...

— Mes secrets ! balbutie Pauline, mais je n'ai pas de secrets..., je ne sais pas ce que vous voulez dire... je suis... gaie..., comme de coutume...

En disant ces mots, la jeune fille suffoquait, et les larmes coulaient le long de ses joues.

— Allons..., mes questions vous contrarient..., je le vois ; je ne les pousserai pas plus loin ; mais je vous le répète..., désormais je ne veux m'occuper que de votre bonheur..., et j'espère trouver le moyen de l'assurer.

— Et que ferez-vous donc pour cela? demande Pauline d'une voix émue. Ce que je ferez? vous le saurez bientôt... Mais d'abord, je dois vous avertir que je veux donner une soirée..., réunir du monde ici..., on fera de la musique..., on dansera. Vous avez des talents, Pauline ; votre voix est douce et mélodieuse, vous touchez fort bien du piano..., à quoi sert tout cela, si nous ne recevons personne?

— Mais je vous ai dit que je n'aimais pas le monde...

— Oh ! vous ne m'avez pas dit... Quand on fait l'ornement de la société, c'est une faute de la fuir... Chez le général, chacun vous a trouvée charmante... Enfin, je vous le répète..., je veux réunir du monde samedi prochain..., je vais faire mes invitations, et j'espère que vous voudrez bien faire les honneurs de ma soirée avec votre grâce ordinaire.

Pauline s'incline sans répondre, et ne semble nullement enchantée du projet de Prosper; mais celui-ci, persuadé d'avoir trouvé le meilleur moyen pour mettre un terme à la mélancolie de l'orpheline, s'occupe sur-le-champ de ses invitations.

La famille Poupardot et Maxime sont les premiers engagés, ainsi que plusieurs personnes que l'on voit chez les habitants de Clichy; il ne faut plus songer à Roger, il est de nouveau parti pour l'armée. Mais le général Bloumann est encore à Paris; Prosper va le trouver, lui fait son invitation et lui demande s'il ne pourrait pas lui amener le beau jeune homme blond, fils du fournisseur,

— Alfred Ramincourt? s'écrie le général; je crois parbleu bien que je pourrai vous l'amener! c'est comme si vous demandiez à un vieux grognard s'il veut aller au feu. Toutes les fois que je vois ce jeune homme, il me parle de votre Pauline... il en est décidément amoureux comme un coq... Quand je vais lui dire que je le mènerai chez vous, il est capable d'en crever de joie...; comptez sur nous, mon brave, et sur ma Jeannette...: elle n'aime pas les gens à cérémonie, ma femme; mais chez vous, elle sait qu'on est à son aise; elle y viendra.

Prosper invite aussi plusieurs personnes dont il avait fait connaissance chez le général. Il tâche de ne s'occuper que de cette réunion, et du mariage qu'il espère pour Pauline; de cette façon, il s'efforce d'oublier Camille et de bannir de sa mémoire l'image de cette femme qu'il a tant aimée.

Mais tout en faisant divers préparatifs pour que rien ne manque à sa soirée. Prosper est obligé de fouiller à sa caisse; alors, et pour la première fois, il se frappe le front, en s'écriant:

« Ah! mon Dieu... J'ai envoyé vingt mille francs à Camille..., je ne m'en repens pas assurément, mais cependant cette dot que j'ai annoncé devoir donner à Pauline..., ces cinquante mille francs dont j'ai parlé au général..., je ne les ai plus..., je dépense s'il m'en reste trente-huit... Je dépense toujours sans compter... Maxime a raison!... ce n'est pas par l'économie que je brille... Diable, comment faire?... D'abord je veux que rien ne manque à ma soirée..., et je dépenserai pour cela ce qu'il faudra. Mais cette dot..., ces cinquante mille francs..., comment les compléter maintenant?... et dire que je n'avais pas pensé à cela! »

Pour commencer à compléter la somme qui lui manque, Prosper achète à Pauline un voile de dentelle pour elle, puis il fait de grands frais pour que sa soirée soit brillante. Il fait mettre dans son salon des lustres, des girandoles; il veut un orchestre, des musiciens; après avoir voulu ne donner qu'un petit concert, il se décide à donner un bal; après avoir compté ne réunir que vingt personnes, il en engage quatre-vingt, il dépensera quinze cents francs au lieu de cent écus; c'est de cette façon qu'il entend l'économie.

Pauline n'ose faire aucune représentation; cependant on voit que les grands préparatifs de cette soirée l'étonnent plus qu'ils ne lui plaisent; mais cela convient à son protecteur, et pour lui être agréable elle fait de son mieux pour la seconder.

Depuis qu'il a fait le compte de sa caisse, Prosper n'est un moment sans penser aux cinquante mille francs qu'il a promis de donner en dot à sa protégée. Ces préparatifs l'ont distrait quelque temps; mais le jour est venu où l'on doit se réunir chez lui, et tout est prêt, il n'a plus rien à faire jusqu'au soir; alors cette pensée qui le tourmente sans cesse revient avec plus de force à son esprit.

Tout à coup Prosper court à son secrétaire, l'ouvre, y prend plusieurs billets de banque, les met dans sa poche et sort en disant:

« Je ne vois pas d'autres moyens... tentons la fortune!,.. le jeu..., la roulette... On dit qu'en quelques minutes on peut y gagner des sommes immenses..., c'est bien ce qu'il me faut..., j'aime les moyens expéditifs. Pardieu! j'aurais dû penser à cela plus tôt... Je vais jouer pour Pauline, pour donner une dot à cette chère petite; il est impossible que je ne gagne pas. »

Quelquefois déjà Prosper était monté, avec Roger, dans une de ces maisons du Palais-Royal où la roulette et le trente-un attiraient les joueurs et les étrangers; mais alors la curiosité seule l'avait amené autour de ces tapis verts, sur lesquels l'or et les billets de banque étaient amoncelés; cette fois c'est le désir de jouer, c'est l'espoir de gagner qui conduit Prosper dans une de ces maisons. Il monte rapidement l'escalier, il traverse les salles, s'arrête une roulette et tire de sa poche un billet de mille francs; il risque mille francs d'un coup, et il lui semble qu'en jouant gros jeu il aura plus vite accompli son dessein.

Tous les regards se portent sur cet individu qui débute en jouant mille francs à la fois, et semble aussi calme, aussi gai que s'il n'était que simple spectateur.

Le jeu se fait: les mille francs sont perdus. Prosper semble étonné, mais il continue. En fort peu de temps il perd quinze mille francs qu'il avait sur lui. Alors son front se rembrunit, il ne peut plus continuer, et la couleur qu'il avait poursuivie sort dès qu'il ne la joue plus.

Prosper frappe du poing avec colère. « Un billet de mille francs de plus, dit-il, et je gagnais..., et je rattrapais tout ce que j'ai perdu... Je gagnais même en martingalant..., sept... huit rouges de suite... ah! réparons vite cette faute. »

Il sort de la maison de jeu, monte dans un cabriolet, se fait conduire chez lui, court à son secrétaire, prend ce qui lui reste en billets de banque, et retourne se placer devant le tapis vert.

Mais maintenant il n'a plus cette confiance, ce calme, avec lesquels il

s'était d'abord mis au jeu. Sa main tremble en plaçant son argent sur le tapis, son œil se fixe avec anxiété sur la boule qui va tourner; il respire à peine, son espoir, sa vie, tout est là. La bille tourne, s'arrête, Prosper perd, gagne, reperd. Il se sent étourdi, il brûle, il s'impatiente, il veut forcer la chance, il double, il triple son jeu..., le sort lui devient défavorable, le râteau fatal emporte ses billets; au bout de quelque temps sa main fouille en vain dans ses poches.... il n'a plus rien, il a tout perdu.

Une sueur froide coule sur le front de Prosper, cependant aucune plainte ne s'échappe de sa bouche; il quitte le jeu, il sort de cette maison fatale, et marche longtemps au hasard sans s'inquiéter où il est, où il va...; il n'ose plus penser..., il craint de réfléchir.

Cependant la nuit est venue, la fraîcheur du soir ramène un peu de calme dans les esprits de Prosper; il se rappelle alors que le monde qu'il a invité va se rendre chez lui, il songe à Pauline qui doit s'impatienter de son absence, et se dit:

« Rentrons..., tâchons de cacher..., de dissimuler le trouble de mon âme... Cet argent!... si j'étais seul! je serais bien vite consolé...; mais cette jeune fille que l'on m'a confiée..., je ne puis plus rien faire pour elle... Ah! Maxime, Maxime!... tu avais bien raison..., je ne suis pas plus raisonnable qu'autrefois!... et ce mariage que j'espérais conclure... Ah! je devrais me tuer...; mais non..., ce serait une lâcheté..., ce serait abandonner cette jeune fille que j'aime tant!... Retournons chez moi, et cachons bien ce que j'éprouve... Heureusement j'avais payé d'avance tous les frais de cette soirée... La Providence m'a souvent aidé! elle viendra peut-être encore à mon secours. »

Prosper regarde alors en quel quartier il est, puis, hâtant le pas, il regagne vivement sa demeure. Lorsqu'il arrive, déjà plusieurs personnes étaient dans son salon, et Pauline triste, inquiète, ne comprenait rien à l'absence de Prosper, son arrivée ramène la gaieté.

— Mon Dieu! lui dit tout bas Pauline, vous ne veniez pas, et je ne savais que penser..., que dire à tout ce monde... Sans vous il me semble qu'il ne peut plus y avoir de plaisir.

— Pardon, ma chère Pauline, une affaire imprévue...

— Vous semblez bien agité...

— C'est que je suis venu vite... Oublions cette contrariété, notre monde nous réclame..., et vous devez être la reine de cette fête.

Pour être agréable à Prosper, Pauline s'efforce d'être aimable avec tout le monde. La famille Poupardot arrive. M. Navet est devenu long et mince comme une asperge, mais ses goûts n'ont pas changé; en arrivant, il s'arrête devant le buffet, avale deux verres d'orgeat et se bourre de pâtisseries; le petit Napoléon constamment mal aux dents, ce qui le rend très grognon. Mais Poupardot est toujours enchanté de ses fils, il les présente à Prosper, en lui disant:

— Hein! comme ça grandit!... c'est la même chose au moral..., ils mordent à tout..., à part que Navet ne peut pas faire une addition.

Bientôt arrive Maxime, toujours modeste, discret, parlant peu, se tenant à l'écart, mais observant et jugeant les hommes et les choses beaucoup mieux que ces bavards qui veulent tout décider et tout savoir.

Puis le général Bloumann et sa femme: celle-ci est enchantée de se trouver chez Prosper, et témoigne à Pauline le plus tendre intérêt, la plus franche amitié.

Enfin, le grand jeune homme blond, M. Alfred Ramincourt ne tarde pas à se présenter; il a fait une toilette magnifique; il semble un peu raide dans sa cravate et son habit; mais ses yeux étincellent de joie, et il remercie mille fois Prosper d'avoir bien voulu l'inviter à sa réunion.

Le maître du logis fait de son mieux pour animer la soirée. Par ses soins, on chante, on joue, on danse; les sirops, le punch, les glaces circulent avec profusion.

— Ah! mille bombes !... c'est mieux que chez moi! dit le général, je n'ai jamais su y attraper une glace!... et ici j'en ai mangé trois!

— Et moi, onze! murmure le grand Navet en courant après un plateau.

Le fils du fournisseur fait souvent danser Pauline, il la retient près de lui pour plusieurs quadrilles, il est sans cesse près d'elle, il ne la perd pas de vue; la jeune fille semble fatiguée de se voir constamment l'objet des prévenances de ce jeune homme, et ne sait comment s'y soustraire. Quant à Prosper, il fait ce qu'il peut pour s'étourdir, pour paraître gai; mais parfois un souvenir funeste étouffe le sourire sur ses lèvres, et répand une teinte sombre sur sa physionomie.

Maxime, qui observe tout et qui lit au fond du cœur de son ami, s'est approché de Prosper, et lui dit tout bas:

— Tu as quelque chose...

— Comment ?...

— Oui..., ce soir ta gaieté est feinte..., ton rire forcé... Est-ce donc quelque peine que tu ne puisses confier à ton ami ?

— Tu te trompes, je n'ai rien.

— C'est-à-dire que tu veux garder tes chagrins pour toi seul.., c'est que tu me juges pas capable de te consoler... Je ne te questionnerai plus...

Maxime s'éloigne de Prosper, et celui-ci tâche de nouveau de feindre une gaieté qui est bien loin de son cœur; mais rien ne fatigue plus que de composer son visage. Vers la fin de la soirée, las du rôle qu'il s'est imposé, Prosper s'est retiré un moment dans une pièce éloignée de la danse; là, il se jette sur un sofa, et croit pouvoir être libre ; mais quelqu'un qui l'a suivi de loin ne tarde pas à le rejoindre : c'est le jeune Alfred, qui lui dit :

— Pardonnez-moi, monsieur..., je suis indiscret peut-être..., mais je désirais pouvoir vous parler sans témoins..., le bonheur de ma vie dépend de cet entretien.

Prosper fait signe au jeune homme de s'asseoir, en lui disant : Parlez, monsieur, je vous écoute.

— Vous avez sans doute deviné ce que je vais vous dire, monsieur ; car l'amour que j'éprouve pour mademoiselle Pauline est tel, qu'il m'est impossible de le cacher... Oui, monsieur, j'aime cette charmante personne dont vous êtes le protecteur ; je sais qu'elle est orpheline, qu'elle ne dépend que de vous ; eh bien ! monsieur, je viens vous demander sa main.

Prosper s'attendait à cette demande ; mais il ne savait plus comment y répondre. Après un instant d'hésitation, il balbutie :

— Monsieur, le général Bloumann m'a parlé de vous en termes fort honorables. Votre demande ne peut que flatter ma jeune orpheline ; mais..., vous êtes fort riche, monsieur..., et vous pouvez rencontrer un parti avantageux..., tandis que Pauline..., elle devait avoir cinquante mille francs... mais... une circonstance.

— Ah ! monsieur, vous me faites injure ! s'écrie le jeune homme ; je ne suis pas de ces gens qui achètent, qui marchandent une femme..., c'est votre charmante pupille que je veux..., rien qu'elle..., point de dot ! Je suis riche, et mon père m'a laissé maître de prendre la femme que je voudrai...

Prosper sent l'espoir renaître dans son âme ; son cœur se dilate ; il presse la main du jeune homme, en murmurant :

— Quoi ! Pauline sans dot..., vous l'épouseriez encore...

— Je vous le répète, monsieur, je ne veux qu'elle et je serai trop heureux... M'accordez-vous sa main ?

— Monsieur Alfred, votre amour semble sincère... ; de mon côté, ne craignez aucun obstacle... C'est maintenant de Pauline seule que va dépendre... cette union ; mais je ne pense pas qu'elle puisse être insensible à vos sentiments ; demain, je vous ferai connaître sa réponse.

Alfred est dans l'ivresse ; il remercie mille fois Prosper, tous deux vont rejoindre la compagnie, et cette fois c'est une joie franche qui brille dans leurs yeux.

La soirée ne tarde pas à se terminer ; la société s'éloigne, le général en jurant qu'il s'est beaucoup amusé, remerciant Prosper, Navet en comptant ce qu'il a mangé, et le jeune Alfred en lançant encore à Pauline un regard passionné.

Le lendemain, dès que Pauline est au salon, Prosper se rend près d'elle, s'assoit à son côté et lui dit :

— Ma chère amie, j'ai quelque chose de fort important à vous communiquer... ; c'est de votre avenir, de votre bonheur qu'il s'agit. Je lis dans vos yeux que vous êtes impatiente de m'entendre m'expliquer. Eh bien ! ma chère Pauline..., quelqu'un m'a demandé votre main... Vous devinez qui sans doute..., ce jeune Alfred Ramincourt, qui vous avait déjà vue chez le général, et qui vous aime éperdument amoureux de vous..., il vous aime..., et j'ai pensé que cette union assurerait votre bonheur.

Pauline est devenue sérieuse dès les premiers mots que Prosper a prononcés ; puis, à mesure qu'elle l'écoute, une sombre tristesse se peint dans ses traits.

— Est-ce donc là le motif qui vous a fait donner cette soirée ? dit enfin la jeune fille ; est-ce ainsi... que vous pensiez me rendre ma gaieté d'autrefois... Ah ! vous vous êtes bien trompé alors !

Prosper regarde Pauline d'un air stupéfait, en murmurant :

— J'ai donc mal interprété votre tristesse ?... Je vous l'avoue, je croyais qu'au bal du général vous aviez distingué ce jeune Alfred..., il vous avait fait la cour...

— Ah ! je ne m'en étais pas aperçue !

— Mais maintenant que vous savez qu'il vous aime, qu'il demande votre main... Il est riche..., et d'ailleurs il est bien ce jeune homme.

— Je le trouve affreux !

— Affreux... oh ! quelle injustice !... Quelle réponse dois-je donc lui faire de votre part ?

— Vous lui direz que je le remercie..., mais que je ne veux pas l'épouser...

— Quoi ! Pauline..., vous refusez un parti aussi brillant ?... mais réfléchissez donc...

— Oh ! c'est tout réfléchi... Je ne l'épouserai pas.

Prosper se lève, marche quelque temps dans la chambre, puis s'écrie enfin :

— Je ne veux pas forcer vos volontés..., mais, en vérité, Pauline, pour une jeune fille si raisonnable..., en ce moment, vous n'avez pas le sens commun.

Pauline porte son mouchoir sur ses yeux, et répond d'une voix étouffée :

— Il paraît que vous avez grande envie que je me marie... ; c'est que peut-être... vous seriez bien aise... d'être libre..., de ne plus m'avoir avec vous... ; ma présence vous est à charge, sans doute... Eh bien, je m'en irai..., je vous quitterai, si vous le désirez..., mais je ne me marierai pas.

— A charge..., vous !... Ah ! Pauline, quel mot avez-vous prononcé là ! Moi qui vous aime tant... Allons, elle pleure à présent..., chère enfant !

Mon Dieu ! rassurez-vous..., vous savez bien que vous ne ferez jamais que ce que vous voudrez..., mais j'aurais tant voulu vous voir heureuse...

— Puisque je le suis avec vous..., pourquoi donc vouloir absolument me marier ?

— Pourquoi ?... ah ! si vous saviez..., si j'osais vous dire...

Prosper recommence à se promener dans la chambre ; on voit qu'il souffre et craint de parler. Cette fois, c'est Pauline qui va à lui, et lui dit avec cette voix qui pénètre au fond du cœur :

— Si vous m'aimiez bien, mon bon ami, vous me diriez ce qui vous afflige, car je vois que vous avez des chagrins..., et vous ne me jugez pas digne de les partager...

— Eh bien, Pauline..., je vais tout vous dire..., je vais vous faire ma confession entière..., vous allez voir combien ma conduite est blâmable... ; mais j'aime mieux essuyer vos reproches que de vous rien cacher...

— Des reproches ! oh ! jamais.

— Écoutez-moi. J'ai rapporté en France cinquante mille écus... Je n'ai jamais su compter avec moi-même... J'ai cru que cela durerait toujours. Il y a quelque temps... lorsque nous allâmes au bal du général, j'examinai ma caisse..., il me restait encore soixante mille francs... Je voulais assurer votre sort en vous mariant... Je me proposais de vous donner cinquante...

— C'est cela !... presque tout..., vous ne gardiez rien pour vous...

— Moi ! oh ! cela m'inquiétait peu !... mais à ce bal... je fis une rencontre... Vous avez entendu parler d'une personne... que j'aimais beaucoup autrefois...

— Camille de Trévilliers, aujourd'hui veuve du marquis de Clairville..., et vous l'avez revue au bal du général...

— C'est cela même..., mais comment savez-vous !...

Pauline rougit, et baisse les yeux en répondant :

— C'est le colonel Roger qui m'a conté tout cela... en dansant avec moi...

— Roger..., quoi..., il vous a dit...

— Que vous aviez retrouvé... vos premières amours..., que vous étiez bien heureux..., bien content...

Prosper garde un assez long silence. Mille souvenirs, mille pensées sont venues le frapper... On dirait qu'un nuage qui couvrait ses yeux vient de se dissiper ; un moment, il porte ses regards sur Pauline ; il les détourne bien vite comme s'il craignait de rencontrer les siens ; enfin, sa voix n'est plus la même, et c'est d'un ton moins intime qu'il lui répond :

— Roger ne vous a pas trompée..., j'ai revu Camille..., c'est-à-dire la la marquise de Clairville..., car ce n'est plus cette Camille d'autrefois... Elle m'a reçu avec politesse..., mais avec froideur..., et moi, moi, Pauline, j'ai encore été assez lâche pour lui parler d'amour, pour lui offrir ma main...

— Vous allez l'épouser ? murmure la jeune fille à voix basse.

— Oh ! non..., car elle a repoussé mes offres..., elle a encore dédaigné mon amour..., et cette fois, c'est fini..., oh ! je ne la reverrai jamais...

— Il serait possible ! s'écrie Pauline, pouvant à peine modérer la joie qui brille dans ses yeux. Vous ne l'aimez plus..., vous ne la verrez plus !

— Non... jamais !... Mais elle était malheureuse..., j'ai voulu adoucir sa position, et je lui ai fait tenir une partie de ce que j'avais... sans qu'elle sût que cela vint de moi, mais sans penser aussi que c'était de votre dot que je disposais !

— Oh ! vous avez bien fait, mon ami, il fallait tout lui donner.

— J'ai voulu ensuite remplacer cet argent... qui me manquait... Ah ! c'est alors que j'ai été bien coupable... Je suis allé au jeu..., et là..., comme un fou, un insensé... j'ai joué, j'ai perdu tout ce qui me restait !

— Tout..., je le tant mieux ! oh ! quel bonheur ! ça fait qu'on ne voudra plus m'épouser !

Et dans sa joie la jeune fille fait des bonds dans la chambre.

— Vous vous trompez, Pauline, dit Prosper, on veut toujours de vous... M. Alfred ne demande aucune dot... Il a une grande fortune..., avec lui, vous brillerez dans le monde ; tandis que maintenant avec moi..., cette aisance..., ces domestiques..., ce bel appartement..., il faudra renoncer à tout cela... Vous voyez donc que vous auriez tort de refuser le riche parti qui se présente... ; et que j'avais raison, moi, de vouloir ce mariage... Eh bien, êtes-vous persuadée à présent ?

— Oh ! oui..., je suis très décidée... Tenez, mon bon ami, voilà une plume, du papier, mettez-vous là, et écrivez à M. Alfred :

« Monsieur, mademoiselle Derbrouck est très flattée de l'honneur que » vous vouliez lui faire, mais elle refuse absolument de vous accorder sa » main. »

— Quoi ! Pauline...

— Écrivez..., oh ! écrivez, je vous en prie.

— Mais songez donc que j'ai tout perdu..., tout...

— Eh bien, est-ce qu'on ne peut pas travailler ?... nous n'aurons plus cet appartement où l'on se perd.., ces trois domestiques qui m'ennuient..., nous ne conserverons que le grand monde que je déteste..., oh ! quel bonheur ! que je vais être heureuse !... Écrivez..., mon ami..., écrivez donc.

— Mais cependant si...

— Et mes vingt mille francs placés, et auxquels nous ne pensons pas ! Vous voyez bien que nous sommes encore riches..., beaucoup trop même.

— Cette somme est à vous, Pauline, à vous seule...

— A moi, à vous, n'est-ce pas la même chose?.... D'ailleurs, si j'en suis la maîtresse, je vous l'offre maintenant. Allons, mon ami..., plus de retard, et envoyez vite ma réponse à ce monsieur.

Prosper ne résiste plus ; il écrit au jeune Alfred le refus que Pauline fait de sa main, et tout en écrivant cela, il éprouve un sentiment dont il ne se rend pas bien compte ; mais qui ressemble beaucoup à de la satisfaction.

XXI. ÉVÉNEMENTS POLITIQUES. —1814. —1815.

Quelques semaines après que le jeune Alfred avait reçu la lettre par laquelle on refusait ses propositions de mariage, Prosper et Pauline étaient établis dans un modeste appartement du Marais. Là, on n'étalait plus un luxe de meubles et de valets, mais on se contentait du strict nécessaire. Pauline avait la plus jolie chambre du logement ; Prosper l'avait exigé ainsi ; pour lui, il se contentait d'une petite pièce sans cheminée : un salon, une cuisine, et un cabinet où couchait une vieille bonne, complétaient l'appartement. Avec la vente de son riche mobilier, Prosper avait encore réuni quelque argent, mais il l'avait donné à Pauline en lui disant :

— Désormais, ma chère, il faut que ce soit vous qui teniez la caisse, car entre mes mains cela est trop exposé... Je chercherai quelque emploi..., quelque place...., et ce que je gagnerai, je reviendrai vous le remettre fidèlement.

Et Pauline lui avait répondu avec un charmant sourire :

— Ne vous tourmentez pas..., nous avons mille francs de rente... et quelque argent devant nous... Je serai économe, rangée, et vous verrez que nous ne manquerons de rien , lors même que vous ne trouveriez pas d'emploi.

Et, pour commencer à économiser, Pauline ne voulait point avoir de domestique ; mais Prosper avait eu l'air si malheureux de la voir se servir elle-même, qu'elle avait consenti à suspendre cette réforme.

Elle se remettait à l'ouvrage qu'elle ne quittait qu'au point du jour. — Page 59.

On n'allait plus au spectacle, aux concerts, ni dans le monde ; mais on se promenait à pied dans les environs de Paris : Pauline n'avait plus de robes élégantes, de bijoux ; mais sa mise simple était de bon goût, et avec un modeste chapeau elle était tout aussi jolie ; lorsqu'on ne sortait pas, Prosper tenait compagnie à Pauline, il lui faisait la lecture, ou lui comptait quelque aventure de ses voyages, et le temps s'écoulait vite, et l'on s'étonnait souvent qu'il fût déjà l'heure de se dire bonsoir. Enfin, depuis qu'elles n'étaient plus riches, ces deux personnes semblaient bien plus heureuses. Pauline surtout : sa gaieté était revenue avec les roses de son teint, et le bonheur brillait dans ses yeux lorsqu'elle les attachait sur son protecteur.

Cependant un changement notable s'était opéré dans les manières de Prosper avec Pauline ; ce n'était plus cette familiarité franche, ce ton de rondeur d'autrefois ; c'était maintenant une amitié aussi tendre, mais plus réservée ; une intimité aussi douce , mais moins libre ; enfin c'était comme un sentiment nouveau qui se glissait en silence dans l'âme de Prosper,

et n'annonçait sa présence que par le bonheur inconnu qu'il faisait naître.

Maintenant, une heure passée loin de Pauline semblait à Prosper d'une longueur mortelle, aussi sortait-il rarement. D'ailleurs le général était à l'armée et sa femme était partie pour une de ses terres. Maxime avait accepté une place de professeur à quelques lieues de Paris ; il ne restait donc que les habitants de Clichy, mais les deux fils de Poupardot devenaient si insupportables et leur père les gâtait tellement que cela empêchait souvent d'aller les voir.

Puis, quand on se plaît chez soi, quand notre cœur éprouve un contentement secret, pourquoi chercher ailleurs d'autres plaisirs et d'autres visages? c'est ce que Prosper se disait en tenant fidèle compagnie à Pauline. Quelquefois pourtant son front devenait sombre, un nuage obscurcissait ses yeux. La jeune fille s'en apercevait bien vite, et alors ses regards questionnaient son ami, et quelquefois elle lui disait en soupirant aussi :

— Je suis sûre que vous pensez à Camille.

— Oh ! non...., vous vous trompez, répondait vivement Prosper... Depuis... quelque temps..., j'ai entièrement cessé de penser à la marquise... ; ou bien..., si quelque chose me la rappelle, je vous jure que cela ne me fait plus soupirer...

— Vraiment !..... et pourquoi donc devenez-vous si triste par moment ?...

— Ah !... c'est que ce matin encore j'ai vu une étoffe nouvelle, un châle charmant...: et, quand je songe que je ne puis plus vous apporter cela comme autrefois !...

— Et voilà ce qui vous rend triste? En vérité, mon ami, vous me jugez bien mal, si vous croyez que je place mon bonheur dans une toilette plus ou moins élégante... Combien de fois faut-il vous répéter que je suis bien plus heureuse depuis que nous vivons modestement entre nous, que lorsque nous allions dans le monde?... J'espérais cependant que vous vous en étiez aperçu.

Ces douces paroles ramènent toujours le sourire sur les traits de Prosper. Il prend la main de Pauline et la presse dans la sienne ; quelquefois ces deux mains se tiennent longtemps ainsi, et la jeune fille ne dit plus que cela l'empêche de travailler.

Au bout de quelque temps, Prosper parvient à trouver une place dans une maison de commerce ; les appointements sont minimes, et il faut rester à écrire presque toute la journée ; c'est une grande sujétion pour un homme habitué jusque-là à une vie active, à une liberté entière ; mais il s'agit d'augmenter leur bien-être, de pouvoir quelquefois encore faire un cadeau à Pauline, et Prosper se soumet sans murmure à ce nouveau genre de vie ; d'ailleurs, quand il revient de son bureau, quelqu'un l'attend et le reçoit avec un tendre sourire qui lui fait vite oublier les ennuis de son travail.

Le temps s'écoulait ainsi doucement pour ces deux personnes qui commençaient à se comprendre, mais l'horizon politique n'était point calme et sans orage comme la demeure de Prosper. La fortune avait abandonné celui qu'elle avait élevé si haut ; l'empereur avait éprouvé de grands revers ; les Français se battaient toujours avec le même courage, mais les autres nations, jalouses de vingt années de victoire, se réunissaient pour les accabler.

Prosper et Pauline ne s'occupaient point de politique, il y avait un autre sentiment qui chez eux absorbait tous les autres. Quelquefois pour tant l'orpheline disait à son ami :

— Que se passe-t-il donc?... On répand des bruits alarmants...; on dit que les ennemis vont attaquer Paris.

Et Prosper répondait :

— Ce n'est pas possible! ils n'arriveront pas jusqu'ici! ce sont des alarmistes qui répandent ces bruits-là !

Pauline se laissait facilement rassurer, et ce n'était plus de la guerre qu'on parlait.

Un jour cependant, Prosper, qui est sorti comme de coutume pour aller à son bureau, rentre pâle, agité; il prend son sabre, ses pistolets, il embrasse Pauline, en lui disant :

— Ne sortez pas, ma chère amie, ne quittez pas votre chambre...; ne vous mettez pas à la croisée, si vous entendez du bruit dans la rue.

— Mon Dieu! qu'y a-t-il donc? demande Pauline avec effroi.

— On dit que les ennemis sont à la porte de Paris..., qu'ils vont attaquer cette ville.

— O mon Dieu! et où allez-vous avec ces armes?

— Où je vais?... Parbleu! je vais me battre pour la défense de mon pays...

— Vous battre!... mais si l'on vous tuait...

— Je serais mort en brave..., et je mériterais vos regrets... N'essayez pas de me retenir, ma chère Pauline...; en ce moment l'honneur seul doit être écouté.

La jeune fille verse des larmes, elle veut s'attacher à lui; mais Prosper se dégage de ses bras, et il court, il vole à la barrière de Clichy.

Là, au milieu d'une foule d'hommes du monde, de poètes, d'artistes, que les dangers de la patrie avaient faits soldats, Prosper reconnaît Maxime, armé d'un sabre et d'une carabine.

— Comment!... tu es ici, dit Prosper en courant à son ami.

— J'étais de retour à Paris depuis huit jours.

— Mais toi, républicain, tu viens te battre pour lE'mpereur?

— Je viens me battre pour mon pays; quand il est menacé par l'ennemi, il ne doit plus y avoir d'opinion : on le défend d'abord, et on discute après.

Prosper serre la main de Maxime, et tous deux courent se mêler dans les rangs de ces braves de toutes les classes qui, conservant la gaieté française dans les circonstances les plus importantes, échangeaient quelques bons mots et chantaient un joyeux refrain, en attendant le moment de faire le coup de fusil.

Impatient de rencontrer des ennemis, Maxime a franchi la barrière. Prospère l'accompagne, un vieil invalide lui a donné un fusil et des cartouches. Les deux amis gagnent la campagne et se dirigent du côté des buttes Saint-Chaumont : ils ne tardent pas à voir des Cosaques galoper dans la plaine, quelques-uns s'avancent jusqu'à portée de leurs fusils; déjà ils en ont abattu deux, lorsqu'un coup de pistolet atteint Prosper, qui tombe à quelques pas de son ami.

Maxime jette ses armes, prend Prosper, l'emporte dans ses bras, et bravant les balles des Cosaques, parvient enfin à rentrer dans Paris avec son précieux fardeau; là, une laitière qui venait d'abandonner sa chaumière

où elle n'était plus en sûreté, offre son âne et ses paniers pour transporter le blessé. On place Prosper comme on peut; la blessure qu'il avait reçue dans la poitrine lui faisait perdre beaucoup de sang et il était évanoui.

Maxime suit le faubourg du Temple, il ne savait pas la nouvelle adresse de Prosper, mais il se rappelle alors qu'un soir il a ramené Picotin rue des Enfants-Rouges, il n'en est pas éloigné, et se décide à y conduire son ami. On arrive chez Picotin.

— Il n'y sera peut-être pas, se dit Maxime, car aujourd'hui c'est aux barrières que tous les Français devraient se trouver; mais je verrai sa femme, et je suis certain qu'elle s'empressera de m'aider à secourir mon ami.

Maxime s'adresse au portier et lui demande Picotin; le portier sourit et répondit :

— Ce monsieur m'a dit que si on venait le chercher, je devais dire qu'il n'y était pas...; mais tenez, monsieur, si on conduisait votre blessé chez le pharmacien ici près..., ça vaudrait mieux que de le monter au quatrième.

— Ah! vous avez raison, mon ami..., aidez-moi, nous allons l'y porter.

Le portier et Maxime enlèvent Prosper dans leurs bras et le transportent dans une pharmacie voisine, où l'on s'empresse de lui prodiguer tous les secours.

— La blessure est grave, dit le pharmacien, et ce monsieur demeure loin il ne pourra pas être transporté.

— Sa demeure..., attendez, monsieur, je vais tâcher de la savoir pendant que vous voudrez-bien prodiguer vos secours à mon ami.

Et Maxime s'élance hors de la boutique et retourne à la demeure de Picotin; il monte rapidement les quatre étages. Au-dessous de la plaque en cuivre sur laquelle était le nom du marchand de peaux de moutons, on avait écrit en grosses lettres, avec de la craie : Il n'y a personne.

Malgré cet avis, Maxime tourne le loquet, ébranle fortement la porte, l'ouvre enfin et pénètre chez le mari d'Euphrasie. Le bureau est désert, mais dans la seconde pièce Picotin était assis dans un fauteuil, un bonnet de coton sur la tête, et sa jambe

Un Suisse lui barre le passage. — Page 61.

droite, entortillée de linges, étais posée sur une chaise.

— Je suis malade! je suis blessé! s'écrie Picotin en entendant entrer quelqu'un... Je ne puis pas aller me battre, puisque je ne puis pas marcher.

Mais en reconnaissant Maxime, une légère rougeur monte au visage du prétendu blessé, et il murmure :

— Tiens..., c'est notre ami Maxime..., ce cher ami... Je me suis blessé à la jambe, vois-tu..., ça me cloue là... C'est avec une marmite que ça m'est arrivé.

— Oh! parbleu! je pense bien que ce n'est pas avec un sabre ou un fusil.

— Dame! ça aurait pu se faire..., si j'avais été en état de marcher... Dis donc, Maxime, crois-tu que les ennemis entrent dans Paris... Est-ce qu'on se bat toujours!...

— Que t'importe? puisque tu restes là...

— Comment! mais il m'importe beaucoup..., la perspective d'être saccagé..., pillé..., c'est gentil... J'ai envie de descendre à la cave...

—Voyons, Picotin, réponds-moi... La nouvelle demeure de Prosper.... la sais-tu!

— La demeure de Prosper..., depuis qu'il n'est plus riche, car il paraît qu'il a dégringolé aussi...

— Son adresse..., hâte-toi.., il est blessé..., blessé à mort, peut-être...

— Ah! bah! ce pauvre Prosper!... Je gage qu'il sera allé se battre avec toi...; voilà ce que c'est! si vous aviez fait comme moi...

— Répondras-tu?

— Ici..., à deux pas..., rue Charlot, vingt-deux... Je le rencontre souvent quand je vais au marché...

—Rue Charlot..., il suffit... Adieu...

Picotin, oubliant qu'il est blessé à la jambe, se lève, et court après Maxime:

—Dis donc, Maxime..., si tu rencontres ma femme dans les rues ou aux barrières, dis-lui que le bail a monté depuis longtemps... Son café tarit..., il ne vaudra plus rien... Je ne sais pas où diable elle est allée, ma femme... Je lui ai dit : Ne sors pas, tu peux rencontrer des Cosaques...; elle m'a répondu : Raison de plus!

Maxime n'écoute pas Picotin, il est déjà dans la rue, puis chez le pharmacien. Prosper avait repris connaissance, mais c'est à peine s'il a la force de parler; cependant il reconnaît son ami, et lui serre la main en murmurant le nom de Pauline.

— Oui, oui, je te comprends, dit Maxime; tu veux être porté chez toi..., près d'elle... Allons, messieurs, un dernier service : formons une espèce de brancard pour transporter notre blessé... C'est ici près. Je sais son adresse maintenant.

Chacun s'empresse de seconder Maxime; si les Français sont toujours disposés à rire et à plaisanter dans les circonstances sérieuses, il faut dire aussi qu'ils sont toujours prêts quand il s'agit de secourir quelqu'un qui souffre, ou de contribuer à une bonne action. En peu d'instants, Prosper est placé sur une espèce de brancard que l'on vient d'improviser, et il est ramené à son domicile.

Maxime voulait prévenir Pauline, pour que le triste spectacle qu'elle allait voir ne lui causât point une impression trop vive; il craignait ses larmes, ses cris, son désespoir, qui auraient pu causer au blessé une émotion dangereuse. Mais, dans les grandes peines, les âmes les plus sensibles trouvent une force, une énergie dont on ne les aurait pas crues susceptibles. En voyant arriver Maxime pâle et bouleversé, la jeune fille croit son malheur plus grand.

— Prosper est mort! s'écrie-t-elle.

— Non..., non .., mais blessé... d'un coup de feu...

— Où est-il?... conduisez-moi près de lui...

— Il vient..., on le rapporte ici ! Vous allez le voir.

Pauline ne dit plus un mot, ne verse pas une larme, sa douleur est muette; mais elle vole au-devant de celui qu'on rapporte ; elle prend sa main, la presse dans les siennes, et le blessé trouve encore la force de lui sourire.

En peu d'instants, Prosper était placé dans son lit; puis Maxime avait amené près de lui un chirurgien et un médecin qui, après avoir examiné le blessé, avaient secoué la tête d'une façon peu rassurante, et cependant avaient dit : « Il est possible qu'il en réchappe!... mais c'est fort grave. »

Alors Maxime, prenant la main de Pauline, lui avait dit : « Du courage, chère enfant... Le ciel ne permettra pas que vous perdiez votre protecteur. Quant à moi, je ne puis plus rien pour lui, et maintenant je retourne au poste de l'honneur...

Puis Maxime avait embrassé Pauline, et il était parti; ensuite le chirurgien et le médecin en avaient fait autant, après avoir prescrit ce qu'il fallait faire, et promis de revenir dans la soirée. La jeune fille, restée seule alors près de Prosper, auquel on avait défendu de parler, s'était jetée à genoux, avait prié le ciel de lui conserver celui qui était tout pour elle, et, n'ayant plus de témoins, avait versé d'abondantes larmes.

La nuit vint. A chaque instant la vieille bonne, qui allait demander des nouvelles, remontait près de sa maîtresse, et lui disait en tremblant : « Ah! mademoiselle!... on dit que nous sommes perdus!... les ennemis vont entrer..., on se battra..., nous serons pillés..., et bien autre chose encore!...

Pauline écoutait à peine sa domestique; pour elle il n'y avait plus au monde qu'une chose qui pût l'intéresser, c'était la vie de Prosper.

Cependant la soirée fut calme; seulement, sur les neuf heures du soir, on entendit un coup de canon, mais il ne fut suivi d'aucun autre.

Quinze jours plus tard, Pauline était assise au chevet du lit de Prosper; un rayon de joie était venu ranimer ses traits abattus par les veilles et les larmes; car depuis le matin seulement, le médecin avait trouvé un changement heureux dans l'état du blessé, et, tout annonçant à la jeune fille que la guérison serait longue; il lui avait promis de le sauver. Alors Pauline s'était sentie si heureuse, qu'elle aurait volontiers sauté au cou du médecin ; que lui importait que la guérison fût longue! on lui répondait de la vie de Prosper, c'était aussi la sienne qu'on lui rendait.

On avait recommandé le silence au malade, dont la faiblesse était extrême; ce n'était que lui permettre de parler qu'il pouvait ouvrir les soins de sa jeune garde; lorsqu'il voulait dire un mot, celle-ci mettait un doigt sur sa bouche, en s'écriant :

— C'est défendu!... taisez-vous, mon ami, quand vous serez guéri...,

nous nous en dédommagerons ! vous me parlerez toute la journée, et moi je serai bien contente de vous écouter.

Ce jour-là cependant, Prosper qui se sentait beaucoup mieux, avait parlé un peu; d'abord, pour exprimer à sa jeune amie toute sa reconnaissance des soins qu'elle lui avait prodigués, ensuite pour lui demander quelques nouvelles politiques, et savoir ce qui s'était passé depuis qu'il avait été blessé sur les buttes Saint-Chaumont.

— Des nouvelles politiques! répond Pauline, mon Dieu! mon ami, mais, depuis quinze jours, je ne me suis occupée que de vous... Je sais qu'on ne se bat plus; je sais que nous avons changé de gouvernement... Mais ne m'en demandez pas plus ; car, en vérité, il me serait impossible de vous répondre.

La sonnette qui annonce du monde interrompt cette conversation. Bientôt la voix de Poupardot se fait entendre, et, au bout d'un instant, la bonne Elisa et son mari sont près du lit de Prosper.

— Nous voilà, s'écrie Poupardot... Comment, mon pauvre Prosper, tu as été blessé!... tu as donc été te battre?...

— Sans doute, répond Prosper; et toi?

— Oh! moi, j'avais bien autre chose à faire!

— Les Cosaques ont brûlé notre maison..., cassé, détruit..., abîmé tout! dit la bonne Elisa en poussant un gros soupir.

— Oh! c'est égal! ça va bien, ça va très bien! reprend Poupardot en se frottant les mains, nous avons maintenant nos princes légitimes... Nous aurons un gouvernement paternel..., voilà ce qui doit nous rendre heureux..., nous aurons la poule au pot!... mon ami!... et à part le bon Henri IV que nous n'aurons pas, puisqu'il est mort, ce sera absolument la même chose,

Prosper ouvre de grands yeux, il a peine à croire tout ce qu'il entend.

— Nous sommes ici en camp volant, dit Elisa ; ne pouvant plus habiter à Clichy, nous voulons aller nous fixer à notre petite ferme de Montereau, et en attendant que toutes nos dispositions soient faites, nous sommes ici en hôtel garni.

— Où nous avons laissé nos deux gaillards... causant avec un poulet rôti..., j'ai même peur qu'ils ne se battent, parce qu'ils adorent les cuisses tous les deux... A propos de cela, mon ami, ne savez-pas une nouvelle?... madame Poupardot me prépare encore un petit rejeton... Eh! eh! une dernière folie..; ce sera le culot, celui-là...

— Chut! chut!... mon ami..., voulez-vous bien vous taire, dit Elisa en rougissant.

— Eh bien ! pourquoi donc?... ça me fait plaisir d'avoir encore un enfant..., ce n'est pas défendu... Je gage que ce sera encore un fils... comment le nommerai-je celui-là?... il faudra que j'y rêve..., en attendant, j'ai hâte d'être à Montereau pour que ma femme puisse s'y reposer...

— Et Maxime? murmure Prosper.

— Maxime... oh! il a quitté Paris... il est de mauvaise humeur... Singulier garçon! sous tous les gouvernements, je l'ai vu de mauvaise humeur..., ce n'est pas comme moi. Allons, guéris-toi, mon cher Prosper, guéris bien vite; ensuite tu viendras, avec ta chère Pauline, nous voir à Montereau..., nous y serons très bien, j'en suis sûr..., à part l'air n'y soit mauvais pour ma femme, mais je ne le crois pas.

Elisa soupire encore en disant : « Ah! notre pauvre maison de Clichy!... elle était si gentille!... »

Pauline, qui craint que l'on ne fatigue Prosper, fait observer à Poupardot que l'on veut qu'il guérisse, et qu'il ne faut pas le faire parler, parce que le médecin l'a défendu. Les deux époux sentent la justesse de cette observation, et après avoir embrassé tendrement le malade et sa jeune garde, leur disent adieu, en les engageant encore à venir les voir à Montereau.

Quelques moments après, Prosper était levé et, assis près d'une fenêtre, respirant l'air doux du printemps. Pauline était toujours là, près de lui, cherchant dans ses yeux à prévenir ses moindres désirs.

La convalescence paraissait devoir être longue, les forces ne revenaient pas; mais enfin, le malade est sauvé, et l'orpheline se trouvait payée du prix de ses soins.

Ce qui retardait l'entier rétablissement de Prosper, c'est qu'il se chagrinait d'avoir perdu son emploi, c'est qu'il songeait que pour le soigner on devait dépenser beaucoup d'argent, et qu'il se tourmentait pour l'avenir. Pauline, qui devinait ses pensées, lui disait de n'avoir aucune inquiétude et de s'en rapporter à elle pour la dépense de leur petit ménage; mais la crainte que l'orpheline ne manquât un jour du nécessaire attristait le malade et retardait sa parfaite guérison.

Un ancien ami venait quelquefois tenir compagnie à Prosper, c'était le colonel Roger, qui avait quitté le service lorsqu'il avait fallu cesser de se battre pour son empereur. Roger aussi était devenu triste et morose; tout en passant ses doigts dans sa moustache, il jurait parfois entre ses dents, et, lorsqu'il venait s'asseoir près du convalescent, des heures s'écoulaient pendant lesquelles Prosper se bornait à soupirer en levant les yeux au ciel, et Roger à jurer en caressant ses moustaches.

Pour égayer les deux amis, Pauline tâchait de ranimer la conversation; quand elle parlait du général.

— Il est comme moi, répondait Roger ; il est allé planter ses choux... avec sa femme...; et bisque encore comme moi!

— Et Maxime? disait Prosper. C'est lui qui m'a ramassé, rapporté sur ses épaules quand j'ai été blessé .., et depuis, il n'est plus revenu,

— Il a su que tu étais hors de danger par le chirurgien qui te soignait..., c'était tout ce qu'il voulait ; il a quitté Paris... Je crois qu'il est sous-maître dans quelque pension de village.

— Et ce pauvre Picotin..., que sera-t-il devenu dans tous ces événements ?

— Picotin ! oh ! mille cartouches ! il ne se sera pas battu celui-là ! il n'y a pas de danger. Je ne sais pas ce qu'il fait maintenant, mais j'ai rencontré plusieurs fois sa femme dans la rue. Elle tenait à la main un livre de messe..., je l'ai même vue entrer dans une église.

Après cette conversation, Roger faisait deux ou trois tours dans la chambre, lâchait encore quelques jurons, pressait la main de son ami, faisait un signe de tête à Pauline et s'en allait.

Dès que Prosper se sent en état de sortir, il va faire de courtes promenades appuyé sur le bras de Pauline ; puis il veut s'occuper de chercher du travail, un emploi, quoique son médecin lui ait ordonné le plus complet repos. Mais Pauline se fâche, elle le gronde même.

— Voulez-vous donc, lui dit-elle, que je perde le fruit de tous mes soins ? voulez-vous, en vous fatiguant, retomber malade..., empêcher le retour de vos forces ? non, non, mon bon ami..., vous m'obéirez, vous me l'avez promis, et je le veux maintenant... Un repos absolu..., surtout point de tracas, d'inquiétude, voilà ce que j'exige...

— Mais... l'avenir..., mais de l'argent ! disait Prosper.

— Cela ne regarde..., c'est moi qui tiens la caisse, et vous m'avez promis de ne plus vous en mêler.

Près d'une année s'écoule. Prosper n'a encore qu'une santé chancelante ; cependant pour le contenter, Pauline a consenti à lui laisser prendre des copies de manuscrits ; travail qui ne l'oblige pas à sortir, et qu'il peut faire auprès d'elle.

Un jour, l'orpheline travaillait comme de coutume près de Prosper, lorsque le colonel Roger entre brusquement dans leur chambre, et, tout transporté de joie, s'écrie :

— Victoire ! mes amis... ; il revient..., il arrive..., nous allons le revoir... Ah ! mille escadrons ! je savais bien, moi, qu'il n'était pas parti pour tout à fait...

— Mais qui donc revient ?... qui donc arrive ?

— Eh ! parbleu ! l'Empereur à moi, car je ne connais que lui ! je n'aime que lui !... et je me battrai encore pour lui.

— Il serait possible ! l'Empereur revient !... ce n'est point une fausse nouvelle ?...

— Non, oh ! c'est bien la vérité !... Il est débarqué à Cannes. Déjà Grenoble lui a ouvert ses portes..., et moi je cours au devant de lui.., je vais lui offrir mon épée et mon sang... O mes enfants ! quel beau jour !... Quel dommage, Prosper, que tu ne sois pas en état de venir avec moi !... Mais, adieu..., adieu..., je ne tiens plus en place... Je vais revoir l'Empereur... Adieu, mes amis ! je pars...

Roger est comme un fou : il embrasse son ami, il embrasse Pauline, puis il part sans même écouter leurs adieux.

Lorsque le colonel est éloigné, Pauline s'approche de Prosper, et, le regardant avec une tendre inquiétude, lui dit :

— Cette fois, j'espère bien que vous ne me quitterez pas pour aller vous battre...

— Non, ma chère Pauline, rassurez-vous, répond Prosper en souriant ; j'ai rempli ma tâche envers mon pays..., et d'ailleurs mon bras est trop faible encore... Espérons que les jours de désastre ne reviendront pas.

Quelques jours plus tard, l'Empereur était à Paris ; quelques mois après, la bataille de Waterloo changeait encore les destinées de la France.

Prosper n'avait pris aucune part aux événements politiques : toujours faible et languissant, il était resté près de Pauline. Pourquoi se seraient-ils quittés ? Il se sentait mieux auprès d'elle, elle n'était bien qu'auprès de lui.

Roger venait encore quelquefois les voir, mais rarement. Depuis les cent-jours, le pauvre colonel était redevenu plus maussade que jamais, et maintenant ses visites se passaient en jurements très prononcés, avec accompagnement de caresses à sa moustache.

Mais un matin, Pauline ouvre sa porte à la famille Poupardot, augmentée d'un petit garçon de neuf mois.

— Comment ! vous avez quitté votre ferme de Montereau ? demande Prosper à son ami.

— Notre ferme !... répond la bonne Elisa en pleurant, il y a longtemps qu'elle n'existe plus... ; quand nous avons été pour nous y retirer, nous n'avons plus trouvé que des ruines. En 1814, on s'est battu par là..., elle a été rasée..., démolie par les boulets.

— Ah ! mon Dieu oui, dit Poupardot, il n'en reste pas un pan de mur ; quand j'ai vu cela, alors avec la vente du terrain, j'ai voulu essayer un peu de commerce, j'ai acheté des chevaux..., j'en avais déjà pas mal, lorsque, pendant les cent-jours, on les a mis en réquisition pour l'armée... Toute ma marchandise a été tuée dans ces dernières batailles ! Mais, à part cela, ça va bien..., ça va très bien... Nous avons notre père de Gand, j'espère que maintenant c'est fini, et qu'on sera tranquille.

— Il est bien temps que ça finisse ! dit Elisa, à chaque révolution, nous avons perdu quelque chose !... Nous étions riches autrefois..., maintenant il nous reste à peine de quoi élever notre famille !

— C'est égal, dit Poupardot, je suis enchanté d'avoir un garçon de plus...

Je l'ai nommé Ignace, celui-là... Allons, mon petit Ignace, souriez à papa... Il ne veut pas sourire..., c'est qu'il fait des dents.

La famille Poupardot s'éloigne pour se chercher un logement dans Paris où elle veut se fixer, et Prosper dit en suivant des yeux son ami :

— Quel heureux caractère ! il est presque ruiné, et il est toujours satisfait !... Il applaudit à chaque révolution !... et pourtant il n'y en aurait jamais s'il tous les hommes lui ressemblaient.

XXII. — UNE GRANDE DAME.

On était à la fin de 1815, Prosper et Pauline n'habitaient plus leur logement de la rue Charlot ! ils en avaient pris un plus modeste et moins cher ; de plus, Pauline qui, sans l'avouer à Prosper avait été obligée, pour le soigner, de faire une grande brèche à ses vingt mille francs, avait congédié sa bonne. Mais malgré les mesures d'économie nécessitées par leur situation, elle n'en était pas moins gaie, n'en paraissait pas moins heureuse.

Il n'en était pas de même de Prosper ; sa santé commençait à se rétablir entièrement, mais il n'avait pas trouvé d'emploi : ce que lui produisaient ses copies améliorait peu leur situation, et, dans le fond du cœur, il en éprouvait un vif désir.

Une après-midi, Prosper venait de sortir, lorsqu'un carrosse élégant s'arrête devant la maison qu'il habite. Une dame en descend : sa toilette est élégante, sa tournure noble et distinguée ; un laquais galonné est allé parler au portier, et revient dire à cette dame :

— C'est bien dans cette maison, au cinquième étage, que demeure M. Prosper Bressange. Il vient de sortir, mais sa pupille, mademoiselle Pauline, y est.

La dame réfléchit un moment, puis elle se décide à monter l'escalier.

Pauline était en train de broder. Sans en avoir fait confidence à son ami, elle travaillait pour une lingère, et bien souvent la nuit, lorsque Prosper la croyait livrée au repos, elle se remettait à l'ouvrage qu'elle ne quittait qu'au point du jour.

En allant ouvrir sa porte, l'orpheline reste toute saisie de voir devant elle une femme de trente et quelques années, grande et belle, mise avec beaucoup d'élégance, et dont la tournure et les manières annoncent une personne de distinction.

— Monsieur Prosper Bressange ? dit la dame en s'avançant.

— C'est ici, mais il est sorti répond, Pauline. Cependant je ne pense pas qu'il tarde, et si madame veut entrer et attendre un peu ?...

La dame, pour toute réponse, entra dans la petite pièce où travaillait Pauline ; celle-ci lui présente un siège en lui disant :

— Veuillez vous asseoir, madame ; quand on a monté si haut, on doit être fatigué..., surtout lorsqu'on n'y est pas habitué.

— Mais moi, mademoiselle, j'y suis habituée, car j'ai longtemps demeuré à peu près aussi haut.

En disant cela, cette dame s'est assise, puis ses yeux parcourent la chambre ; une teinte de mélancolie se répand sur son visage et un profond soupir lui échappe. Pauline, dont la curiosité est de plus en plus excitée, conçoit déjà mille pensées ; mille soupçons, et à l'aspect de cette personne, qu'elle voit pour la première fois, elle éprouve une émotion extraordinaire.

— Madame veut-elle me permettre de terminer mon ouvrage ? dit Pauline, car il est pressé..., et j'ai promis...

— Faites, ma demoiselle ; je serais désolée de vous gêner en rien... Il n'y a pas encore bien longtemps que je brodais aussi..., souvent même je passais des nuits..., et je rougis ou de le dire maintenant, c'était pour subsister, car le peu que je possédais n'aurait pas suffi à mon entretien.

Chaque parole de cette dame augmente les soupçons de Pauline ; ne pouvant plus résister à cette épreuve, elle balbutie :

— Mon Dieu ! madame..., ce que vous me dites... me ferait croire... que vous êtes une personne... dont mon protecteur m'a souvent parlé..., et, si j'osais vous demander votre nom...

— Camille de Trévilliers, marquise de Clairville.

Pauline devient d'une extrême pâleur, sa poitrine se serre, un poids énorme s'est placé sur son cœur ; cependant elle essaie de cacher son émotion en répondant :

— Ah ! oui..., madame..., c'est cela... ; je me souviens de votre nom. Ah ! mais je me rappelle à présent, madame... Il ne faut pas vous donner la peine d'attendre M. Prosper... Il ne doit rentrer que fort tard.

— Avec votre permission, mademoiselle, je resterai pour causer un moment avec vous.

Pauline ne trouve plus rien à répondre ; elle se contente de faire une inclinaison de tête et se tait ; mais, aux mouvements précipités de son sein, il est facile de voir que qu'elle est vivement agitée.

— Puisque vous avez vu M. Prosper parler de moi, reprend Camille, vous devez savoir, mademoiselle, que j'ai éprouvé de grands malheurs et qu'il m'a rendu des services importants.

— Il m'a parlé de vos malheurs, madame, et jamais de ses services.

— Eh bien, moi, mademoiselle, je me plais à proclamer que je lui dois beaucoup..., et sa conduite avec moi fut pleine de délicatesse, car il ne voulait pas que je susse que c'était lui qui m'obligeait... Il craignait peut-être que la reconnaissance ne fût un poids trop lourd pour mon cœur... Ah! je l'avoue, j'ai longtemps méconnu sa belle âme... J'ai bien mal reconnu tout ce qu'il a fait pour moi... Heureusement il est toujours temps de réparer ses torts.

Pauline écoutait avec attention; elle ne pouvait plus travailler, sa main tremblait..., elle piquait ses doigts au lieu de trouver sa broderie. Elle répond en hésitant :

— Il paraît, madame, que votre position est heureusement changée..., que vos malheurs sont finis.

— Oui, mademoiselle, le temps des épreuves est passé pour moi. Nos princes légitimes sont revenus avec eux j'ai recouvré ma fortune; je suis rentrée dans tous les biens de mon père qui n'avaient pas été vendus. Je suis riche enfin, et je puis maintenant reconnaître ce qu'on a fait pour moi.

Pauline ne répond rien; elle continue à se piquer les doigts en ayant l'air de travailler. Camille garde un moment le silence, porte encore ses regards autour d'elle et reprend :

— Mademoiselle, pardonnez mes questions; vous devez bien penser que ce n'est pas une vaine curiosité qui me guide. Quand j'ai revu M. Bressange chez le général Bloumann et qu'il s'est présenté chez moi, tout me faisait supposer alors qu'il était riche..., et maintenant... il me semble... Excusez-moi..., mais il me semble... que c'est tout le contraire.

— Madame, mon protecteur a en effet éprouvé des revers de fortune, mais, malgré cela, nous ne manquons de rien..., et nous sommes très heureux.

Pauline a prononcé ces mots *nous sommes* avec une certaine affectation qui n'a pas manqué de frapper Camille. La marquise regarde fixement l'orpheline; pour la première fois, elle semble l'examiner avec beaucoup d'attention; elle passe toute sa personne en revue. Pauline sent la rougeur lui monter au visage; elle est embarrassée; elle éprouve presque de la colère, car l'examen de la grande dame se prolonge fort longtemps. Enfin il cesse, et Camille lui dit :

— Mademoiselle est sans doute la personne dont M. Bressange a pris soin..., qui est orpheline..., dont les parents sont morts pendant la révolution... On m'a conté tout cela.

— Oui, madame, répond Pauline en reprenant de l'assurance, je dois tout à M. Prosper... Il sauva ma mère de l'échafaud; il protégea mon enfance...Depuis son retour en France, il s'est toujours occupé de mon bonheur... Ah! je serais bien ingrate si je ne l'aimais pas... Mais je ne le suis pas, car mon sang..., ma vie..., je donnerais tout pour lui.

— Cela fait votre éloge, mademoiselle, et, de la part de M. Bressange, les belles actions ne m'étonnent plus.

Camille se lève en disant ces mots; Pauline se hâte d'en faire autant.

— Mademoiselle, dit la marquise, veuillez bien dire à M. Prosper que je reviendrai demain..., vers les deux heures, et que j'espère qu'il voudra bien m'attendre, car j'ai absolument à lui parler. Vous aurez cette complaisance?

— Je... le lui dirai..., madame.

— Je vous salue, mademoiselle.

Camille salue Pauline d'une façon toute cérémonieuse, celle-ci en fait autant, et la marquise descend les cinq étages.

En rentrant chez lui, Prosper est tout étonné de trouver Pauline pâle, agitée et les yeux pleins de larmes; il s'empresse d'aller à elle, en s'écriant :

— Qu'est-il donc arrivé en mon absence? qu'avez-vous, ma chère amie?... Quel malheur avons-nous encore à redouter?

Pauline, quoique pleurant toujours, s'efforce de sourire en répondant :

— Mon Dieu, mais il n'est rien arrivé..., rien de malheureux..., bien au contraire, car ce sera sans doute un bonheur pour vous...

— Enfin il y a quelque chose... Expliquez-vous..., je vous en prie.

— C'est une visite qui est venue..., mais elle était pour vous... C'est une dame..., qui voulait vous voir...

— Une dame?

— Oui..., une dame..., que vous connaissez bien...

— Son nom..., vous l'a-t-elle dit?

— Oui..., c'est... c'est la marquise de Clairville...

— Camille!...

Pauline porte un mouchoir sur ses yeux, en murmurant :

— Ah! c'est donc toujours Camille pour vous!

— Eh bien! ma chère Pauline, en quoi donc cette visite peut-elle vous chagriner?

— Ah!... oui..., certainement..., j'ai bien tort... Je ne sais pas pourquoi je pleure...

— Mais que peut me vouloir la marquise?

— Je l'ignore..., mais elle vous le dira elle-même demain..., car elle reviendra : elle veut absolument vous parler, et elle vous prie de l'attendre.

— Elle veut me parler! c'est singulier!

— Il paraît qu'elle sait maintenant tout ce que vous avez fait pour elle...

— Qui donc a pu le lui dire?...

— Je ne sais, mais elle en paraît très reconnaissante... Il est temps!... et

comme à présent elle a des diamants..., des laquais..., une voiture..., sans doute elle va vous engager à aller chez elle... et vous y retournerez, vous!... car vous l'aimiez tant, cette femme!... Oh! mais pardonnez-moi, mon ami, je ne sais ce que je dis..., je suis folle!... Soyez heureux, c'est tout ce que je désire..., c'est tout ce que je demande au ciel!

Pauline cache de nouveau sa figure dans ses mains, car elle pleure amèrement. Il était difficile de ne pas comprendre la cause de sa douleur; cependant Prosper n'ose encore se persuader que l'orpheline ait pour lui un autre sentiment que de l'amitié, parce qu'il y a entre elle et lui dix-sept ans de différence. Il craint de s'abandonner à un espoir trop doux, et il se contente de lui répondre :

— Je suis charmé pour madame de Clairville que maintenant elle soit riche, qu'elle ait voiture...; mais je ne comprends pas comment vous pouvez penser que cela influera sur mes sentiments. Quand... je l'aimais... elle n'était pas tout cela.

Pauline essuie ses yeux et tâche de paraître calme, en répondant :

— Pardonnez-moi, mon ami, je ne sais ce que je dis..., je ne sais ce que j'ai..., oh! mais..., cela se passera.

Pendant la fin de la journée, l'orpheline affecte de paraître calme; elle essaye même d'être gaie, mais elle ne peut y réussir. Quand à Prosper, il parle peu, car il est fort préoccupé de la visite qu'il doit recevoir le lendemain, et son esprit se livre à mille conjectures.

Le lendemain Pauline était pâle et souffrante; mais elle tâche de dissimuler le trouble de son âme. Elle ne reparle pas de Camille, seulement, lorsque la voiture de la marquise s'arrête devant la maison, elle dit à Prosper d'une voix tremblante :

— Je me retire, je vous laisse, mon ami; il ne serait pas convenable que j'entendisse ce que va dire madame de Clairville avec vous dire... D'ailleurs, ma présence la... contrarierait sans doute... Je ne quitterai ma chambre qu'après sa partie.

Prosper ne répond à Pauline que par un regard qui valait bien des paroles; l'orpheline semble le comprendre; elle lui sourit tendrement, et se décide enfin à rentrer dans sa chambre,

La marquise ne se fait pas attendre : la sonnette se fait entendre, et cette fois c'est Prosper qui lui ouvre la porte.

En se revoyant, ces deux personnes éprouvent d'abord une égal embarras. Prosper dissimule le sien sous une excessive politesse; il fait entrer la marquise, lui présente un siége et la regarde loin d'elle, en lui disant :

— J'ai su, madame la marquise, que vous aviez pris la peine de venir hier... Je ne sais à quoi attribuer l'honneur que vous voulez bien me faire; mais vous ne devez pas douter du plaisir que j'en ressens.

Le ton cérémonieux de Prosper semble contrarier Camille; elle fixe ses regards sur lui : on dirait qu'elle désire, en rencontrant ses yeux, y lire d'autres sentiments; mais Prosper a respectueusement baissé les siens.

— Monsieur Prosper, dit Camille, j'ai désiré vous voir..., vous parler...; car... j'ai eu bien des torts envers vous! et maintenant, mon plus ardent désir est de les réparer.

— Des torts..., madame la marquise, je ne vous comprends pas.

— Je vais m'expliquer...; et d'abord je voudrais... vous voir quitter un ton de froideur qui me glace... Je voudrais être pour vous..., non pas la marquise de Clairville, mais Camille, comme autrefois.

Prosper regarde la marquise d'un air fort surpris, en lui répondant :

— Madame..., ce ton cérémonieux, je l'ai toujours trouvé chez vous, lorsque, brûlant d'amour, je cherchais à faire passer dans votre cœur une partie de ce qu'éprouvait le mien! Alors, sans doute, j'aurais voulu vous voir me traiter avec plus d'intimité! mais aujourd'hui... je pense que cela n'est plus nécessaire.

— Mais aujourd'hui, monsieur, je vous répète que je reconnais mes torts..., que je sais enfin que pendant bien longtemps je vous avais mal jugé... Oh! oui, car je ne connaissais pas toute la délicatesse de votre âme... Je croyais qu'après avoir obtenu un triomphe, dû à la trahison, vous vouliez par là me forcer ensuite à devenir votre épouse, et cette idée avait froissé mon cœur... Je me trompais; je le vois maintenant. Tous les sacrifices que vous m'avez faits me prouvent que votre amour était bien réel; mais ce n'est que depuis peu que j'en ai eu connaissance. Mon père m'avait caché votre belle conduite, relativement à cette terre dont vous étiez devenu propriétaire, car vous la lui avez rendue pendant votre séjour en Angleterre. Il y a quelques jours..., en visitant tous les papiers laissés par le marquis de Tréviliers, que je trouvai quelques mots de sa main, dans lesquels il mentionnait votre belle action. Alors je compris que celui qui avait fait cela devait être le même qui m'avait envoyé vingt mille francs, lorsqu'il y a quelques années j'étais forcée de travailler pour cacher mon infortune. Je questionnai ma domestique, je retrouvai le commissionnaire qui m'apporta la lettre et cette somme; enfin je sus toute la vérité.

— Eh bien! madame, si j'ai eu le bonheur de pouvoir rendre quelques services à vous ou à M. votre père, c'est aussi un plaisir que je me suis procuré, et le seul mérite pas de votre part tant de reconnaissance.

Camille était vivement émue; elle regarde longtemps Prosper, qui s'obstine à détourner les yeux, et reprend enfin :

— Vous me gardez toujours rancune... oh! je le vois bien...; c'est donc moi maintenant qui dois revenir à vous... Eh bien! monsieur... Prosper...

cette main, que vous m'avez si souvent demandée..., je vous l'offre aujourd'hui avec mon cœur,... Le sort m'a rendu ma fortune... et je serai heureuse de la partager avec vous.

Prosper semble tout saisi par cette proposition à laquelle il était loin de s'attendre; un moment il lève les yeux sur Camille, mais il les rebaisse aussitôt et garde le silence. La marquise, étonnée de le voir rester froid lorsqu'elle espérait que ses paroles seraient accueillies par le plus doux transport, devient sérieuse et inquiète; une vive rougeur monte à son visage lorsqu'elle balbutie :

— Eh bien ! monsieur, vous ne me répondez pas ?

— Madame la marquise, dit enfin Prosper, l'offre de votre main est sans doute un grand honneur... Jadis elle eût comblé tous mes vœux..., mais aujourd'hui... je craindrais de ne pouvoir plus faire votre bonheur, je craindrais de ne plus répondre dignement à... cet intérêt que vous voulez bien me témoigner... Permettez-moi donc de faire cette marque de votre bonté..., dont j'espère conserverai une éternelle reconnaissance.

Camille se lève; ses lèvres sont pâles, son sein palpite avec violence, il y a plus que du dépit dans ses traits, car il y a aussi des larmes dans ses yeux; cependant elle tâche de paraître calme en disant :

— Vous me refusez, monsieur, j'aurais dû m'y attendre... Le motif de votre refus... oh ! je le connais..., je l'ai vu hier..., ici..., dans cette chambre... Puisqu'il en est ainsi..., je vous quitte; mais auparavant, vous voudrez bien me permettre, monsieur, de vous remettre ces vingt mille francs... que vous m'avez envoyés il y a quatre ans; ceci est bien une dette que j'acquitte, et vous n'avez pas le droit de me refuser.

En disant ces mots, Camille a posé un portefeuille sur une table. Prosper se contente de s'incliner sans rien répondre; la marquise lui fait alors une profonde révérence, en murmurant :

— Adieu, monsieur... Vous permettrez du moins à madame de Clairville de vous croire toujours son ami.

— C'est un titre, madame, que je ne cesserai jamais de mériter.

Camille jette encore un regard sur Prosper, puis elle sort vivement de chez lui.

Prosper a reconduit la marquise jusqu'à la porte, et quand il rentre dans la chambre, Pauline éperdue accourt et se précipite dans ses bras en balbutiant :

— Refusée !... vous l'avez refusée !...

Et ne pouvant supporter l'excès de sa joie, elle perd connaissance dans les bras de celui auquel, par ces seules paroles, elle a si bien fait connaître son amour.

XXIII. — LA TROISIÈME CULOTTE.

Le bonheur était revenu dans la demeure de Prosper ; sans s'être fait encore l'aveu de leurs sentiments, Pauline et son protecteur savaient se comprendre. La somme que la marquise avait rendue devait éloigner les craintes pour l'avenir. Cependant, Prosper semblait sans cesse préoccupé ; il était distrait, rêveur ; Pauline s'en aperçoit, et lui dit :

— Mon ami, depuis quinze jours que madame de Clairville est venue ici, moi, je suis bien heureuse, bien contente ! mais vous..., quelque chose vous préoccupe..., je veux en savoir la cause; seriez-vous fâché maintenant d'avoir refusé... la main... de cette dame ?...

Prosper regarde tendrement Pauline en répondant :

— Ah ! vous ne croyez pas cela !...

— Enfin, à quoi pensez-vous sans cesse depuis quinze jours ?...

— Je voulais vous le taire..., pour vous causer une douce surprise, dans le cas où j'aurais réussi..., mais je sens bien qu'il m'est difficile maintenant d'avoir une pensée que vous ne sachiez pas. Ecoutez-moi , madame de Clairville est rentrée dans tous les biens que son père, le comte de Tré-villiers, avait perdus en émigrant. Mais votre père, à vous, ma chère Pauline avait aussi de la fortune; d'abord des fonds placés chez un banquier à Anvers. Sans vous en prévenir, j'ai fait faire des réclamations près de cet homme à un fripon, il a nié. Les titres sont perdus, il ne faut donc plus penser à cet argent; mais M. Derbrouck, peu de mois avant son arrestation, avait acquis une fort belle propriété en Touraine... Si cette propriété n'a pas été vendue comme bien national, maintenant que le gouvernement des Bourbons rend aux victimes de la révolution ce qu'elles ont perdu, pourquoi ne rentreriez-vous pas aussi dans le bien qui appartient à votre père ?

— Ah ! mon ami, pourquoi vous tourmenter pour un peu de fortune !... Ne sommes-nous pas heureux maintenant ? nous avons assez pour ne plus craindre la misère... Je vous assure que je ne désire plus rien.

— Et moi, ma chère Pauline, comme protecteur, comme chargé par votre mère mourante de vous tenir lieu de parents, je dois faire tous mes efforts pour vous faire rentrer dans les biens qui vous appartient. Si je ne réussis pas, du moins j'aurai fait mon devoir, et on n'aura pas à me reprocher d'avoir négligé ce qui touche à vos intérêts.

— Mais comment espérez-vous réussir ?... il faudrait l'appui de grands

personnages... S'il faut pour cela que vous alliez chez madame de Clairville, je vous déclare que je préfère renoncer aux biens de mon père.

— Madame de Clairville n'hésiterait pas à vous être utile si elle le pouvait, mais.., ce n'est pas à elle que je veux m'adresser... Roger, avec qui je causais de cette affaire et qui, malgré sa mauvaise humeur contre le nouveau gouvernement, rend justice à ceux dont la conduite ne mérite que des éloges, m'a dit, tout en jurant : Va voir la vieille duchesse de Delmas; elle est très bien en cour..., elle a protégé plusieurs fidèles serviteurs de l'Empereur qui autrefois lui avaient rendu service. C'est une femme qui a la mémoire du cœur, et c'est la bonne. Le colonel m'a donné l'adresse de cette duchesse, et je suis décidé à me présenter chez elle.

— Eh !quoi ! sans aucune lettre de recommandation ?

— On n'en a pas besoin près des gens qui veulent obliger, et elles ne servent à rien avec ceux qui n'en ont point envie.

Pauline n'essaye plus de détourner Prosper de son projet, quoiqu'elle ne compte nullement sur la réussite. Le lendemain, après avoir soigné sa toilette et pris sur lui les papiers qui constatent les droits de mademoiselle Derbrouck, il se rend au faubourg Saint-Germain, rue aint-Dominique, chez la duchesse de Delmas.

Prosper entre dans la cour d'un vieil hôtel, qui semble fier d'être resté le même après avoir vu tant de révolutions ; un suisse lui barre le passage, en lui disant dans un jargon qui a la prétention d'être étranger, et qui n'est que ridicule :

— Où allez-vous... Sapremein fichtre ?

Prosper considère le soi-disant suisse, qui a une immense perruque noire et de larges moustaches qui lui cachent une partie des joues ; les yeux fauves de cet homme lui causent une impression désagréable et il se hâte de lui dire :

— Je désire parler à madame la duchesse de Delmas.

— Madame la duchesse n'est point z'encore visible..., mein Gott.

« Voilà un Suisse qui parle comme une cuisinière de Paris ! se dit Prosper, et il va s'éloigner, lorsque se ravisant il lui donne sa carte , en lui disant : »

— Veuillez dire à madame la duchesse que la personne dont le nom est sur cette carte la prie de vouloir bien lui accorder un moment d'audience.

Le concierge, après avoir jeté les yeux sur la carte, fait un mouvement convulsif et détourne vivement la tête. Prosper s'éloigne en disant : « Je reviendrai dans deux heures. »

Ne sachant comment passer le temps jusque-là, et ne voulant pas retourner à sa demeure, dont il est fort loin, Prosper va se promener dans le jardin du Luxembourg ; il y est depuis quelque temps lorsqu'il voit passer près de lui une femme d'un embonpoint énorme, vêtue assez modestement et qui affecte de se donner un maintien décent, tenant à sa main un livre de messe et sous le bras un panier d'où sortent plusieurs petits pains.

Malgré l'énorme chapeau vert qui couvre sa tête, cette dame a jeté un regard en coulisse sur Prosper; alors elle s'arrête et court à lui, en s'écriant :

— Je ne me trompe pas ! c'est ce cher ami Prosper !...

— Ah ! mon Dieu !... serait-ce vous, madame Picotin !... Ah ! comme vous êtes engraissée !...

— C'est le chagrin, cher ami !... j'en ai eu tant !... Toutes ces révolutions..., ça vous bouleverse... ; on engraisse parce qu'on ne sait plus que faire.

— Et votre mari, qu'est-il devenu ?

— Ah ! ne m'en parlez pas !... fi ! quel pleutre !... il me mangeait tout, je l'ai chassé de chez moi.

— Et que fait-il à présent ?

— Il est marchand de peaux de lapins ! Ah ! fi ! quel mauvais drôle... Dieu merci, je ne le vois plus..., il était devenu d'une impiété qui me révoltait !

— Et vos amis les cuirassiers, les dragons..., les pompiers...

— Chut !... chut !... qu'est-ce que vous dites là... Mon Dieu ! est-ce que je me souviens de ces messieurs... Du temps de l'usurpateur, vous savez bien que l'on était obligé de voir des militaires.

— Ah ! vous appelez Napoléon un usurpateur à présent...

— Mon Dieu, je ne songe plus jamais à la politique... Je ne songe plus qu'à mon salut... Ah ! j'aperçois un marguillier de ma paroisse qui doit me faire nommer dame de charité... Au revoir, mon cher Prosper, pardon si je vous quitte, mais il faut que je rattrape mon marguillier.

Et Euphrasie se met à courir aussi vite que lui permet son immense embonpoint.

Prosper la regarde aller en disant :

« C'est bien cela !... Sous la République, elle voulait faire la déesse de la Liberté; sous l'Empire, elle portait une amazone et ne manquait pas une revue; maintenant elle veut être dame de charité ! Mon vieux parrain Brillancourt avait raison : il y a des gens pour qui la vie n'est qu'une longue comédie ! »

Et Prosper retourne à l'hôtel de la duchesse ; le suisse lui barre encore le passage, et tout en baissant le nez comme pour cacher son visage, lui dit d'un ton plus rude :

— Madame la duchesse ne veut pas vous recevoir, sapremann !

— Ne veut pas me recevoir, dit Prosper, voilà une réponse qui me surprend... et je ne puis croire...

— Allons !... Sortez t'à l'instant !... il m'est défendu de vous laisser entrer..., fichtremann !

La grossièreté du concierge donne un moment à Prosper l'envie de le châtier ; mais il se contient, et s'éloigne en se disant :

« Ce n'est pas en rossant cet homme que je servirai les intérêts de Pauline. »

Prosper revient tristement chez lui, et il fait part à l'orpheline du peu de succès de sa démarche ; celle-ci, loin de s'en affliger, lui répond en riant :

— Je l'avais bien prévu, moi, mais vous n'avez pas voulu me croire. Tenez, mon ami, ne pensez plus à m'enrichir ; je vous répète que ce n'est pas dans le plus ou dans le moins de fortune que je place mon bonheur.

Prosper ne répond rien, il paraît résigné. Mais le lendemain, en serrant dans sa commode le pantalon noir qu'il a mis la veille, ses yeux se portent sur un objet qu'il n'avait pas regardé depuis longtemps. C'est la culotte de satin blanc que lui a laissée son parrain ; c'est tout ce qui lui reste de son héritage.

Prosper prend la culotte, l'examine ; puis tout à coup, comme frappé d'une idée subite, il la met, passe des bas de soie blanche, un gilet de piqué, endosse son plus bel habit, et, ainsi habillé, se présente devant Pauline qui part d'un éclat de rire et lui dit :

— Ah ! mon Dieu ! mon bon ami, où donc allez-vous costumé ainsi..., avec une culotte de satin ?

— Je vais chez la duchesse de Delmas.

— Y pensez-vous ?... Hier, on vous a refusé la porte.

— Aujourd'hui, je veux essayer encore de la voir.

— Mais cette culotte de satin... Passe si vous alliez au bal, et encore...

— Mais, chère Pauline, les culottes de mon parrain m'ont toujours porté bonheur. Je veux essayer de celle-ci qui est la dernière qui me reste de son héritage. Je n'ai pas de superstition, de folie !... tout ce que vous voudrez ; mais je veux tenter l'aventure. Veuillez seulement me faire avancer une voiture ; car dans cet costume, je ne puis aller à pied.

Pauline cède au désir de Prosper : la voiture arrive, il monte dedans et se fait conduire devant l'hôtel de la duchesse.

Comme Prosper allait traverser la cour sans avoir parlé au concierge, le terrible suisse sort de sa loge et court à lui en s'écriant :

— Ah ! c'est comme ça que vous entrez dans les hôtels, vous... Je vous ai dit z'hier que madame la duchesse ne voulait pas vous recevoir, pourquoi revenez-vous, sapremann ?

— Parce que je ne puis croire que madame la duchesse de Delmas ait donné la consigne que vous m'avez rapportée ; parce qu'il faut absolument que je lui parle...

— Vous ne lui parlerez pas, vous n'entrerez pas...

Le concierge avait été chercher sa grande canne, et il s'en servait pour barrer le passage à Prosper ; celui-ci paraissait disposé à jeter de côté et le suisse et sa canne. Cependant déjà quelques domestiques, attirés par le bruit, étaient accourus et allaient prendre parti pour leur camarade, lorsqu'une croisée s'ouvre au premier étage, une vieille dame y paraît, regarde et s'écrie :

— Mon Dieu ! que se passe-t-il donc dans ma cour ?... Pourquoi ce bruit ?... ces cris ?...

Prosper devine que c'est la duchesse qui vient de parler, et, courant sous la fenêtre, lui fait un profond salut en lui disant :

— Veuillez bien recevoir mes excuses, madame la duchesse ; mais je m'étais présenté pour solliciter de vous un moment d'entretien. Hier, j'ai remis ma carte à votre suisse, et il m'a répondu que vous ne vouliez pas me recevoir. Je n'ai pas cru à cette réponse, madame, car sous mon nom, j'avais mis que c'était un service que je venais solliciter de votre bonté, et je suis venu, près du vous, sans costume, je ne mets aucun titre de recommandation.

La vieille dame fait une légère inclination de tête à Prosper. Pendant qu'il parlait, elle a paru frappée de sa toilette, et, lorsqu'il a fini, elle s'adresse au suisse, en lui disant :

Qu'est-ce que tout cela signifie, Goulard ? vous ne m'avez pas remis hier la carte de monsieur, et, sans mon ordre, vous vous permettez de défendre ma porte !... Vous me répondrez plus tard de votre conduite... Monsieur, donnez-vous la peine de monter.

« Goulard ! murmure Prosper en passant près du concierge, Goulard !... Ah ! je ne m'étonne plus si l'on me recevait si mal !... Misérable ! je te trouverai donc partout ! »

Goulard ne sait plus répondre ; il se hâte d'aller se cacher dans sa loge, et Prosper peut enfin pénétrer dans l'appartement de la duchesse.

Madame la duchesse de Delmas était une femme de soixante et quelques années ; sa figure, qui avait dû être fort belle, était restée aimable, gracieuse et spirituelle ; elle n'avait de la noblesse que ce qui en fait le charme ; des manières pleines de distinction, une extrême politesse et

quelque chose qui inspirait la confiance et le respect. Elle fait signe à Prosper de prendre un siège, et le prie de lui apprendre le motif de sa visite.

En se voyant si bien accueilli, Prosper sent renaître son espoir, et sans préambule, sans chercher des phrases pompeuses pour embellir son récit, il dit le motif qui l'amène et raconte à la duchesse de Delmas comment ont péri les parents de Pauline.

Lorsqu'il a prononcé le nom de Derbrouck, la duchesse pousse un cri et interrompt Prosper en lui disant :

— Derbrouck !... un banquier hollandais, qui habitait à Passy... Mais je l'ai connu, monsieur ! Plusieurs fois il m'a rendu service en me faisant passer des fonds dans la retraite où j'étais cachée... Et c'est pour sa fille que vous venez demander ma protection... Ah ! je serai trop heureuse si je puis être utile à l'enfant de cet infortuné... Désormais n'ayez aucune inquiétude, cette affaire devient la mienne, et si la propriété des malheureux Derbrouck n'a pas été vendue, je vous promets qu'avant peu elle sera rendue à sa fille.

Prosper se livre à toute l'effusion de sa reconnaissance ; la vieille dame y met un terme en lui disant :

— Monsieur, je vais vous avouer maintenant quelque chose qui vous paraîtra singulier..., mais vous l'excuserez, j'espère... Vous avez une culotte de satin blanc, qui m'a intéressée sur-le-champ en votre faveur, et faut-il vous dire pourquoi ?... Eh bien, c'est que mon mari en portait une toute semblable pour le bal de nos noces. A coup sûr celle-ci n'a pas été faite pour vous.

— Non, madame, elle me vient d'un parrain dont les legs m'ont toujours porté bonheur ! je m'en aperçois encore aujourd'hui.

— Vous pensez bien que ce n'est pas votre costume qui m'a déterminée à vous recevoir... Cependant en voyant un homme dans ma cour se disputer avec mon suisse, j'aurais peut-être bien hésité à vous écouter, si votre toilette ne m'avait prévenue en votre faveur. Pardonnez-moi cette faiblesse, monsieur ; je suis vieille, et j'aime tout ce qui fut de mon temps. Mais cela ne m'empêche pas de m'employer pour le bonheur de ceux qui sont venus après moi.

— Madame, lorsqu'on est aussi bienfaisante, aussi bonne que vous l'êtes, on mérite le respect et l'amour de chacun..., vous feriez chérir la noblesse aux républicains.

— Eh ! mon Dieu, monsieur..., si tout le monde le voulait ! il serait peut-être bien facile de s'entendre... Ce que je ne puis concevoir, c'est cette idée de mon concierge qui vous dit que je ne voulais pas vous recevoir.

— Madame, vous me rappelez une personne,.. que j'avais oubliée près de vous. En vous racontant les malheurs de la famille Derbrouck, je vous ai parlé aussi d'un misérable qui, après avoir dénoncé le banquier hollandais, avait aussi voulu faire arrêter la mère de Pauline.

— Oui, monsieur..., eh bien ?...

— Eh bien, madame, cet homme infâme se nommait Goulard... C'est lui qui est maintenant votre suisse !

— Lui ! un tel monstre dans ma maison ! O mon Dieu ! le désir de faire le bien nous expose donc aussi à secourir le crime !... Cet homme s'est présenté devant moi comme une victime de la révolution, comme dénoncé pendant la terreur !... et, malgré son langage grossier, j'avais consenti à le prendre à mon service ; mais il ne souillera pas plus longtemps mon hôtel de sa présence.

La duchesse sonne ; un valet arrive, elle lui dit :

— Signifiez à Goulard que je lui ordonne de quitter à l'instant même ma maison.

Le valet va s'éloigner ; la vieille dame le rappelle, et, lui remettant une bourse, reprend :

— Il ne faut pas cependant renvoyer les coupables, sans qu'ils aient de quoi manger ; ce serait les exposer à faire encore des sottises... Tenez, donnez cela à cet homme, mais qu'il parte sur-le-champ.

— Et maintenant, dit la duchesse en s'adressant à Prosper, je vais m'occuper de votre intéressante protégée. J'ai votre adresse ; vous aurez de mes nouvelles... Adieu, monsieur.

La vieille dame tend sa main à Prosper, qui la porte à ses lèvres en s'écriant :

— Combien ne vous dois-je pas, madame !... Tant de bontés !...

— Non, monsieur, non..., vous ne me devez rien. Ce serait plutôt à moi de vous remercier, puisque, grâce à vous, j'ai chassé de ma demeure un homme qui la déshonorait, et je rendrai, je l'espère, à une pauvre orpheline l'héritage de ses pères.

Prosper s'incline de nouveau, et prend congé de la duchesse. En traversant la cour, il jette les yeux sur la loge du suisse ; mais Goulard était déjà parti.

Prosper remonte en voiture, et revient près de Pauline. A la joie qui brille dans ses yeux, l'orpheline devine que cette fois il n'a pas fait une course vaine.

— Mon parrain m'a encore porté bonheur ! s'écrie Prosper en pressant les mains de Pauline dans les siennes. Cette duchesse de Delmas est la plus digne femme que l'on puisse rencontrer... Votre fortune vous sera rendue..., du moins je l'espère..., et alors...

— Et alors! répond Pauline en le regardant.

— Eh bien..., je serai tranquille sur votre avenir.

— Ne nous flattons pas encore, mon ami, mais espérons, je le veux bien; et d'ailleurs je vois que cela vous fait plaisir.

Trois semaines se passent. Au bout de ce temps, Prosper reçoit un message de la duchesse de Delmas qui l'engage à se rendre à son hôtel; il s'empresse d'y courir, et la vieille dame lui remet alors les titres qui rendent à la fille du banquier Derbrouck la propriété de son père mise en séquestre sous la République.

Prosper veut se jeter aux pieds de la duchesse; celle-ci se dérobe à ses remerciements en lui disant:

— Allez donc porter cette nouvelle à votre protégée... Dites-lui seulement que je serai bien aise de revoir une fois l'enfant d'une personne qui m'a souvent obligée.

Prosper est ivre de joie, il ne marche pas, il vole jusqu'à sa demeure, il court à Pauline, lui présente les titres qui lui rendent sa fortune, et lui dit:

— Tenez..., tenez... A présent seulement..., j'ai rempli mon devoir.

Pauline prend les papiers en baissant les yeux, puis elle les présente à son tour à Prosper, en balbutiant d'une voix que l'émotion rend tremblante:

— Si je suis heureuse de recouvrer cette fortune..., ce n'est que pour la partager avec vous... Eh bien!... vous ne me refuserez pas, j'espère?

Prosper ne peut résister à ce qu'il éprouve; il presse l'orpheline dans ses bras en s'écriant:

— Il est donc vrai!... vous m'aimeriez?

— Il me le demande!... Et vous, monsieur, vous?

— Ah! Pauline!... n'avez-vous pas compris pourquoi je n'aimais plus Camille?... Mais posséder votre amour!... Je n'ose croire à tant de bonheur. Songez donc que j'ai trente-neuf ans, dix-sept ans de plus que vous!... Pour moi vous êtes si jeune!...

— Tant mieux, mon ami, j'aurai plus de temps pour vous aimer.

Un mois après, Pauline, qui avait été remercier la duchesse de Delmas de sa protection, devenait l'épouse de Prosper Bressange, et pour témoins de cette union, il y avait Maxime, qui avait consenti à quitter une fois sa campagne qu'il habitait, pour venir assister au bonheur de son ami; le brave Roger, colonel en retraite, qui ce jour-là retrouva sa bonne humeur, et jura beaucoup moins; enfin, Poupardot et sa femme, qui n'amenèrent pas leurs trois fils, parce que l'aîné, Navet, était parti pour courir le monde, que le second, Napoléon, était au collège, et que le troisième, Ignace, venait d'être vacciné.

Et au moment où la société sortait de l'église et remontait en voiture, Prosper aperçoit un malheureux marchand de peaux de lapins qu'un gendarme voulait emmener; il quitte un moment sa compagnie, s'informe du délit reproché au pauvre industriel, et apprend que c'est parce qu'il ne peut pas payer la dépense qu'il a faite dans un cabaret voisin que cet homme vient d'être arrêté.

Prosper court au gendarme, le fait ramener son prisonnier chez son débiteur, paye le cabaretier, et glisse une bourse dans la main du marchand de peaux de lapins; car il avait reconnu en lui l'époux d'Euphrasie, le malheureux Picotin.

Les nouveaux époux n'avaient pas besoin pour leurs heureux des plaisirs et du bruit de Paris. Leur plan est déjà fait: c'est en Touraine qu'ils vont vivre; c'est dans la belle propriété rendue à Pauline qu'ils vont goûter le bonheur et la paix.

— J'espère, mes amis, que vous viendrez nous voir en Touraine, dit Prosper à ses témoins.

— Oui, j'irai quelquefois, répond Maxime, le tableau de votre bonheur me fera oublier mes illusions perdues.

— Moi, j'irai souvent, dit Roger, car, chez de bons amis, je pourrai jurer, fumer, bougonner tout à mon aise..., et puis je parlerai de mes campagnes..., de mon empereur, et on m'écoutera avec plaisir là!

— Nous autres, dit Poupardot, nous irons certainement vous voir aussi..., à part que nous n'ayons pas le temps, et que ma femme ne m'en donne un quatrième..., ce qui m'étonnerait beaucoup.

XXIV. — QUINZE ANS APRÈS. — ÉPILOGUE.

On était au mois de juillet 1830, un monsieur de cinquante et quelques années donnait le bras à une dame qui pouvait en avoir trente-sept, mais qui était fraîche et jolie; ils suivaient les boulevards des Italiens et regardaient la rue Montmartre. La dame semblait inquiète et regardait souvent de côté et d'autres. Bientôt elle dit au monsieur dont elle tenait le bras:

— Mon cher Prosper dépêchons-nous de regagner notre hôtel... Nous avons fait toutes nos emplettes, nous rapportons à nos enfants tout ce qu'ils nous ont demandé, maintenant je voudrais déjà être partie de Paris.

— Et pourquoi donc cela, ma chère Pauline? Je conçois bien que tu désires revoir nos enfants... Moi aussi, il me tarde de les embrasser. Mais tu ne peux avoir aucune inquiétude; nous les avons laissés chez nous, en Touraine, parce que trois enfants nous auraient trop embarrassés dans ce petit voyage que nous venons de faire à Paris; mais ils sont avec une bonne gouvernante, d'honnêtes serviteurs qui les chérissent; nous avons de bons voisins qui les iront voir chaque jour, nous devons donc être parfaitement rassurés!

— Aussi ce n'est pas cela qui m'inquiète... C'est à Paris que j'ai peur... Il me semble qu'il y a quelque chose..., que l'on n'est pas tranquille dans cette ville.

— Allons, ma chère amie.., tu t'alarmes mal à propos... Il est certain que depuis que nous habitons la Touraine je suis entièrement étranger à la politique.

— Nous partons en poste, n'est-ce pas, mon ami?

— Sans doute, puisque cela te fait plaisir.

— Les chevaux..., la chaise de poste viendra nous prendre à l'hôtel.

— Oui, mais je ne veux pas partir sans dire adieu à nos amis, Maxime, Roger, et ce bon Poupardot... Ils doivent venir aujourd'hui dîner à l'hôtel avec nous... Ils nous attendaient peut-être pendant que nous faisions nos emplettes. Nous allons le savoir, car nous voici arrivés.

— Et la chaise de poste est dans la cour qui nous attend! s'écrie Pauline qui a l'air enchanté d'apercevoir la voiture.

Prosper et sa femme se hâtent de monter à leur appartement; ils y trouvent leurs amis qui tous semblent fort agités, et la bonne Elisa semble toute tremblante.

— Qu'avez-vous donc, dit Prosper, qu'est-il arrivé?... Est-ce que nous ne nous mettons pas à table?...

— Oh! il est bien question de dîner! s'écrie Elisa, quand on va se battre dans Paris.

— Se battre?..

— Eh oui, dit Maxime: tu ne sais rien, toi..., mais il se prépare ici une grande révolution!...

— Serait-il possible!...

— Tu ne lis donc pas les journaux? dit Poupardot, car tu aurais bien prévu qu'il allait y avoir quelque chose.

— Eh mon Dieu! je ne lis plus rien!...

— Moi, dit Roger, je ne vois pas pourquoi cela nous empêcherait de dîner, car s'il faut se battre encore, il n'est pas défendu de prendre des forces d'abord.

— O mon ami! s'écrie Pauline en se penchant au cou de son mari, partons sur-le-champ, je t'en supplie, n'attendons pas que cela soit devenu impossible... Nos enfants nous attendent..., aie pitié de mes craintes, de mes inquiétudes.

— Ta femme a raison, dit Maxime; puisque la chaise de poste est en bas qui attend, vous feriez aussi bien de partir sur-le-champ...; demain vous ne le pourriez plus peut-être...

— Mais encore, avant de s'éloigner, reprend Prosper, je voudrais être certain de ce que vous m'annoncez..., et savoir si vous ne vous trompez pas...

— Je voulais savoir des nouvelles, dit Poupardot, mais ma femme n'ayant pas voulu me laisser aller sans elle..., je viens d'envoyer quelqu'un..., une ancienne connaissance que j'ai aperçue tout à l'heure au coin de la rue..., ce pauvre Picotin.... qui passait avec ses peaux de lapins sur l'épaule...

— Picotin?...

— Oui, je lui ai dit de venir me retrouver ici, dans cet hôtel, s'il apprenait quelque chose de nouveau. Eh tenez!.. le voilà qui entre dans la cour..., il me cherche sans doute... Par ici, Picotin..., monte au premier!

Le marchand de peaux de lapins monte l'escalier, entre dans la chambre où la société est rassemblée, et reste tout surpris de se retrouver au milieu de ses anciens amis.

— Eh bien! Picotin, quelles nouvelles? lui crie-t-on de toutes parts.

— Ah! bonjour, mes amis... comment! vous êtes tous à Paris!... c'est singulier comme on se retrouve.

— Mais parle donc, quelles nouvelles?

— Oh! ça chauffe ferme! Sur le boulevard on casse les lanternes, on arrache les arbres... Du côté du Palais-Royal on m'a dit qu'on s'était battu... Si ma femme pouvait se trouver dans quelque bousculade et recevoir une bonne raclée! elle le mérite bien, elle a voulu trois ou quatre fois me faire empoigner par des gendarmes!... Ah! vous ne savez pas... Tout à l'heure, rue Saint-Honoré, un mouchard ayant voulu disperser un groupe, des gamins l'ont poursuivi en lui jetant une foule de choses; en cherchant à se sauver il est tombé lourdement sur un amas de pavés... et il ne s'est pas relevé...; en m'approchant pour le voir, j'ai reconnu Goulard, l'ancien portier de Maxime.

— Goulard ! s'écrie Prosper, ah ! le ciel est juste, et le peuple m'a vengé. Allons, mes amis, je vois qu'en effet c'est une révolution qui se prepare, et cette fois je pense que ce sera la bonne.

— La bonne, dit Maxime, c'était quatre-vingt-neuf, mais on nous l'a gâtée !

— La bonne, dit Roger, c'était l'empire !... mais Napoléon est mort !

— La bonne, dit Poupardot, c'était la restauration..., à part les Cosaques

— La bonne, dit Elisa en embrassant Pauline, ce serait celle où l'on ne perdrait pas quelque chose.

Prosper est monté en voiture avec sa femme, et il serre la main à chacun de ses amis, en leur disant :

— J'ignore quelles destinées l'avenir réserve à la France ; tout ce que je puis faire maintenant, c'est de former des vœux pour la gloire et le bonheur de mon pays.

Cɪ. PAUL DE KOCK.

FIN DE L'HOMME AUX TROIS CULOTTES.

TABLE DES MATIÈRES.

I. — Paris, en l'an ii° de la République 1

II. — Une Famille hollandaise. 3

III. — Les époux Poupardot. — Un jeune soldat. — Picotin et son enseigne. 5

IV. — Le Testament d'un comédien. — Une arrestation. 7

V. — La Fille d'un émigré. 10

VI. — La première Culotte. 12

VII. — Première représentation d'*Epicharis et Néron*. 16

VIII. — Le Belvéder de Passy. 19

IX. — Les Bonnes Gens. 22

X. — Les deux Nuits. 24

XI. — L'amour de Jeannette. 28

XII. — Une Athénienne de Paris. 29

XIII. — Séjour en Angleterre. 31

XIV. — Le Temps marche vite. — Le Régime militaire. 36

XV. — La Culotte bleue. 28

XVI. — Une Mansarde. 42

XVII. — Picotin dans son ménage. — Réunion d'anciens amis. . . 44

XVIII. — La Femme du général. 47

XIX. — Rencontre au bal. 50

XX. — Camille et Pauline. 52

XXI. — Événements politiques. — 1814-1815. 56

XXII. — Une grande Dame. 59

XXIII. — La troisième Culotte. 61

XXIV. — Quinze ans après. 63

Paris. Imp. Gerdès, r. S.-Germain-des-Prés, 14

www.ingramcontent.com/pod-product-compliance
Lightning Source LLC
LaVergne TN
LVHW050302090426
835511LV00039B/970